生态翻译学理论与应用文体的生态翻译研究

胡竞◎著

中国海洋大学出版社
·青岛·

图书在版编目（CIP）数据

生态翻译学理论与应用文体的生态翻译研究 / 胡竞著. — 青岛 : 中国海洋大学出版社, 2022.9

ISBN 978-7-5670-3274-3

Ⅰ. ①生… Ⅱ. ①胡… Ⅲ. ①翻译学—研究 Ⅳ. ①H059

中国版本图书馆 CIP 数据核字(2022)第 169392 号

SHENGTAI FANYIXUE LILUN YU YINGYONG WENTI DE SHENGTAI FANYI YANJIU

生态翻译学理论与应用文体的生态翻译研究

出版发行 中国海洋大学出版社
社　　址 青岛市香港东路23号
邮政编码 266071
出 版 人 刘文菁
网　　址 http://pub.ouc.edu.cn
电子信箱 1922305382@qq.com
订购电话 0532-82032573 （传真）
责任编辑 陈　琦
电　　话 0898-31563611
印　　制 天津和萱印刷有限公司
版　　次 2023年5月第1版
印　　次 2023年5月第1次印刷
成品尺寸 170 mm × 240 mm
印　　张 18
字　　数 350千
印　　数 1—1500
定　　价 88.00元

如发现印装质量问题，请致电 18611192765 调换。

前　言

当今世界是一个全球化的世界。世界各国信息交流十分频繁，以“传递信息”为主要目的的实用文本在各个领域发挥重要作用，对应用文体的翻译也提出了新的挑战。生态翻译学是翻译学和生态学的结合，是从生态学的视角研究翻译、进行翻译的过程。

根据生态翻译学释义，翻译是译者适应翻译生态环境并根据其进行选择的过程。译者是适应和选择的主体和执行者，因而在翻译生态环境中占据中心地位。将生态翻译学运用于应用文体翻译，或从生态翻译学视角来探讨应用文体翻译，既有其坚实的理论基础，又符合全球生态取向的大趋势。

对于应用文体翻译来说，翻译的重点理应落在语言的应用特性和实用目的上。一方面，应用文体扎根于社会生活，反映生活，服务于生活，从整体上看语言表达较为平易朴实、简单易懂，信息的真实性和准确性是应用文体创作和翻译的根本要求。但另一方面，民族文化传统、审美标准、思维方式乃至地理条件、生物种类和气候条件，都会直接或间接地影响应用文体的形成与表达。在生态翻译学的“翻译即适应与选择”基本理念下，应用文体的翻译过程即表现为译者在实用文本这一极其复杂的翻译生态环境中着重参照“读者反应”这一重要因素，从语言维、文化维、交际维层面进行“选择性”适应和“适应性”选择的交替循环过程；而最终的翻译标准则表现为结合“读者反应”的“整合适应选择度”最佳化的程度。这对译者提出了较高要求。译者有必要对原文在语言、文化、交际三维度进行适应性选择，即对原文在三元维度上进行适当的改写或变通，以使译语更契合受众群体的表达习惯、审美情趣或心理诉求，创造出“多维度整合性选择”程度最高的译文。

鉴于此，笔者结合研究经验和心得进行梳理总结，撰写了《生态翻译学理论与应用文体的生态翻译研究》一书。本书也是笔者主持的辽宁省教育厅2021年度科学研究经费项目（面上项目）“借助新媒体的生态翻译视域下的辽宁旅游英文外宣优化策略”（项目编号L JKR0680）研究成果。

全书共十三章。第一章概述现代翻译理论，介绍其内涵、意义及价值，进而依次探讨了不同翻译理论家对翻译活动及其译文优劣的评价标准的不同观点，引出生态翻译学这一重要阐释维度。第二章介绍生态翻译学理论，从理论的缘起与发展、理论基础、理论体系、术语体系等角度详细阐述生态翻译学。第三章介绍生态翻译学的核心理念与视角，包括生态范式、生态理性、研究对象、研究方法和伦理原则。第四章对生态翻译学的研究范式做深入探讨，主要阐释了生态翻译范式下的译者主体性问题、翻译生态环境问题、适应/选择问题以及三元维度转换问题等；对翻译理论家米歇尔·克罗尼恩提出的翻译生态学（Translation Ecology）与清华大学胡庚申教授基于英国著名生物学家达尔文的“进化论”提出的生态翻译学（Eco-Translatology）之间的辩证关系进行阐释，指出两种理论从本源上具有同质性，而在关注点上有所不同，前者强调翻译系统内部诸要素之间的生态关系，而后者强调翻译活动诸要素与自然环境、社会环境等外部诸要素间的生态关系。语言作为翻译活动的载体，总是离不开特定社会的文化并根植于文化之中，语言与文化有着密不可分的联系。第五章至第十一章介绍了不同类型应用文体的生态翻译，包括公示语、旅游文体、商务文体、科技文体、新闻文体、影视文体、法律文体等七种类型；重点结合具体的应用文体的基本特征，探讨生态翻译研究范式与各类具体的应用文体之间的契合点，从译者主体性的发挥、翻译整合适应度的选择、应用文体在三元维度上的适应性选择与转换等方面，具体阐述生态翻译范式下的应用文体翻译问题。在人类的翻译活动中，受译者文化水平、翻译素养以及地域、社会、历史、文化背景的限制，翻译失误及翻译不当问题总是不可避免的，因此本书第十二章主要探讨生态翻译学视角下的翻译腔问题，阐述了翻译腔的概念、产生的原因、具体表现以及对汉语的影响，分析了“中国式英语”的成因及表现以及应用文体翻译中产生的翻译腔问题，并提出生态翻译学视角下翻译腔的应对策略。最后一章介绍生态翻译学的发展走向与启示。生态翻译学经过多年的研究探索，已初见成效，我们既要肯定成绩，又不能盲目乐观，只有理性踏实地研究，才能使生态翻译学更好地发展。

本书巧妙性地将生态翻译学引入翻译研究领域，并选择实用性强、翻译难度高、覆盖面广的应用文体作为研究对象，试图从跨学科的生态学视角找到解决人文学科研究问题的新突破口，实现文理学科研究的完美“联姻”。本书的最大亮点是理论与实践相结合。具体来说，本书既对生态学、文体学、翻译学等基本理论问题进行深入探讨，又结合具体文体，如商务、法律、影视、科技、旅游，从思维模式、词法句法、审美情趣、习俗禁忌、地域差异等层面对译者主体性的发挥，以及翻译过程中译者在语言维度、文化维度、交际维度的三维适应性选择转换进行分析，并在此基础上阐述了相应的翻译策略，既能帮助读者加强理论修养，又能为翻译实践提供指导和帮助。

在本书的撰写过程中，笔者参阅了大量相关文献，借鉴了许多专家、学者的意见，在此谨向他们表示由衷的感谢！由于笔者学识有限，不足之处在所难免，恳请广大读者批评指正！

胡竞

2022年3月

目 录

第一章

现代翻译理论概述

翻译在当今这个全球化的时代占据了重要地位。无论是在政治、经济、商贸还是日常生活中，翻译活动日益频繁，随之而来的翻译理论也日益丰富。当前的翻译理论主要包括翻译基本原理、翻译史、翻译思想、翻译批评等。从“翻译”的定义来看，翻译即言语的转换，目的是使读者理解。翻译所要表达的基本含义有两个：其一，翻译是以忠实于原作的意义和目的进行的活动；其二，翻译是两种语言之间相互转换的活动。

第一节　翻译理论

一、中国翻译理论发展概况

中国历史上曾经出现过三次翻译高潮：东汉至唐末的佛经翻译、明末清初的科技翻译和鸦片战争至五四运动时期的西学翻译。

东汉末年，从月氏国来汉的著名僧人支谦是中国第一个探讨翻译理论和方法的人。他的《法句经序》是我国第一篇论及翻译的文献，涉及翻译原则，先要求“名物不同，传实不易”，再要求“因顺本旨”“实宜径达”，主张译经“令易晓，勿失厥义，是则为善”。据钱锺书考证，严复的“信、达、雅”三字，皆已见此。晋代的道安提出了著名的“五失本，三不易”的翻译理论。“五失本”即（1）梵文倒置，译时须改从汉文法；（2）梵经术质，汉文华丽，为了接受，不得不略加润饰；（3）梵经同一意义，反复多次，不得不删削；（4）梵经结束时，要重述一遍，译时删去；（5）梵文说完某事，重述后再说其他，译时删掉重复。“三不易”即（1）用当时的骈文译古代梵文，难得恰当；（2）古人的精微哲理，后人难以会通；（3）后人以今度古，任意揣测，随意翻译，难得正确。

东晋的鸠摩罗什在道安的理论基础上创立了意译派，主张翻译不违原文本意，但原文形式不必复制，只要能存其本，就不妨“依突出华”。

至唐代，玄奘反对鸠摩罗什的意译方法，改用直译兼意译的方法，以信为本，兼顾其他，确切表达佛经的原意，用近乎白话的文体译经。后人将其翻译标准归纳为“既需求直，又合俗”，实为后世“信、达”之先驱。此外，他还制定了音译的“五不翻”原则。这里的“五不翻”，并不是指不翻译，而是说“不意译”，即佛经密语要音译；佛典的多义词要音译；无相应概念的词要音译；约定俗成的应该遵循古人翻译习惯采取之前的音译；为避免语义失真用音译。

两汉至明初，翻译有“三多三少”的特点：独立翻译的多，合作翻译的少；外译中的多，中译外的少；编译译述的多，全文翻译的少。

1629 年，明朝徐光启受命创设历局修历，这是我国历史上的第一个科学翻译机构，结束了此前无组织的个人翻译阶段。徐光启与李之藻、李天经等人共同编译了西方天文学的历书图表等。清末，林则徐组织编译《澳门日报》《四洲志》，组织摘译《反鸦片论》，组织翻译国际法书籍。1842 年，魏源写成《海国图志》，其绝大部分的内容来自编译材料。

19 世纪初，传教士也在中国创办翻译机构，如墨海书馆。这是外国传教士在我国创办最早、影响深远的翻译出版机构，设于 1843 年。

出于外交的需要，清末，清政府创立了培养外交翻译官员的同文馆。出于洋务的需要，清政府还为近代军工产业配备了相应的翻译出版机构，其中最有名的是江南制造局翻译馆，著名的翻译家徐寿和华衡芳是制造局翻译馆的倡议者和创建者，该馆聘请过不少外籍翻译家。另一个大的翻译机构是江楚编译局，建于 1901 年，设于南京，张之洞主持其局务。1896 年，清朝礼部在《议复整顿各省书院折》中，将翻译人才培养课程分为经学、史学、舆地之学、掌故之学、算学和译学六科。八国联军入侵北京以后，同文馆并入大学堂，一度易名为酮译科，后定名为译学馆。

清朝末年，中国的外交官员、政府派赴国外考察和游历的官员、自费出国的考察人员及应邀外访学者，均曾奉命和主动收集并翻译一些国外有关的书刊资料。同时，清朝政府开始向国外派送留学生，许多人回国后成为中外翻译的主力军。例如，严复于 1876 年受派赴英留学，学习军事，但他在国外兼修西方哲学、社会学、法律、经济学等社会科学，回国后为中国译介了大量的国外社会科学文献。在译论方面，严复将变通的艺术用以至极，成了变译集大成者。

1897年，梁启超撰《论译书》，指出译书的“二级”，即“徇华文而失西义”“徇西文而梗华读”，并提出对策——“凡译书者，将使人深知其意。苟其意靡失，虽取其文而删增之，颠倒之，未为害也”，要求译者“条分缕析，庶易晓畅，省读者心力”。

民国时期，留学美国、欧洲各国和日本的学生纷纷回国。他们都是兼通中文、外文和科学知识的最佳译才，如杨杏佛、王普、马君武、周建人、张资平、王国维、鲁迅、王云五、丁西林、郑振铎。其中不少人自发创立了早期的科学社团，几乎都把翻译外国科学书籍、统一译名及编纂学科词典作为活动内容之一。留学法、德、苏人员中，不少人译介了大量的马列著作，推动了中国革命的进程和社会科学事业的发展，如王一飞、乌兰夫、刘仁静、任弼时、沈雁冰、李大钊、李达、李立三、张闻天、柳直荀、瞿秋白、恽代英。从20世纪20年代起，民国政府设立了正规的图书编译机构，教育部和大学院筹备并附设了国立编译馆，编译馆成为当时中国编译活动的主力军。

抗日战争和解放战争时期，中共中央开始为了外交做出努力。1940年，在延安开办外语学校，为中华人民共和国的成立开始着手培养大批的外交人才和翻译人才。解放战争时期，为了迎接全国解放，党中央在华北解放区成立外事学校，后来将外事学校和华北大学二部外语系合并为现在的北京外国语大学。当时，中国共产党在国统区和解放区均有自己的出版机构，翻译出版了大量的马列主义著作及其他科学著作。

社会主义现代化的新时期，我国又出现了一次翻译高潮，这次翻译高潮为中国推行改革开放、走社会主义现代化强国之路提供了契机。这次翻译高潮不论是在规模上，还是在范畴上，都是前所未有的，对我国社会发展做出了巨大的贡献。

信息时代和市场经济决定了这次翻译高潮最突出的特点：信息量更庞大、涵盖面更广泛、题材体裁更丰富、理论研究更活跃。之前的翻译高潮都是以外文译中文为主，而这一次将逐渐改变中国在翻译上的“入超”地位，从而也对所有翻译工作者提出了更高的标准和要求。

二、近代西方翻译理论梗概

（一）西方翻译简史

约公元前3000年，古代亚述帝国出现了正式的文字翻译，译员把国王的法令、宗旨翻译给庶民。公元前3世纪末至1世纪初，是希腊以至古代欧洲科学史的黄金时代，也是人类历史上第一次翻译高潮。这时期建立的亚历山大里亚科学文化中心吸收了大量东方的文化遗产。1世纪，罗马大量翻译希腊化时期的各种著作，是人类历史上又一次较大规模的翻译活动。9世纪中叶，阿拉伯帝国统治者专门设立了“智慧之馆”，鼓励阿拉伯学者直接翻译古希腊典籍及印度的科学著作、吸收小国科技精华，这是继盛唐佛经翻译场之后，由世界上最大的翻译机构形成的中古时期世界翻译史上的又一个高潮。中古后期，《圣经》于14世纪被译成英语，15世纪被译成德语，后来被译成其他欧洲语言，对欧洲社会生活产生了深远的影响。中世纪的翻译主要为宗教势力所把持，翻译思想受到禁锢。文艺复兴时期，翻译活动大增，翻译理论研究向前迈进了一大步。20世纪前后，人类社会的政治生活发生了巨变，20世纪成了信息时代，也成了翻译世纪。1945年，联合国成立，英、法、中、俄、西、阿六种语言被定为联合国工作语言，联合国在此聚集了成千上万名翻译工作者，可谓“翻译之家”。据联合国教科文组织统计，从20世纪40年代末到70年代初，世界范围内科技译文的数量增加了45倍，20世纪80年代初为欧共体各机构工作的译员近200人。在信息爆炸时代，各国都组织了大规模的翻译活动，国力的竞争实际上已经变成了信息获取与利用的竞争。在语言方面，18世纪以前，欧洲外交普遍使用拉丁文，中国在与其他国家交往时也是使用拉丁文。19世纪中叶以后，法语逐步代替拉丁文而成为通用外交语言。20世纪以来，英语的影响日益增大，逐步成为较为通用的外交语言。第一次世界大战以后，英语与法语平分秋色，并驾齐驱。但在正式外交事务和谈判中，各国仍然使用本国语言，因此翻译仍然是必不可少的。

（二）西方翻译论发展

翻译论方面，西方最早的翻译理论家是公元前1世纪的西塞罗。他说：“我所注意的并不是字当句对，而是保留语言的风格和力量。”他主张翻译不应拘泥于原文词语，而应注重原文的思想，坚持不可逐字死译而要符合译文的语言规则与特性。其后，奥古斯丁提出，翻译要注重读者。第一个系统阐述翻译理论的法国学者艾蒂安·多莱提出了翻译五原则：理解原著内容、通晓原语和译语、避免逐字对译、采用通俗形式、讲求整体效应。

18 世纪是西方翻译理论的重要发展时期，其中取得较大成就的有英国的坎贝尔和泰特勒。坎贝尔认为，好翻译有三条原则，即正确传达原意、在遵守翻译语特点的同时尽量传达原作的风格、译文如原文般自然易懂。泰特勒发表《论翻译的原则》一文，主要论述世界作品的翻译。他提出翻译三原则：译作应完整地再现原作内容、译作风格应与原作相同、译作应如原作般自然流畅。泰特勒的《论翻译的原则》被认为是西方翻译史上第一篇较为完整的翻译理论文章。

翻译学的奠基之作是 1953 年苏联语言学家、翻译学家费道罗夫的《翻译理论概要》。这是当代第一部专论翻译科学的理论性著作，首次阐明了翻译的可译性与确切性原则。

20 世纪 60 年代，最有影响的翻译论著作有 1964 年法国学者乔治・穆南的《翻译理论问题》和 1965 年英国学者卡特福德的《翻译的语言学理论》。前者运用结构主义语言学理论，分析了翻译的语言障碍，揭示了与翻译活动密切相关的词汇结构化、句法和语境、语言符号的蕴含意义、言语交际行为、语言与人类文化的共性等问题，对可译性理论进行了系统而深入的阐述；后者从语言学和概率论方向，首次从系统功能语法角度，围绕“对等”概念，探讨了翻译的性质、类型、方法、条件和限度等问题，并运用层次、范畴以及阶级等语言学概念论述语际转换的根据。卡特福德认为，翻译实践的核心问题是寻找对等成分，对行文对等与形式对应、形式关系与上下文关系、翻译的层次转换和范畴转换以及语言与文化的可译限度等做了深入分析。他所提出的翻译的语言综合情境模式以翻译的所指功能或叙事功能为出发点，注重双语的同义替换与逻辑联系，具有很高的实用价值，开辟了翻译理论研究的新途径。

1964年和1969年，美国翻译学家奈达先后出版了两部代表性著作《翻译科学探索》和《翻译理论与实践》，从语言的交际功能出发，将乔姆斯基的转换生成语法应用于翻译理论研究，试图建立最有效、最科学的三阶段翻译转换模式：（1）将原语句子简化为意义最清楚的核心句；（2）翻译核心句；（3）将译语核心句转换成译语表层句子。他明确提出了“动态对等”的翻译观，其核心是认为翻译应是“最接近原文的、自然的信息对等”。后来又修订为“功能对等”，并肯定这种对等必须以读者反映为据，其翻译风格的选用主要取决于读者的要求。

20 世纪 70 年代中期至今，西方译界形成了多个主要的翻译学流派：多元系统学派、描写学派、文化学派、综合学派、解构学派、后殖民主义学派等。其中，文化学派的代表人物是英国人巴斯奈特和比利时人勒弗维尔。1990 年，他们合编了《翻译、历史与文化》一书，提出了“翻译的文化学转向”口号。他们特别强调文化在翻译中的地位以及翻译对于文化的意义，指出翻译的目的是使译文在译语文化中起到与原文在原语文化中同样的功能。解构学派则认为，文本意义并不确定，不存在“核心”或“深层结构”，极力提倡异化翻译，认为这是对民族中心主义、种族主义、文化自恋主义和文化帝国主义的一种抵制。

三、翻译学的发展历史

翻译活动与社会的各个方面息息相关，能促进各国的文化交流，加快历史的进程，实现民族文化的历史性进步。对于人们的日常生活，翻译也起到了不可忽视的作用。

（一）翻译学早期历史

在西方，多位学者曾就翻译方法问题展开讨论，其中包括马库斯·图留斯·西塞罗和昆图斯·贺拉提乌斯·弗拉库斯（前 1 世纪），以及圣哲罗姆（4 世纪）。他们的思想直到 20 世纪仍具有深远的影响。以圣哲罗姆为例，他将《圣经》的《七十子希腊译本》译成拉丁语，影响了后世《圣经》的翻译。事实上，在西欧 16 世纪宗教改革时期，《圣经》的翻译一直是不同意识形态冲突的战场。在中国，佛经的翻译从 1 世纪起，就揭开了此后多年关于翻译实践的讨论序幕。

虽然翻译实践历史悠久，但翻译研究到 20 世纪后半叶才发展成一门学科。在此之前，翻译通常仅被视作语言学习的一部分。确切地说，自 18 世纪末至 20 世纪 60 年代，许多国家中学的语言学习一直沿用所谓的语法翻译法。这种方法起初用于学习古典拉丁语，后来用于现代外语的学习，强调对语法规则和句型结构的死记硬背，再通过翻译句子来练习和测试。这些句子通常是专门设计的，仅用来体现所学的语言结构，彼此间毫无关联。这种方法至今仍在一些语境中使用。下面这些英语句子翻译练习可谓典型。所有句子都非常奇怪，完全脱离语境，目的是练习西班牙语时态的用法。这些句子摘自 K. 梅森编著的《高级西班牙语教程》。直到 20 世纪 90 年代，这本教材仍然在英国一些中学使用。

（1）The castle stood out against the cloudless sky.

城堡矗立在无云的天空下。

（2）The peasants enjoyed their weekly visits to the manet.

农民很喜欢每周赶集。

（3）She usually dusted the bedrooms after breakfast.

她通常吃过早餐后打扫卧室。

（4）Mrs Evans taught French at the local grammar school.

艾文斯太太在当地文法学校教法语。

翻译与语言教学的结合在一定程度上解释了为什么学术界轻视翻译。翻译练习被视作学习新语言的途径，或者作为在尚未能阅读原文之前，阅读外语文本的方法。因此，自 20 世纪六七十年代，随着直接教学法和交际教学法的兴起，语法翻译法越来越遭人诟病，尤其是在一些讲英语的国家。交际教学法强调学生学习语言的本能，努力在课堂复制“真实”的语言学习环境。该方法往往更侧重学生的口头表达能力，而非笔头表达能力，至少教学早期如此。而且一般避免使用学生的母语，结果使语言学习完全抛弃了翻译。自此，就教学而言，翻译更多地局限于高级和大学语言课程，或者专业的翻译培训。直到近年来，才在语言教学中重新使用翻译。

20 世纪 60 年代的美国，自爱荷华和普林斯顿开始，翻译工作坊的概念促进了文学翻译。这一概念源自 20 世纪 20 年代，剑桥文学评论家艾弗·阿姆斯壮·理查兹举办的阅读和实用批评工作坊，以及后来的创意写作工作坊。翻译工作坊主要为了向目标语文化引进新的译作，并对翻译过程中和解读文本时的一些细致原则展开讨论。同样，促进文学翻译的还有比较文学，对文学进行跨国和跨文化的比较研究，当然也需要研读一些翻译作品。

翻译也是对比语言学的研究对象。该学科主要针对两种语言进行对比，试图找出两者间的一般和特殊差异。自 20 世纪 30 年代起，对比语言学在美国发展成为系统的研究领域，20 世纪六七十年代为其鼎盛时期。翻译作品和翻译实例为这些研究提供了大量的数据。这种对比的方法虽然没有融合社会文化和语用元素，也没有充分吸收翻译作为交际行为的思想，但它对一些重要的语言学翻译研究，如维奈、达贝尔内及卡特福德的理论产生了重大的影响。长期以来，翻译学研究一直沿用语言学研究模式，本身就表明语言学与翻译之间存在着固有的联系。

更具系统性的语言学方法在20世纪五六十年代开始出现，其中一些研究如今已经成为经典。例如：

维奈和达贝尔内合作出版了《法英比较文体学》，对英语和法语进行对比，首次提出用于描述翻译的一些关键性术语。这部著作于1995年才译成英语。

阿尔弗雷德·马尔布朗针对英语和德语翻译做了同样的研究。

乔治·穆南出版的《翻译的理论问题》探讨了翻译的语言学问题。

尤金·A.奈达吸收了乔姆斯基当年非常流行的生成语法，作为其著作的理论基础。他的这些著作最初是作为指导《圣经》译者的翻译指南。这种更为系统的研究方法开始标示出翻译的"科学"研究领域。奈达于1964年出版的专著《翻译科学探索》在书名中使用了"科学"这个词。相对应地，在德语中，萨尔布吕肯的萨尔兰大学的沃尔弗拉姆·威尔斯在教学和科研中也使用了"翻译科学"这个概念。另外，海德堡的温拿·科勒、奥托·凯德和奥伯利奇·纽伯特等非常活跃的莱比锡学派学者都采用了这个词。当时，这个刚刚出现的学科名称尚未确定，也有学者建议用其他名称，如translatology（翻译学），以及该词的德语对应词translatologie，法语对应词traductologie，西班牙语对应词 traductologia。

（二）霍姆斯、图里的翻译学结构图

翻译学在发展成为一门独立学科的过程中，詹姆斯·霍姆斯的论文《翻译学的名与实》对学科产生了深远的影响。根茨勒在其专著《当代翻译理论》中描述道："大家普遍认为霍姆斯的论文是该学科的奠基之作。"玛丽·斯内尔·霍恩比也持相同看法。值得注意的是，该学科理论多由其他学科演变而来，霍姆斯最终出版的论文却是其于1972年在哥本哈根举办的第三届国际应用语言学大会翻译分会场所用演讲稿的扩充版。霍姆斯指出了当时这个学科所面临的局限，由于当时的翻译研究全部散见于一些更古老的学科，没有自己的"家"，他强调要建立"其他的沟通渠道，冲破学科壁垒，将从事这个领域研究的学者组织起来，不论他们是什么背景"。

起到决定性作用的是霍姆斯提出的一个整体框架。这个框架描绘了翻译学的范围，后来由以色列著名翻译学者图里用图呈现出来，见图1-1。

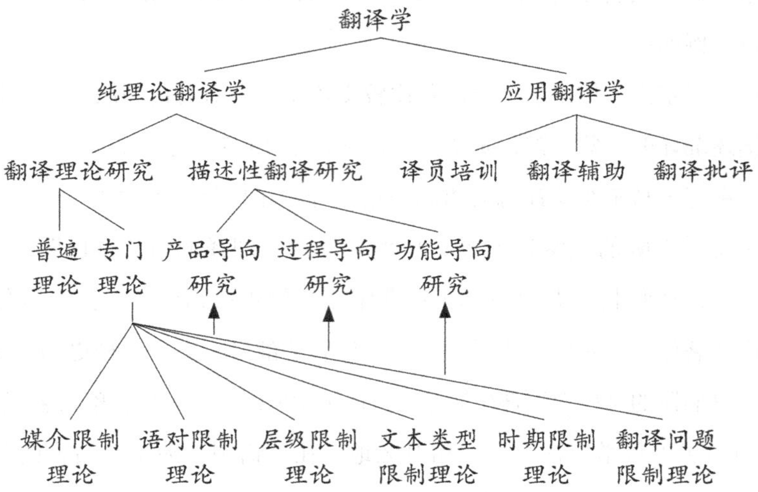

图 1-1　霍姆斯的翻译学结构框架

霍姆斯对这个框架做了如下解释：

纯理论翻译学的目标是描述翻译现象；确立普遍原则，解释和预测这些现象（翻译理论）。翻译理论研究可分为普遍理论和专门理论。根据霍姆斯的说法，普遍理论是指试图描述或解释各种翻译活动，并且归纳出适用于所有翻译的理论；专门理论的适用性则取决于媒介、文本类型等。描述性翻译研究则分为产品导向研究、过程导向研究、功能导向研究。

（1）产品导向研究，即考察现成的翻译作品。可以对原文单译文本进行描述或分析，也可以对同一原文的多个（同一语言或不同语言）译文进行比较分析。这种小型研究可以累积成大量的翻译分析，考察特定的翻译时期、语言或者文本（语篇）。稍大型的研究可以做历时研究（追踪发展的过程），也可以做共时研究（专注某个时间点或时段）。霍姆斯预测："产品导向研究的目标之一或许是一部翻译通史——尽管这一目标现在显得过于庞大。"

（2）过程导向研究。在霍姆斯的框架中关注的是翻译的心理学问题，即译者大脑的思维活动，这种认知角度的翻译过程研究包括有声思维研究（译者一边翻译，一边说出大脑所想，并全部录制下来）。近年的研究采用了击键记录、视频记录、视线跟踪等新的科技。通过这些，我们可以了解到在现代是如何在该领域实现更为系统的分析方法的。

（3）功能导向研究。霍姆斯认为："译文在目标语社会文化中的功能重点在语境而非文本。"可以研究的问题包括翻译了哪些文本，何时何地翻译的，产生了何种效果。例如，可以研究莎士比亚在欧洲语言中的翻译与接受问题，或者研究当代动漫电影的阿拉伯语字幕翻译问题。霍姆斯把这个领域的研究称作"社会翻译研究"，现在可能称作翻译社会学或翻译历史学。霍姆斯发表论文时，该领域的研究还较少，而在当今翻译学研究中，该领域已经成为一个比较热门的研究问题。

描述性翻译研究的结果可以支持翻译理论研究，进而衍生出普遍理论或者更有可能衍生出针对各种翻译限制的专门理论，具体分类如图 1-1 所示。

（1）媒介限制理论可以细分为机器翻译和人工翻译。机器翻译再细分为完全由机器 / 计算机完成翻译（机器翻译 / 自动翻译）和由机器 / 计算机辅助人工完成翻译（计算机辅助翻译，缩写为 CAT）。人工翻译再细分为笔译和口译，口译又可分为交替口译和同声口译。

（2）语对限制理论局限于某些或某种特别的语言和文化。霍姆斯提出语对限制理论（如英语与日语）与对比语言学和文体学关系密切。

（3）层级限制理论是限于某个层级（通常是单词或句子层面）的语言学理论。霍姆斯写作其论文时，篇章语言学，即篇章层面的语言分析已经崭露头角，这种方法在今天已经变得非常流行。

（4）文本类型限制理论专注话语类型与体裁，如文学、商业和科技翻译。文本类型翻译理论在 20 世纪 90 年代兴起，主要倡导人有赖斯和弗米尔。

（5）时期限制理论，顾名思义，是指特定时间段和特定时期的翻译理论和作品，翻译史就属于这个范畴。

（6）翻译问题限制理论可以指某些特定的问题，如"对等"的问题（20 世纪六七十年代突出的问题），或者是否存在所谓的"翻译共性"的问题。

虽然霍姆斯做出了上述分类，但他一再强调不同的理论可以同时起作用。比如，马塞尔·普鲁斯特小说的新版英译本的前言既属于语对限制理论（限于巴黎法语英译的问题）的范畴，又属于文本类型限制理论（小说的前言）范畴，还属于时间限制理论范围（1981—2003）。

霍姆斯框架中的应用翻译学分支主要是指与翻译实践相关的应用研究，包括以下几点：

（1）译员培训：教学法、测试技巧、课程设置。

（2）翻译辅助：如词典和语法书。

（3）翻译批评：对译作所做的评估，包括对学生作业的批改和对正式出版译作的评论。

霍姆斯还提到另一个领域，即翻译政策，他认为翻译学研究者可以帮助确定翻译的社会地位。这包括翻译在语言教学课程设置中是否应该占有一席之地。

这个翻译学框架也存在问题。图 1-1 中的总体分类从许多方面来看都只是人为的分类，霍姆斯自己也指出，纯理论翻译学、应用翻译学彼此并不孤立。这样分类的最大好处是对翻译研究的不同领域的工作进行清晰划分，而在这之前它们的关系一直都模糊不清。图 1-1 所示的分类还是具备相当的灵活性的，能将该学科的最新发展，如近年的翻译技术的进步吸收进来。只要粗略地看一下图 1-1，我们就会发现，应用翻译学分支没有充分展开，尽管展开并不困难，见图 1-2。

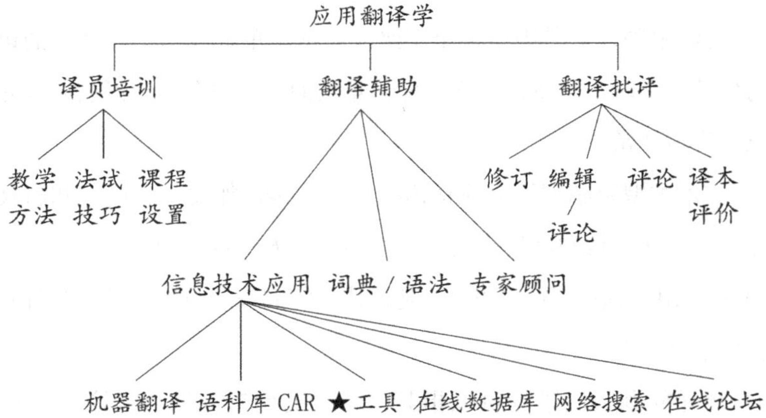

图 1-2　应用翻译学展开示意图

在图 1-2 中，“★”为计算机辅助翻译工具，如翻译记忆系统。

在图 1-2 中，我们保留了原来的分类，又补充了一些细节。鉴于计算机辅助翻译工具（CAT 工具）和自动翻译的普及，我们特别补充了翻译辅助部分。于现在而言，霍姆斯的论文也许已经过时，但其重要性在于阐述了翻译学的全部潜能。这个结构图仍然作为许多研究的起点，尽管其后的理论研究都尝试改进其中的部分内容。另外，当今的研究已经完全改变了 1972 年翻译学的立足点。霍姆斯花了三分之二的篇幅阐述翻译理论研究和描述性翻译研究的“纯理论”方面的内容，这显然表明了他的研究兴趣，但并不表示应用翻译学缺乏发展的潜能。如今，“翻译政策”更多与决定翻译的意识形态相关联，包括语言政策和霸权相关，而非霍姆斯当年描述的因素。

（三）自 20 世纪 70 年代以来的发展

自 20 世纪 70 年代以来，翻译学发展迅速，霍姆斯所描绘的许多领域都已突显出来。相比之下，语言学一度受到了冷落，后由于语料库翻译研究取得的成就，其又重新受到关注。以语言学为导向的翻译科学在德国仍然异常兴盛，但与之紧密相关的对等概念则受到了质疑，并不断更新。德国兴起了围绕文本类型和目的的翻译理论。韩礼德的系统功能语法将语言看作社会文化语境中的交际行为，这一理论及其关于话语分析的学说在 20 世纪 90 年代初期对翻译的影响特别明显，尤其在澳大利亚和英国，多位学者将其理论应用于翻译研究，如梅森、卡尔扎达·佩雷斯、芒迪。

20 世纪 70 年代末至 80 年代初，源于比较文学和俄国形式主义的描述性翻译研究开始兴起。特拉维夫是开创此研究的中心人物，在这里，伊塔马·埃文－佐哈尔和图里倡导文学多元系统的理论，强调不同文学和体裁之间，包括翻译文学和非翻译文学，可相互竞争，争取主导地位。这些多元系统学者与比利时的一个研究小组紧密合作，包括何塞·朗贝尔和安德烈·勒菲弗尔，同时与英国学者苏珊·巴斯奈特和西奥·赫尔曼斯联系密切。该学派其中一部重要文集是由赫尔曼斯编著的《文学的操纵：文学翻译研究》，因此有了“操纵学派”这个名称。后来，巴斯奈特和勒菲弗尔共同编著的《翻译、历史与文化论集》又引入了“文化转向”一词，这个动态的、以文化为导向的研究路径主导了之后十年的翻译研究。

20 世纪 90 年代，出现了一批崭新的研究方法和概念，包括以谢莉·西蒙为领军人物的加拿大翻译与性别研究、埃尔斯·维埃拉倡导的巴西食人主义学派、杰出的孟加拉国学者特贾斯维莉·尼南贾纳和佳亚特里·斯皮瓦克推动的后殖民翻译理论。

进入21世纪后，翻译学发展的速度就更快了。新科技给翻译研究和翻译实践带来了革命性变化，包括视听翻译、本地化以及基于语料库的翻译研究等新领域相继出现。此外，翻译学也扩展到许多其他国家。

四、翻译理论的局限性与特点

翻译理论追求的是系统性的理论建构，只有这样，才能从不同维度和深度逐渐揭示翻译客体的属性特征，深入研究实践对象的本质特征，全面认识改变实践客体的对策与方法。因而，“理论就是概括地反映现实对象的本质和规律性的概念和命题（原理）体系”。

从历史发展的角度看，翻译理论具有实证性与扬弃性的特点。一个真正的科学理论必须能在实践和科学实验中得到证实或证伪。翻译理论基于实践，是对实践对象本质或规律的反映和认识。宏观层次的理论阐释应能在微观层次得到论证，微观层次的理论也应能给予相应的印证。理论的扬弃性要求实践主体对于理论中那些滞后的方面和因素加以改造、扬弃，做到吐故纳新，在实践中结合理论去发现一系列新的事实，并且能自觉地保持其互动性，在不断反馈调节中避免理论的僵化和停滞。

从翻译理论的形态特征看，翻译理论概念讲求简明性和有效性。简明性是指理论概念的高度抽象和概括性，在表述形式上具有简洁易懂的特点，如“信、达、雅”“忠实”“通顺”“神似”“化境”“等效”“等值”“异化”“归化”。此外，理论概念的定义与表征也需具有简明性。所谓有效性，是指理论概念所具有的理论职能的“度”，即在特定范围内在多大程度上体现出其理论特性。理论概念具有自身的说明性和规约性，所界定的范围和典型对象超出自身所辖的范围，其理论的有效解释性会大幅度降低，甚至失效。例如，翻译的“神似”理论概念，其有效性限于对文学作品中那些刻画人物外在形貌和内在情感活动，以及描写矛盾关系冲突等情节性场景的翻译对策，而对于一般性的语句翻译则无所谓的“神似”。“等效”的有效性常见于文本中那些特殊表现形式，或具有不同修辞审美功能的语言形式的翻译对策，超出了典型的语言现象，其理论概念的效度就会大打折扣，甚至失去有效性。

翻译理论的局限性主要体现在散论式的理论认识形成的概念。由于理论需要概念来表征，而概念又是对事物本质的反映，一旦形成概念就成了静态的观念，其概念的内涵规定性指向的可能是特定事物的某种本质特征，并非全部。这是因为事物是发展变化的，人们的认识也随着认识工具和科学技术的发展而发展，因而特定的翻译理论概念也就暴露出其局限性。例如，传统理论概念中的“忠实”“信”作为一般原则，一方面被人们所遵循，另一方面由于翻译中的艺术创造性、译者主体性的发挥，人们对这两个原则概念的规约性和合理性产生了质疑，提出要摒弃这些理论概念。那么，如何辩证地看待传统理论的局限性和有效性？这就需要从理论范畴体系的建构上予以深化认识，对传统理论概念进行重构，赋予其新的内涵规定。

第二节 翻译的内涵、意义和价值

一、翻译及相关内涵阐述

对于翻译的内涵，可以从翻译的含义、翻译的标准、翻译的审美原则等几个方面来进行阐述。

（一）翻译的含义

从广义的角度看，翻译指语言与语言、语言变体与语言变体、语言与非语言等的代码转换和基本信息的传达。例如，英语和汉语之间的相互转换，语言和体势语之间的相互转换。从狭义的角度看，翻译是一种语言活动，是把一种语言表达的内容忠实地用另一种语言表达出来。我们把一种语言所要表达的内容，用另外一种语言表达出来，是一种形式上的转换，是意义的传递。

范仲英教授给翻译下的定义是：“翻译是人类交流思想过程中沟通不同语言的桥梁，使通晓不同语言的人能通过原文的重新表达而进行思想交流；是把一种语言（原语）的信息用另一种语言（译语）表达出来，使译文读者能得到原作者所表达的思想，得到与原文读者大致相同的感受。”费道罗夫认为，翻译是“用一种语言手段忠实、全面地表达另一种语言表达的东西”。尤金·A.奈达认为，翻译是“在接受语中寻找和原语信息尽可能接近的、自然的对等话语”。所有这些观点都道出了翻译的本质，即忠实地传达原义。因为，语言不仅是交流的工具，还是文化的载体，它本身也有意义。所以，把翻译当成一个过滤装置，一经翻译只存意义、滤出语言形式（表达手段）的做法往往会使我们失去很多有价值的东西。过度强调译法会抹去许多语言风格、艺术、文化的特征，从而影响译文的真正价值。

（二）翻译的标准

关于翻译的标准，可谓众说纷纭。中国翻译界流传、遵循最广的翻译标准至今仍应该是清末翻译家严复提出的“信、达、雅”三字说。

信：承用原作内容，取信于读者。

达：译文酣畅地道，为译文读者喜闻乐见。

雅：加强译语包装，增强译文的可读性。

按鲁迅先生所说，翻译只是相当于为外国人融入本国做化妆、变装、换口音的工作。不论他外表变得多厉害，人总还是原来那个完整的外国人，只是能够融入中国社会，可以与中国人沟通、产生共鸣了。这实际是从本质上肯定了翻译的第一要义——忠实。细思之，也有“达”“雅”的意思蕴含在内。此论是笔者比较认可、推崇的简要精当而又形象贴切的翻译标准。

（三）翻译的审美原则

关于翻译的审美原则也有很多论述，笔者在此只想强调两条：

一是必须确立翻译审美标准的相对性。不能简单地把一种语系之间的转换规律看作另外一种语系之间的转换规律。由于语系转换规律具有相对适应性，审美标准也就要具有相对性。

二是必须确立翻译审美标准的依附性。翻译不是创作，不能不顾原文，一味臆造。译者必须选择与原文审美构成相适应的审美再现手段。这点是针对当下理论界的“译者主体性”“译作自创论”而说的。

二、翻译的意义和价值

翻译者在进行翻译的时候，通过对原文的意境、内涵认真地进行揣度，深入地探索读者的审美需求，借助译文将原文的审美价值充分地体现出来。这样读者就会比较容易了解原文的美学意义。

（一）翻译的意义

从远古时期，翻译工作就已经开始了，世界各民族之间借此相互往来，开展文化交流、互通商业贸易、进行宗教传播。与我们的文学史和文化史一样，我国有着两千多年的翻译史，这是我国文化的瑰宝，为我们积累了宝贵的文化财富。对于优秀的译者来说，首先要了解翻译的意义，这样才能加强对翻译事业的了解，做好翻译这份工作。

随着经济的发展，国与国之间的交流日益加深，我们也深切地体会到翻译在当今社会的重要性，而且这种重要性还有进一步加强的趋势。每年市场需求的新译者数量都在不断增加，各个行业、各个领域都需要翻译人才。

（二）翻译的价值

1. 美学价值

意境，指文学艺术作品通过形象描写所表现出来的境界和情调。意境的追求和创造是在修辞上获得最佳表达效果所必需的。在文学翻译中，译者以追求原作的意境为己任，以再创造等同的意境为目标，以实现翻译之美学为价值。具体而言，译者不仅要动笔，还要动情。莎士比亚的“和泪之作”与曹雪芹的“一把辛酸泪”同是文情相生，挥笔挥泪。创作是如此，翻译也应该如此进行再创作。译者要通过翻译走进创作者的创作过程，了解他们的心理活动、心理状态和个性，追求自己的艺术思维，获得其美学形象。

翻译者在不知不觉中与作者以及作品心物交融，然后翻译者脱离作品本身，回到自我意识上，从感知形象到抽象思维，与作者达成了美的共识，最后实现艺术再创造。在认知过程中，翻译者不断整合作品的各个部分。翻译者通过对作品的不断整合形成美学形象，感受到审美形象，这是一种较高层次的感知，与感知开始的感觉不同。

文学翻译的艺术再现活动是“超然的”，其中译者所操作的不是有形结构，而是超越时空的物象。因此，作者通过直觉和形象整合，抽象地总结形式结构的含义是必要的。根据从作品中获得的感性信息，译者构建与作者相似的审美形象，并与作者的思想达成共鸣，这是心灵的共鸣。随着这种共鸣，译者将跟随作者的想象力，按照作者的想法，进入原作的审美意境。

2. 社会文化价值

翻译的价值还主要体现在社会文化层面，社会的变革、文化的发展往往和蓬勃开展的翻译活动有关。翻译可以引发对特定文化乃至社会制度的变革，也可以推动不同文明向前演进。古罗马的希腊文学翻译推动了拉丁文学的诞生，五四运动时期的西学东渐及大规模翻译活动促进了现代白话文的形成和发展，这些无疑都是翻译的社会文化价值的最佳佐证。另外，从社会文化的角度来考察翻译现象，可以使不同时期的翻译文学得到更为合理的解释。

3. 理论价值

翻译本身并非理论，它所谓的理论价值，并不是指它作为理论的价值，而是指它对翻译研究和翻译理论有价值。换言之，翻译作为翻译理论的直接研究对象，是翻译理论赖以发生和发展的“物质基础”，因而它对翻译理论有价值。翻译理论乃至翻译学作为独立学科的发展在很大程度上都依赖于翻译这一“物质基础”的存在和发展。离开了这个基础，翻译理论的存在和发展就无从谈起。反过来，翻译理论通过对译本的描写和总结，又可以给翻译实践提供指导，带动翻译实践更好地发展，使它在人类文明发展过程中不可或缺的作用得到更好的彰显。在这个意义上，翻译实践是前提，它不是因为翻译理论的存在而存在，而是有了它的存在，翻译理论的存在才成为可能。同时，往往因为它的发展，翻译理论的发展才成了有源之水、有本之木。

第二章

生态翻译学理论综述

第一节 生态翻译学的起源与发展

生态翻译学在翻译理论研究的整体推进中显示出越来越明显的贯通融合性。

它以生态学作为翻译学理论研究的基础和前提，确立了生态思维与翻译活动之间的有效契合，并通过生态取向的整体主义方法，为翻译活动提供一种新思路。它所独有的生态范式和生态结构赋予了翻译活动整体的研究视野，这使它与传统翻译学形成鲜明对比，为当代翻译学的理论建构提供了可借鉴的方法和路线。

一、生态学的内涵与发展

生态学中的重要概念包括生态平衡、生态系统、生态位。生态平衡是指在一定时间内，生态系统中的生物和环境之间、生物各个种群之间，通过能量流动、物质循环和信息传递，使它们相互之间达到高度适应、协调和统一的状态。

（一）生态学的内涵

生态学是研究生物与环境之间相互作用的一门学科，包括生物个体之间、群落之间、生物和非生物之间的相互作用。该词是由自然学家亨利·索瑞于1858年提出的，但他没有给生态学以明确的定义。德国著名博物学家艾伦斯·海克尔在其所著的《普通生物形态学》中，初次把生态学定义为“研究动物与其有机或无机环境之间相互关系的科学”，特别是动物与其他生物之间的相生相克关系。该词由希腊语“oikos”和“logos”发展形成。“oikos”表示住所，“logos”代表知识，因此对生物“居住”的研究是生态学的本义。

在这之后，作为现代科学体系中的一个关键学科，生态学得到了确立并慢慢发展起来。一般情况下，研究环境系统是生态学的范畴。“环境”是指相对于人类创造的世界而言的自然世界。生态学研究自然界的各要素以及各要素之间的互动，包括生存、生命、生产之间的密切关系，体现了整体性、总体性和全面性的特征。

（二）生态学的发展

生态学的发展是一个循序渐进的过程，大致经历萌芽期、形成期、发展期三个阶段，每一阶段都有各自的特征。

1. 萌芽期

17 世纪之前，是生态学的萌芽期。人类在长期务农、游牧、捕捞和狩猎过程中不断总结经验，不断积累简单的生态学知识。例如，季节气候、土壤水分对作物生长的影响和常见动物的物候习性。这个阶段为生态学的创建奠定了知识和思想上的基础。

2. 形成期

17 世纪到 20 世纪 50 年代，是生态学的形成期。这个时期的生态学家提出了许多有价值的生态学理论，研究方法从个体生态观察研究，过渡到生态系统研究。达尔文提出了自然选择理论，由于环境与生物进化的相互作用，人们高度重视环境和生物的关系，这也促使生态学进一步发展。

3. 发展期

20 世纪 60 年代以后是生态学的发展期，主要表现出以下几方面的特点：

第一，学科自身发展条件和趋势方面。在发展过程中，化学工程技术科学、物理、数学等学科的研究成果融入生态学中。举例来说，地理信息、高精度和分析测定技术等为生态学提供了向精确、定量方向发展的条件。

第二，生态学的理论发展方面。将生物生态学、种群生态学、生态系统生态学和群落生态学等要点分为宏观、中观和微观三个层面，更为详细具体。

二、中国传统生态思想

中国传统文化是世界文化宝库中一颗璀璨的明珠，其博大精深，领域宽广，儒、道、佛三家的文化是其中最重要的组成部分。在儒、道、佛三家思想中，都包含丰富的生态思想，先人的这些生态思想是生态文明建设的重要理论来源之一。

（一）儒家的天人合一、仁爱万物思想

儒家的“天人合一”思想整体回答了“如何理解”和“怎样处理”人与自然的关系这两个重大问题，为生态文明建设提供了重要思想资源。作为一种价值理念和思维模式，“天人合一”的核心是把人与自然视为一个生命共同体和道德共同体，以实现人与自然的和谐。

（二）道家自然无为、天地父母思想

“自然无为”是老庄哲学的基本要义，指的是人类“复归其根”自然属性的反映。它要求人们以“自然无为”的方式与自然界进行交流，从而实现顺应天地万物的状态。“人法地，地法天，天法道，道法自然。”（《老子》第25章）“道常无为，而无不为。”（《老子》第37章）“道”把“自然”和“无为”作为它的本性，既有本体论特征，又有方法论意义。这里的“自然”，既是“人”之外的自然界，又是“人”生命意义的价值所在。

三、生态翻译学的起源与发展

生态翻译学研究和发展经历是一个循序渐进的过程。在生态翻译学的构建过程中，如果将本书最终所构建的理论话语系统当作该“过程”的输出结果，这种输出必然会有其输入，即必然会有生态翻译学发生、发展的基础、前提和条件，等等。同时，过去是未来的前奏，知晓生态翻译学发展的历史，也就把握了生态翻译学发展的未来。

（一）生态翻译学产生的背景

很多理念都是在深刻的时代背景和社会思潮影响下提出的。在现代社会和学术发展的引导下，生态翻译学也在逐渐产生和发展，它是在翻译学研究的影响下经济社会进行的转型。众所周知，人类社会自20世纪60年代以来，由工业文明向生态文明进行了转变。20世纪70年代，中国逐渐开始重视生态环境问题。此后，提出了科学发展观和可持续发展政策的理念，同时提出“人类文明处于从工业文明向生态文明过渡”的观点。为了适应社会的发展，在不同的翻译研究领域，将会引入“生态”维度。

从认识论到本体论，从人类中心到生态整合转型，这是当代哲学必须面对的。不难看出，这使翻译研究人员从“翻译生态学”的角度跨越思想领域，扩大了翻译活动的视角，形成了生态翻译的研究路径。翻译适应选择的理论基础是从生物与生态环境的关系入手，从本质上讲是生态学路径的，这一点从2001年研究起步时就已定位，此后按照该路径的其他研究也是这样发展起来的。但2003年至2004年的翻译适应选择论研究中的“适者生存”理论以及“自然选择”理论之间的梳理明显缺乏，依赖两个学科（生态学和生物学）关系的研究也没有深入进行。这在一定程度上是根据翻译理论的适应性选择的延伸而产生的影响，这会使未来生态翻译在建设过程中遇到困难。通过对相关文献进行研究，进而发现最早的生态学是从植物生态学开始的，相应的动物生态学是伴随着植物生态学的发展才得以发展。众所周知，生物学的研究对象既包括动物又包括植物，生态学不是孤立地研究环境和生物有机体，而是研究生物有机体和环境以及互为环境的生物之间的辩证关系。

作为系统的翻译理论研究，从生态学的发展角度来看，前期的翻译适应选择论和后期的生态翻译学，两者是“同源”的，是一种继承的关系，本质上是一致的。

前期的翻译适应选择论研究定位在系统的翻译理论，但翻译理论研究本身与翻译学研究是不在一个层面上的。换句话说，翻译适应选择论研究相对于整体的翻译学来说，只属于“中低端”的研究。随着生态学视角翻译研究的深化和拓展，现在有了宏观生态理念之下的整体翻译生态体系研究，而这种宏观的、整体的翻译生态体系研究，实际上就涉及翻译学研究的层面了。由此看出，在整体的生态理念的观照之下，很有可能的是，前期翻译适应选择论的中观和微观研究与宏观的整体翻译生态体系研究相关联。也就是说，这将有可能使翻译研究的“翻译学架构”“翻译论体系”“译本形成”三个层次研究有机地“打通”，使微观的翻译文本操作研究、中观的翻译本体理论研究、宏观的翻译生态体系研究实现统一，其产生的结果是三效合一的、“三位一体化”的生态翻译学的理论体系构建便有可能顺理成章了。生态翻译学起步于2001年，立论奠基于2003年，倡学整合于2006年，全面拓展于2009年，可谓“三年一小步”“十年一大步”，显示出它艰难的研究历程。对于生态翻译学的产生和发展，其中不仅有中国因素，还有全球因素；不仅有内部因素，还有外部因素；不仅有人为因素，还有客观因素。同时，生态翻译的起源和发展也是一种社会需要、文化需要和学术需要，促使翻译学习领域的视野进一步发展。因此，在21世纪初期，翻译学就开始发展了。

生态翻译学的三个立论基础可以概括为生态翻译学的可持续性、存在性和客观性。生态翻译学逻辑思路得益于“关联序链”的指向和启发，进而进行翻译活动（翻译生态）和思考自然界（自然生态）的相互关联问题；正是由于对自然界（自然生态）和翻译活动（翻译生态）相互关联问题的深层次研究，从而能够在翻译学中适度地引用适用于自然界的“适应／选择”学说；正是由于将“适应／选择”学说引入了翻译学研究，翻译适应选择论的理论体系才得以建立；正是由于翻译适应选择论的理论体系的建立，以此为基础，才得以进行生态翻译学“三层次”的研究。此“三层次”研究分别是宏观翻译生态体系、中观翻译本体理论、微观翻译文本转换的研究。最终由于生态翻译学“三层次”的研究，实现了相对完整的生态翻译学理论体系的构建。这是一个循序渐进、由局部到整体、由小到大、逐渐归为系统化的发展过程。

经过21世纪第一个十年的研究和积累，生态翻译学的研究成果不断累积，研究思路和发展取向日益明确，生态翻译学的宏观翻译学、中观翻译论、微观译本的“三层次”研究格局已形成。同时，随着理论应用、实证研究范围的逐步扩大和学术影响力的逐步提升，研究队伍呈现壮大之势，国际、国内的交流与合作计划均在实施之中。总之，生态翻译学正在一步一个脚印地稳步发展。

（二）持续不断地发展

没有生命力的理论行之不远，而理论的生命和活力在于人们持续不断地进行关注与应用。这种判断和追求，可以说对任何领域的研究或任何学科的发展都是一样的。对于生态翻译学来说，学界的关注和应用是多方面的，除发表论文、出版著作、进行相关研究或列入会议议题，以及安排大会主旨发言之外，主要还体现在以下两个方面：当生态翻译学的研究成果和著作面世以后，海内外翻译学界开始了多方面的评论。与此同时，为使翻译适应选择论及生态翻译学进一步完善和发展，相继出现了对相关理论视点的描述或异议，这些都从一个侧面表现出翻译研究学者对生态翻译学发展的关注、鞭策和促进。

走过二十年风雨历程的生态翻译学，其发生与发展已成为一个事实、一个客观存在，并日益引起国内外广泛的关注和兴趣。就目前来说，经过了这些年的发展，整合“倡学”、探索“立论”、拓展“创派”是生态翻译学三个发展阶段。生态翻译学研究者近年来一直在刻苦努力，不断拓宽自己的视野，以更加广阔的见识为基础，推进生态翻译学发展的脚步，使生态翻译学在科研开发、理论建设、国际交流、基地建设和队伍整合等各个方向，呈现出良好的发展态势。

发展走过第二个十年的生态翻译学研究，将在生态翻译学观点相同的学者提出的“先国内，后国际”的发展战略下，慢慢地在国内进行发展，直至发展到国外。一方面，学者将于近几年内出版几部拟定的专题著作；另一方面，针对国际生态翻译学研究会的性质，学者要不断努力，建立和健全工作机制，对国际生态翻译学网站进行良好利用。在今后几年内，最主要的是人才战略储备，但这种人才战略储备是可持续的，我们会采用多种形式集中培养生态翻译学研究方向的博士、博士后研究员，从而提高生态翻译学的“续航力”，促使“生态翻译学学派”得到良好的发展，进而在国际翻译学界占据一定的地位。

第二节 生态翻译学的理论基础

一、生态学理论梳理

西方生态学理论的实质是关于科学治理人与自然之间生态关系的理论。总体而言，西方生态学理论自20世纪中叶形成时代潮流以来，已经经历了三个重要的历史发展阶段，即生存主义理论阶段、可持续发展理论阶段、生态现代化理论阶段。

（一）生存主义理论阶段

生存主义理论阶段是西方发达国家生态文明的觉醒时期，环境保护的意识及理论开始逐步成为全社会关注的目标。

这一阶段的理论成果以蕾切尔·卡森的《寂静的春天》和罗马俱乐部的《增长的极限》为主要标志。他们第一次把环境题理解为总体性的生态危机，推动以生态环境问题为研究对象的大量著述随之涌现出来。与之相应，西方社会的生态环境运动风起云涌，形成了较大的声势。这些研究成果，主要阐明现代工业社会面临的严重生存危机，全面批判资本主义工业文明的生产生活方式，深刻提出现代经济生活假定增长和扩张可以没有限制地继续，但实际上，地球是由受到威胁的有限资源和因我们过度使用而处在危险之中的承载能力系统组成的。自此，环境问题由一个经济发展领域的边缘问题，逐渐转变为全球经济发展的中心课题。伴随着公害问题的加剧和能源危机的出现，人们逐渐认识到把经济、社会和环境割裂开来谋求发展，只能给地球和人类社会带来毁灭性的灾难。激进环境主义支持者认为，除非发生根本性变革，否则现代类型的发展与增长将不可避免地导致生态崩溃。

生存主义理论批判了既有经济增长模式的前提假定——自然资源是可以无限利用和扩张的，又提出经济发展存在“生态门槛”、地球资源和环境容量是有限的等问题。

在生存主义理论渲染生态危机论的影响下，西方社会开始探寻在人类、自然和技术大系统内的一种全新的经济发展模式。这种模式关注资源投入、企业生产、产品消费及其废弃的全过程，这就是美国经济学家鲍尔丁的“宇宙飞船理论”。他认为，地球就像在太空中飞行的宇宙飞船，靠不断消耗自身有限的资源生存。如果人们继续不合理地开发资源和破坏环境，超过了地球承载力，地球就会像被损坏的宇宙飞船那样走向毁灭。人们必须在经济发展过程中思考环境问题产生的根源，从效法以线性为特征的机械论规律，转向服从以反馈为特征的生态学规律。这就是循环经济思想的源头，即把传统的依赖资源消耗的单向线性增长经济方式，转变为依靠生态资源的闭合循环发展经济方式。这一时期，人类在剖析自身生存方式和发展方式的道路上迈出了可喜的一步，为可持续发展理念的形成奠定了坚实的理论基础。

（二）可持续发展理论阶段

自 20 世纪 80 年代中后期以来，全面系统的可持续发展理论逐步形成并发展。

这一阶段，以 1987 年联合国世界环境与发展委员会报告《我们共同的未来》和 1992 年在里约热内卢举办的联合国环境与发展大会为主要标志。1987 年，《我们共同的未来》第一次正式提出了“可持续发展”的概念和模式，称“可持续发展是既满足当代人的需要，又不损害后代人满足其需要的能力的发展”。20 世纪 90 年代以来，国际社会对可持续发展的概念又进行了丰富和发展。例如，1993 年对上述定义做出重要补充，即一部分人的发展不应损害另一部分人的发展。实际上，可持续发展的科学内涵不局限于生态学的范畴，它将自然、经济、社会纳入一个大系统中，追求人类与自然之间、人与人之间的公平、可持续发展。在“自然—社会经济”复合系统内部，可持续发展要求在生态环境的承载能力下，维持资源的可用性，促进经济的不断提高，提高人们的生活水平，保持社会的稳定发展，以保持生态、经济、社会三方面的可持续发展。“可持续发展”理念逐渐成为一种普遍共识，成为指导全人类迈向 21 世纪的共同发展战略并逐步完善为系统的理论。

可持续发展的原则主要包括公平性原则、持续性原则、共同性原则、整体协调性原则。可持续发展是“自然—社会—经济”大系统动态发展的过程，其发展水平要用资源的承载能力、区域的生产能力、环境的缓冲能力、进程的稳定能力、管理的调节能力五个要素来衡量。具体而言，第一，生态环境的可持续发展。它主要包括自然资源的可持续利用与生态系统的平衡发展。对于自然资源的利用，尤其是不可再生资源的利用，不仅要满足当代人的需求，还要考虑子孙后代的需求；不仅要考虑发达国家的发展需求，还要考虑不发达国家的发展需求。同时，生态环境的可承载能力也是可持续发展考虑的范畴。要对生态系统进行保护，将人类的发展控制在维护生态系统平衡发展的范围内，为人类经济社会的发展提供生态保障。第二，经济的可持续发展。经济发展不仅满足了人们生存发展的需要，还为环境保护提供了经济支持。经济的可持续发展不仅追求数量上的增长，还追求质量上的提高，追求从粗放型生产消费模式转向集约型经济发展模式，从“唯经济至上”的观念转向“人的可持续全面发展”的观念。第三，社会的可持续发展。它主要强调社会稳定与和谐发展，追求人类生活质量的提高和改善。

总之，可持续发展要求在“自然—社会—经济”的系统中，以自然资源的永续利用和生态环境的可承载力为基础，以经济的持续增长为条件，以社会的和谐发展为目的，强调三者协调统一发展。

（三）生态现代化理论阶段

20 世纪末，在一些西方发达国家产生了生态现代化理论。该理论反映了这些国家在社会经济体制、经济发展政策和社会思想意识形态等方面的生态化转向。这一阶段，以 2002 年在南非约翰内斯堡召开的联合国可持续发展世界首脑会议为标志。作为一种现代化理论与可持续发展理论的结合体，西方生态现代化理论逐渐发展成为一个理论基础稳定、发展方向明确的学术体系和社会思潮。它起源于对资本主义现代生产工业设计的重新审视，寻求并力证资本主义生态化与现代化的兼容。生态现代化理论主要立足于资本主义的自我完善功能、环境保护的“正和博弈”性质、社会主体的科学文化意识等基本假设。从整体上看，西方生态现代化理论表明，现代化进程中所产生的问题，只能在现代化进程中加以解决。为此，生态现代化理论提出了以下基本主张。

1. 推动技术创新

技术创新在生态现代化理论中的地位十分关键。以约瑟夫·休伯为代表的学者十分强调技术创新在社会发展中的作用，认为这是产生生态转型的根本所在。有学者进一步指出，社会和制度的转型才是生态现代化理论的核心，科学和技术的变革性作用只是这种转型的重要内容之一。

2. 重视市场主体

“市场以及经济行为主体被看作是生态重建与环境变革的承载者，在生态现代化的理论和实践中具有重要的地位。”[①]生态现代化理论表明，在环境变革阶段，经济行为主体和市场动力发挥着建设性作用。但是，出于经济利益最大化原则，市场主体主动参与生态现代化进程时需要满足一定的前提条件。值得一提的是，“生态现代化理论所强调的成熟市场，并非是一种纯粹的自由主义的市场，而是一个以环境关怀为基础、以环境政策为导向的规范性市场。但这并不意味着要抹杀市场的个性与活力，只是指明经济生态化目标的一种发展方向”[②]。

3. 强调政府作用

随着可持续发展理论的兴起及其与现代化进程结合的日益紧密，主张生态现代化理论的学者逐渐认识到，应该重新审视政府在环境保护中的作用。有学者认为，政府干预的协商形式可以在环境保护中发挥重要作用。生态现代化理论认为，积极的政府在生态现代化进程中具有非常重要的作用。政府的干预可以引导有效的环境政策的制定，政府能严格地治理环境并激励创新。这是生态现代化的一个重要原则。

4. 突出市民社会

生态现代化理论重视市民社会在生态现代化进程中的作用，认为这是实现整个社会生态转型必不可少的要素。就市民社会在生态现代化进程中的具体作用而言，其是联结政府和市场行为主体的纽带，其对经济创新、技术创新的认可与压力是推动生态现代化发展的重要动力。因此，市民社会的发达与否，既是考察和衡量生态现代化发展水平的一个重要参考值，又是促进其发展的要素之一。

5. 关注生态理性

西方生态现代化理论充分利用和发展了生态理性。生态理性在生态现代化理论中的主要作用如下：（1）在生态理性的支配下，环境活动与经济活动可以被平等地评估；（2）在自反性现代化中，生态理性逐渐以一系列独立的生态标准和生态原则的形式出现，开始引导并支配人与自然的复杂关系；（3）生态理性可以被用来评价经济行为主体、新技术以及生活方式的环保成效；（4）生态理性的运用并不局限于西欧、北欧的一些国家，也可以运用于全球范围[③]。在实践中，生态理性在生态现代化理论的推行中也被广泛运用。

---

①周鑫. 西方生态现代化理论与当代中国生态文明建设 [M]. 北京：光明日报出版社，2012:25.

②周鑫. 西方生态现代化理论与当代中国生态文明建设 [M]. 北京：光明日报出版社，2012:39.

③同注①。

综上所述，生态现代化理论的最终目的是实现整个社会的生态转型，或者说是追求一种经济和社会的彻底的环境变革。这是一项复杂的系统工程。其中，生态理性是主线，技术创新是手段，市场主体是载体，政府作用是支撑，市民社会是动力。这些具体的主张共同促进了环境变革这一系统工程的发展。

综观整个西方生态学理论的发展阶段，它的历史演进主要呈现出以下特点。

其一，从实践层面上看，由以个别学者为主体发展到以国际组织、机构为主体。具体而言，在早期，西方生态学理论对人与自然生态关系的关注，大多由学者著书立说或演讲宣传来推进；而后期的生态文明探讨，则大多以国际组织、机构来进行组织并推动。其二，就思想层面来讲，由“深绿”发展到“浅绿”。具体而言，早期西方的绿色生态运动的主导思想是“深绿”的，即“深生态学”，它大多批判工业革命对自然界的掠夺、对生态环境的破坏，进而反对人类中心主义，批判技术中心主义；后期的绿色生态运动的主导思想是“浅绿”的，它以生态中心主义为指导，既拒绝狂妄的、以技术中心主义为特征的早期粗糙的人类中心主义，又远离极端的生物中心主义、生态中心主义。

（四）有机马克思主义——一种最新的生态学思潮

近年来，美国兴起了一种新的生态学思潮——有机马克思主义。它以探讨生态危机根源、寻求解决当代生态危机的途径为目的，将马克思主义、中国传统智慧、过程哲学有机融合，进而形成了一种新形态的马克思主义。有机马克思主义最早是由美国学者菲利普·克莱顿、贾斯廷·海因泽克在《有机马克思主义：生态灾难与资本主义的替代选择》一书中提出的。这本书的作者通过深入分析当代资本主义的内在缺陷，指出资本主义的生产方式和政治模式是导致生态灾难的根本原因（但不是唯一原因）。资本主义面临着它自身根本无法解决的危机，因此“有机马克思主义”作为资本主义的替代选择被提了出来。这是一种开放的新马克思主义，是使整个人类社会免遭资本主义破坏的主要希望所在。这一学说的核心原则主要是为了共同福祉、有机的生态思维、关注阶级不平等问题及长远的整体视野。在此基础上，它提出了走向社会主义生态文明的发展道路，以及一系列原则纲领和政策思路，并对包括生态文明建设在内的中国特色社会主义道路给予了高度评价，认为在地球上的所有国家当中，中国最有可能引领其他国家走向可持续发展的生态文明。而后，柯布在《论有机马克思主义》一文中对有机马克思主义进行了更为全面的阐释。

有机马克思主义在理论主张上不同于生态马克思主义，它没有将生态危机的根源完全归结在资本主义制度上，而是主张多种因素导致的现代生态危机的出现，将理论重点放在分析现代性即西方现代世界观和现代思维方式上。有机马克思主义的提出，若简单地判定社会制度是生态危机的根源，那么一些包括中国在内的社会主义国家存在的生态危机则无从解释。此外，有机马克思主义还特别强调自身与中国优秀传统文化的内在契合性，认为中国优秀传统文化强调流变、系统和整体性，是一种社会整体取向的思维方式，这与有机马克思主义可以说是异曲同工。

有机马克思主义者对于我国生态文明建设给予了较高评价。克莱顿等人认为，环境问题不是轻而易举能解决的，主要在于文明的转变，因此必须走向生态文明；中国的生态文明建设既不同于资本主义，又区别于传统社会主义的“第三条道路”，是强调社会和谐与生态文明的中国式社会主义道路。柯布明确提出，“中国是当今世界最有可能实现生态文明的地方”。作为一种新的思潮，有机马克思主义还在不断生成和发展中，需要逐渐完善，但它提出的一些思想和主张，对于推进马克思主义研究和我国生态文明建设是有益的。

二、生态翻译学理论的思想来源

生态翻译学理论的思想主要来源于生态整体主义、东方生态智慧和“适应 / 选择”理论三个方面，下面对这三个方面进行逐一阐述。

（一）生态整体主义

生态整体主义（ecological holism）的核心思想是把生态系统的整体利益作为最高价值，而不是把人类的利益作为最高价值，把是否有利于维持和保护生态系统的完整、和谐、稳定、平衡和持续存在作为衡量一切事物的根本尺度，以及作为评判人类生活方式、科技进步、经济增长和社会发展的终极标准。

由于生态学是奠基于整体主义的科学，其研究方法强调相互关联、相互作用的整体性，生态学的整体观又是当代生态理论的核心观念，所以不论是把生态翻译学理解为一种生态学途径的翻译研究，还是将其理解为生态学视角的翻译研究，以生态学的整体观作为方法论进行整体性研究是生态翻译学研究的重要指导思想，对翻译生态系统的综合性论证与整合性研究是生态翻译学研究的重要内容①。从这个意义上可以说，

---

①王凤珍．有机马克思主义：问题、进路及意义 [J]. 哲学研究，2015，8（5）：21-24.

生态翻译学又是一个隐喻类比、综观透视和整合一体的翻译研究路径。

生态译学认为，翻译是一个整合一体、和谐统一的系统。由于系统内各个组成成分之间的相互作用，使系统成为一个统一的整体。这个整体所表现出来的功能不等于各个组成成分功能的简单相加，而是大于各个组成成分功能之和。这种整合一体的、牵一发而动全身的特征可以充分说明，一种生态行为的产生会受到全局性的多因素影响，这都是整体效应的体现。

翻译生态系统是涉及社会、交际、文化、语言等诸多方面的系统。生态系统具有一定的空间结构和时间变化，同时具有自动调控功能，且具备开放性。我们可以仿照生态系统的定义，把它定义为在一定的时间和空间范围内，语言与语言之间、翻译要素与非翻译要素（如社会、交际、文化）之间，通过不断的物质循环和能量流动形成的相互作用、相互依存的一个翻译学功能单位。我们也可以把翻译生态系统狭义地理解为“翻译的环境研究中的外部控制与语言内部控制”机制的协调发展，进而把它放到一个更宽广的视野中进行讨论，一切与翻译发生联系的活动都可以纳入这个系统加以考察。翻译史研究也表明，无论是译者个人、一个民族或历史时期翻译标准的形成，还是译者翻译材料和翻译策略的选择，或一个民族的翻译思想传统的形成；无论是在某一特定历史时期，翻译的整体特征或者翻译政策的制定，还是翻译所产生的历史作用等，都不是孤立存在的，都有必要从翻译生态环境的视角进行整体的综观与审视。

总之，基于生态学视角的翻译研究十分强调“整体综合”思想，其整体观着眼于翻译生态系统及其内部结构的整体性研究。这种“整体综合”的生态翻译学整体观，既有利于在整体的翻译生态系统中，相关元素形成互利共进的关系，形成整体和谐的生态美，又必然会影响到翻译理论研究，即不同翻译论理念在形成和发展过程中的相互借鉴、嫁接、适应、渗透、交锋、替代、演变，经过古今中外的比较与综合，最终走向“多元统一”和“整合一体”。

（二）东方生态智慧

这里的“东方”，主要指中国，以华夏生态智慧为核心。

中国翻译界学者之所以首倡生态翻译学观念，关键之一在于，中国有着可借鉴的丰富的古代生态智慧。“中国文化在开端处的着眼点是生命。”“生命的体悟”可以视为华夏文化思想的主流，这其中自然含有对“生”“生存”或“生态”的体悟。因此，中国传统文化中的经典生态智慧便成为生态翻译学的一个重要理论支点和思想依归。这些生态智慧以“天人合一”“中庸之道”“以人为本”“整体综合”为特征，包含着丰富的哲理与思辨。这是一种中华智慧、生命智慧与生态智慧。“天人合一”的思想观念是中国古典哲学的根本观念之一，重在和谐。这种和谐是“天和”“人和”“心和”的总合，是主客关系的和谐圆满。“天人合一”的思想体现在生态翻译学中，首先表现为致力于追求译者与翻译生态的和谐统一。在翻译过程中，人们总是不断在追求译者与翻译生态的和乐、融入与和谐，使译者适应翻译生态环境，使翻译选择遵循翻译生态的动态变化规律，以此求得原文与译文、译者与作者、译者与读者、译文与译语文化，以及译者自身的适应与选择的“平和”与“平衡”。为了追求译者与翻译生态环境的和谐与协调，译者常常运用不同的翻译理论和各种各样的翻译策略与技巧，充分发挥人这一万物之灵的创造力，做出最佳的适应和优化的选择，使译者个人的身心皆融于翻译生态环境之中。因此，对于翻译来说，不论是“案本、求信”，还是“神似、化境”；不论是“意美、形美、音美”，还是“准确、通顺、快捷”（适于口译），译者（译员）所追求的就是翻译生态系统中，诸项元素的统一和偕、相互协调、相互引发，达到“思与境偕”“情与景冥”，从而实现“天人合一”的艺术境界。

“中庸之道”本就是华夏儒家道德的最高规范。“中庸”平衡之道作为优化决策的方法论，无论是用于翻译操作过程，还是用于翻译理论研究，都是适宜的、得当的。且不说翻译过程中过分的直译或意译、异化或归化、过度诠释（over-representation）或欠额诠释（under-representation）等都是不可取的，就是译论研究本身，也宜“允执厥中”，不可走向极端。

“人本”思想是中国政治文化思想的滥觞。人生活在天地之间、自然环境之内，是整个物质世界的一部分。换言之，人和自然环境是一个整体。因此，当自然环境发生变化时，人体也会与之相应地发生变化。华夏文明中的儒家文化，在整体功能上强调的是，有益于保持人与人、人与自然、人与身心的和谐。由于翻译理论的根本问题之一，就是如何描述和解释译者在翻译过程中所扮演的角色，因此译者问题是翻译研究中的一个永恒的话题；又由于生态翻译学研究的对象是“译者与翻译生态环境的相互关系问题”，因此，译者问题便成为生态翻译学研究的一个中心议题。在翻译研究中，“以人为本”思想的体现是“译者主导”的理念。“译者主导”不仅主张译者是翻译的主体，回答了“谁在译”的问题，还主张翻译过程是以“译者为中心”主导的，译者是翻译行为成功的根本因素。

中国传统文化价值具有先天的整体观、综合观、有机观、和谐观。它认为，每个人、每个生命，包括所有动物、植物，都是处于巨大生物链中的一环，同样，每个人、每个族群乃至整个人类社会的每个行动，也都处于巨大的物质因果链和道德因果链中。我们的一切行为都会产生相应的后果，这不仅会影响到我们自己，还会影响周围的一切。这些影响有可能是直接的，也可能是间接的；有可能是暂时的，也可能是长远的：有可能是眼前的，也可能是未来的。中国古有“往古来今谓之宙，四方上下谓之宇”（《淮南子·齐俗训》）之说。对宇宙的观点是，宇宙是至大无外的，宇宙是一个生生不已的大流（故《易传》云：“生生之谓易”）；宇宙不是一个封闭的系统，而是一个开放、交融互摄、旁通统贯、有机联系的整体；宇宙不是孤立、静止、不变、不动或机械排列的，而是创进不息、常生常化的。中国传统文化的精髓就在于整体性思维，它强调的是变化和变化的规律。这对于动态的翻译生态系统来说，隐喻类比的启迪意义显而易见。

以上这些包含了古典形态的“自然”“生命”“生存”“中庸”“人本”“尚和”“整体”等生态思想，成为孕育和形成生态翻译学的宝贵智慧资源。这些早已引起了众多国际哲学家和思想家高度重视的原始典籍，毫无疑问，也是中国学者提出生态翻译学理念的一个重要支点。

（三）“适应／选择”理论

这里的翻译“适应／选择”理论，是借用达尔文的“适应选择”学说的原理，经过转意和隐喻，通过探讨具体翻译问题而形成的。基于“适应／选择”理论，笔者认为可将翻译定义为：“以译者为主导、以文本为依托、以跨文化信息转换为宗旨，翻译是译者适应翻译生态环境而对文本进行移植的选择活动。”（胡庚申，2013）

如图 2-1 所示，原文和译者相同的虚线框表示翻译生态环境。粗略地看，这个翻译过程示意图传达的基本意思是，翻译过程是译者对以原文为典型要件的翻译生态环境的适应，以及以译者为典型要件的翻译生态环境对译文的选择。此翻译过程中的翻译行为是以译者为中心主导的。

翻译过程中的选择性适应和适应性选择的具体特征，一是“适应”——译者对翻译生态环境的适应；二是“选择”——译者以翻译生态环境的“身份”实施对译文的选择。因此，翻译过程中的翻译被描述为译者适应和译者选择的交替循环过程。

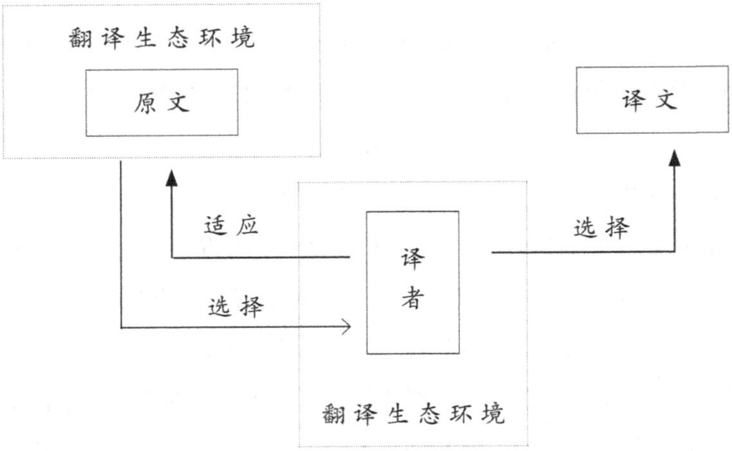

图 2-1 译者“适应/选择”的翻译过程

“适应/选择”理论对翻译过程的解释是：翻译操作的第一个阶段，是以原文为典型要件的翻译生态环境对译者的选择（即“天择”译者）。图 2-1 中，虚框下面指向译者的箭头使用细线，意在表明它是以原文为典型要件的翻译生态环境对译者的选择，更是为了衬托其上的粗线，以突出这个操作阶段，也就是（通常所说的）译者对以原文为典型要件的翻译生态环境的适应。翻译操作的第二个阶段，是译者在接受了翻译生态环境（即“天择”）的前提下，又转过来以翻译生态环境的“身份”实施对最终行文的选择（即“人择”译文）。因此，翻译“适应/选择”理论，即由“天择”到“人择”的转换过程。

人们常说，言语就是选择，写作就是选择，生活就是选择。在翻译界，更常说，翻译是一种选择过程。但是，这种选择背后的机制是什么？为什么说翻译过程是“译者适应翻译生态环境而对文本进行移植的选择活动”？我们现在运用“适应/选择”理论的基本原理，可以说已经将从“天择”到“人择”和从“人择”到“天择”转换互动的机理基本上弄清楚了。

第三节 生态翻译学的理论体系

一、宏观视角的生态翻译体系

（一）复杂思维、复合系统与翻译研究的跨学科性

1. 复杂思维

复杂思维是一种联络人文科学和自然科学、消除人文科学和自然科学之间差距的方法，这是复杂系统的探究方法。但是，复杂性思维系统的研究方法一般是通过整体思维、非线性思维、过程思维、关系思维作为主要特点的，是研究事物运动规律的方法。

复杂思维方式共有八个特点。（1）当一种方法具有复杂性的时候，这种方法才可能发挥作用。（2）可操作性原理是这种方法要提供的，这对自在思考有所帮助。（3）方法是一种行动策略，并不是一种规划，逐渐地在现实的反馈中进行修整。（4）时间具有不可逆性的特点，承认这一特性，有助于将历史过程当作对现有事件进行解释的关键条件之一。（5）注重事物的相互关联性和整体系统的认知。这个过程包括反馈、互为因果性、随机性、干扰、滞后、紊乱、叠加、协同作用、重新定向和分叉突变等。（6）注重认知对象和其所在的环境之间的联系。（7）强调观察对象和观察主体二者之间的关联性原则。（8）在复杂系统中，承认形式逻辑具有一定的局限性，将观察中发现的逻辑困境和矛盾当作未知的现实领域。

复杂的推理原则涵盖着竞争、对立和互补概念的共时性。这种翻译研究综合了文化学、语言学、交际学、传播学、人类学方法论、哲学、学科发展理论、思维学及心理学等人文社科知识。这其中包括多种要素，如采取的渠道、原文作者、译者主体、原语要传递的内容、译者采用的语言符号系统、译语要传递的内容、译文的接受者、原文的接受者。所以，可以使用复杂性思维范式系统地进行研究。

2. 复杂系统

复杂性科学给我们提供了一种崭新的世界观。

在复杂科学中，复杂系统的描述性定义是，复杂系统是基于主体的本地信息的二次系统的智能自适应数量。

基于上述定义，可以这样理解复杂系统：

（1）它不是简单系统，也不是随机系统。

（2）它是一个复合的系统，而不是纷繁的系统。

（3）复杂系统是一个非线性系统。

（4）在复杂系统之间，有许多子系统，这些子系统相互依赖，子系统之间还有协同作用，可以一起演化。在复杂系统中，子系统分为很多层次，大小也各不相同。

由于生态系统多维度、多层次的内嵌性，同时又具有层次关系。因此，在大系统之下会有子系统，子系统之下还会有子系统，但无论是从翻译生态体系到不同生态子系统，还是从不同生态子系统的内部结构和内在联系，到各生态子系统之间的关联互动关系，这里的系统设计和描述，总体的指导思想是遵循基本生态原理，符合生态理性特征。

3. 翻译研究的跨学科性

20 世纪 20 年代，“跨学科”一词最早出现在纽约。“跨学科”最初的含义和“合作研究”相类似。1985 年，交叉科学学术研讨会于在中国召开，自此，“交叉科学（学科）”的概念在科学界广为传播。在早期阶段，人们对“跨学科”和“交叉科学”这两个概念不做细致的区分。20 世纪 90 年代后，“交叉科学”逐渐被“跨学科”一词所代替。到目前为止，交叉学科研究仍然属于跨学科研究的最初阶段，原因是这样的研究仍然局限在已有的学科中，而学科都是人为设置的。所以，要想研究取得进一步发展，就一定要打破学科划分所产生的界限，进行更高境界和更大范围的跨学科性的探索。通过超越过去的条分缕析的探究方式，进而实现对问题进行整合性探索，这是跨学科的主要目的。目前看来，在国际上具有一定发展前景的新兴学科大都具有跨学科性质。

大部分的传统翻译探究还停留在二元对立的思维模式上，基本就是围绕翻译四元素——译者、作者、译本和原本进行展开。同时，解构主义的产生和发展促使翻译探究打破了二元对立的屏障，丰富和完善了翻译学的学科体系。从翻译论发展史全局来看，翻译学学科要想建立和不断完善，翻译学研究要想发展，就必须要向跨学科综合发展。西方翻译学研究从 20 世纪 50 年代末至今，已发展到了跨学科研究的新阶段。不难看出，到目前为止，翻译学研究已经变成多门学科研究范式的集合体。

通过对“自然界—翻译—文化—语言—人类”的“关联序链”的探索，生态翻译学发现了生物自然界和翻译活动之间的关系，还有和人类社会系统相互关联、与自然生态系统的类似同构的规律和特点。这不仅为翻译研究的跨学科寻找到了理论依据，还为深入翻译研究开辟了新的方向。

（二）翻译本体生态系统的科际整合

1. 科际研究的关联互动

以“关联序链”为线索，按图索骥地展开相关研究，采用相互照应和分项研究，基本就可以对生态系统进行各相关学科探究的纵观和系统的整合。

从一个角度来看，研究生物体和生物体所在环境之间相互作用的科学是“生态学”。所以，翻译研究从生态学视角展开，翻译研究的内容会涵盖对翻译自然生态系统和生态系统之间的类似性、同构性和关联性的探索；译者与翻译生态环境二者之间关系的探究；作者、读者、出版者、出资者、译评者等与翻译生态环境两个角度之间关系的探索；翻译实质、翻译过程、翻译原则、翻译方法、翻译标准等之间关系的研究；翻译生态系统的内部结构的探索；在自然生态系统中，翻译的作用和地位的探索；翻译和其他学科之间的相互关联的探索，还有从生态学维度着眼其他的和翻译生态系统有关联的相关探究。从另一个角度来看，基于整体主义的科学，生态学的研究方法注重相互关联、相互作用的整体性。因此，生态翻译学研究将采用分析例证和综合论证二者结合的方式展开探究，注重整体研究的互动关联和协调梳理分项专题探究。

从语言学视角的研究出发，在翻译本体生态系统中，因为语言的转换是翻译，所以，对语篇进行生态取向的功能／语用学／认知分析探究，语言与翻译生态的关系探究，生态语汇的翻译探究，还有以语言学维度为出发点的其他和翻译生态系统相关的探究，这些是语言学视角的研究中应当包含的。

从文化学视角的研究出发，在翻译本体生态系统中，因为语言的转换是翻译，文化所包含的一部分是语言，所以，生态取向的跨文化差异／契合／冲突／制约研究，翻译生态系统的文化语境研究，翻译生态环境和文化多样性的探究，还有其他从文化学角度出发的和翻译生态系统有关的相关研究，这些是文化学视角的研究应当包括的。

从人类学视角的研究出发，在翻译本体生态系统中，因为语言的转换是翻译，文化的一部分是语言；语言通过人类活动的不断升华总结而形成文化，而人类又是自然界的一分子，所以，人类学视角的研究应当包括翻译与人类认知演变研究，人类记忆与翻译（尤其是口译）研究，译者的需要／情感／欲望／能力研究，译者的生存境遇/能力发展研究，翻译与人类交际研究，翻译使命与人类文明研究，生态翻译与生态文明的关系研究，翻译与全球化研究，以及与翻译生态系统有关的从人类学维度着眼的相关研究。

从生态学视角的研究出发，生态学视角的研究应当包括译者与翻译生态环境的相互关系研究，翻译生态系统的内部结构及其相互关系研究，翻译实质/翻译过程/翻译原则/翻译方法/翻译标准等之间相互关系研究，翻译在整个自然生态系统中的地位和作用研究，翻译对其他学科的相互关系和依赖关系研究，以及其他与翻译生态系统有关的从生态学维度着眼的相关研究。

从翻译学视角的研究出发，翻译学视角的研究应当包括翻译生态系统的整体性研究，翻译/语言/文化/人类/自然界之间的协调性研究，翻译生态系统的最佳化研究，生态学途径的翻译研究与其他途径翻译研究的对比性研究，以及其他与翻译生态系统有关的从翻译学维度着眼的相关研究。

2. 以生态为视角的综观整合

就其他各学科来说，生态学具有概括、包含的意义。生态学是一门综合学科，是一门“元学科”。因此，这使得生态翻译学对与翻译相关学科的综观整合可以实施。或者说，以生态视角为基础，进行翻译研究的整合，或是成为具有关键意义的转折、节点在“关联序链”的基础上具备的互动性、共通性和递进性的特征，在生态学的观照和统领之下，生态翻译学将从与翻译活动紧密相关的人类交际、语言、文化等视角进行描述、开展研究，最后进行从翻译学视角出发的研究。

从生态视角出发，对翻译本体生态系统进行整合，这样的整合是一种“多元一体式”的整合。它不仅体现了研究视角的交集和思维方式的整合，同时表现为科际探索的汇通。因为生态学本身就是一种方法论和世界观。所以，从这个角度上来看，这一整合将会具有整体主义的方法论意义。

二、中观视角的描述性生态翻译本体理论

在中观的翻译本体理论研究中，生态翻译学致力于认识翻译本质、描述翻译过程、明确翻译原则、彰显翻译主体、厘定翻译标准、回归“译有所为”等。

（一）生态翻译学视域下的“何为译”

生态翻译学的核心理念之一即强调翻译生态平衡。可以说，生态翻译学其实就

是一种“翻译即生态平衡”的翻译观；翻译的策略与技巧，其实就是翻译的“平衡术”。

1.生态翻译学视角的翻译理解

尽管前述的翻译定义林林总总、门类繁多，但却是几乎没有把翻译生态、文本生态和翻译群落（translation community）生态作为研究对象的翻译研究。换句话说，在现有的翻译定义中，更多地侧重在“语”或“本”，即翻译的功能或效果。既不是生态视角的系统研究，也不是以译者为代表的翻译群落的“生存”和“发展”的人类行为研究。

事实上，生命科学已成为当代的领先科学。据美国《科学》杂志 2006—2008 年度评选的年度世界十大科技进展报告统计，生命科学每年均占 60% 以上的份额。这意味着生命科学持续而有力地推动着当代科学的进步，并且在很大程度上影响着当今人类文明的进程。生命科学是以生命物质为研究对象的自然科学的总称。它的迅猛发展带动了自然科学中的许多领域，同时对人文学科也产生了深远的影响。生态学是生命科学的分支学科之一，现在已有许多人文学科与之交叉。例如，生态经济学、生态伦理学、生态人类学、生态美学、生态哲学。近十年来，在胡庚申教授的倡导下，生态翻译学已呈发散之势。

谈到从“生态”“生命”“生存”的视角来系统地审视和解读翻译行为者，我们知道，生态翻译学的一些概念来源于对自然生态系统的理解，并且是在翻译适应选择论的基础上发展起来的。生态翻译学借用、移植、类比“适者生存”的基本原理，将这种原理嵌入翻译生态系统，使这种原理与翻译群落与生俱来的生存意识相关联。换句话说，利用“适者生存”基本原理的杠杆作用，把生存系统的思考和思考的生存系统用于翻译实践中——这是翻译成功的内在和永恒的动力，也是回归于翻译群落生存、发展的原始目标，因为“中国文化在开端处的着眼点是生命”，而“生态”“生存”“生命”是生态学的命脉。

从生命在特定生态环境中的生存与发展的视角考察翻译，可以说一切为译者生存与发展所利用的信息、人员、能量、时间、空间，都可以视为译者的翻译生态资源。从“生命”“生存”和“生态”发展的意义上也可以说，翻译活动的实质就是，译者对翻译生态资源的利用、评价、分配、储存、加工、支配和再生的过程。在这个过程中，译者的适应和选择交替进行。这一循环过程内部的关系适应的目的是求存、生效，适应的手段是优化选择；而选择的法则是“去弱留强”“求存择优”。正如社会学家钱津所言：“生存的选择孕育着人的无比生动的丰富性。”

自然选择是一个双向的过程，生物选择适合自己生存的环境，以求“适者生存”；环境以自身的调节作用，选择构成环境的各种因素，以求达到平衡。无论是生态环境，还是宇宙的大环境，它们本身就是一个动态平衡体系，它们之所以能够以这种方式存在，就是因为它们具有维持这种动态平衡的内在运行机制，这是它们的自然规律。

安德烈·勒菲弗尔与苏珊·巴斯内特于1990年提出了著名的“文化转向”命题，多次将翻译的语境描述为“文化环境”，并使用“发现树木生存之地”“描述植物生长之状”等生态类比翻译研究中语言学家的探索行为。

事实上，不管是科学的还是艺术的，都是在选择性模仿。美国的心理学家詹姆斯·鲍德温指出：“自然选择绝不只是一个生物学定律；作为一个定律，它同样适用于其他所有有关生命和心灵的科学。”毫无疑问，自然选择也同样适用于谜米的模仿活动中，因为在错综复杂的大千世界中，通过自然选择，如斯金纳所言：“有些行为在积极意义上被选择了，而另一种行为则被淘汰。”

简言之，我们说，生态翻译学的真谛在于关注“生态”“生命”和“生存”；在于保持文本生态的平衡，以及关注原文的生命在译语环境中的生存和长存；在于译者在特定翻译生态中的生存与发展；在于保持翻译生态、文本生态、翻译群落生态的稳定、协调、平衡、和谐。

2. 翻译即文本移植

“生态翻译”是从生态角度综合观察和描述翻译的总称。这是一个内涵丰富的整体概念。例如，它可以从生态学的角度来纵观整体翻译，也意味着用自然生态隐喻来翻译生态；它可以指从生态适应方面对翻译文本的选择，也可以指从生态伦理方面来规范翻译群落，也包括用生态概念来选择生态翻译文本并翻译自然生态世界。

但是，如果单一地从文本角度来看，生态翻译也可以狭义地指基于原语生态和译语生态的“文本移植”。从这个意义上可以说，翻译就是将一种语言生态系统里的文本移植到另一种语言生态系统中去。

关于“移植”，翻译界有不同的说法。翻译理论家罗森纳·沃伦在她主编的文集《翻译的艺术：译苑之声》的引言中说过：“翻译是一种认知和生存模式，当把文学作品从一种语言移植到另一种语言时，就像把植物或动物从一个地方移动到另一个地方，它们必须像个人或民族那样适应和成长，只有适应新的生存环境才可以长期生存下来。”苏珊·巴斯内特等人也有类似的说法。例如，在埃德温·根茨勒为她和安德烈·勒菲弗尔合编的《文化构建》一书所写的序言中就提出：“巴斯内特建议我们可以考虑使用‘种子移植’的术语：种子一经移植，便能茁壮生长。”国内关于“文化移植”的研究近年来也没有间断过。但是，生态翻译学里所说的是“文本移植”，不仅涵盖面应当更广一些，而且“移植”一词的使用与翻译生态环境是一致的。因此，它既是生态翻译学里的一个专门术语，也是生态翻译学里的一个核心理念。

我们所说的“文本移植”，是生态翻译学关于翻译本质的认识，它关注的重点是文本（原文）内在的“可移植性”（transplantability）。具体来说，在移植实施之前，应重点关注原文生态结构的可移植性，并由此对拟翻译的文本进行选择；在移植过程之中，应重点关注文本的语言生态移植、文化生态移植和交际生态移植，并关注译语翻译生态环境的“重构”和翻译生态的“再建”；在移植完成之后，重点关注被移植的文本（译本）在译语生态环境里的生命状态，并关注对译语生态环境的培育，以便使被移植的文本能够生存、长存。

翻译文本的生存体现了翻译活动的最终结果，因此翻译文本的生存状态必然是生态翻译学研究的重点之一。这里的生存状态研究指向被移植文本的多元化生存、译本的生存状态与受众群体关系、译本在译语生态环境中的接受与传播、译语译本与原文本在生存状态上的关系、译本与译语生态环境的关系、译本与时间因素在生存上的关联、被移植文本在译语生态环境中的“变异”，以及其他翻译生态环境下文本的移植、生存、长存的一切生命状态，等等。从这个意义上说，生态翻译学所观照的不仅是“译入”或“外译中”的问题，而且也观照了“译出”或“中译外”的问题。既适于“西学东渐”，又适于“东学西渐”的翻译活动。

原语的文本生态系统涉及原语系统里的语言生态、文化生态、交际生态等；译语的文本生态系统涉及译语系统里的语言生态、文化生态、交际生态等。因此，在做生态翻译的文本移植时，要从原作内在的生态结构出发，对拟翻译作品进行选择，并且在翻译的过程中依循原作固有的生态结构在另一种语言中进行再现。换句话说，在做生态翻译的文本移植时，译者所能做的就是在维持原语生态和译语生态方面尽责任，在协调原语生态和译语生态方面动脑筋，在平衡原语生态和译语生态方面做文章，在于译语生态系统中营造（重构）原语生态环境方面下功夫。

对原语生态和译语生态来说，首先要求“维持”，维持不了的需要“协调”，协调的目的在于“平衡”。难以平衡而又要文本移植、翻译转换者，就需要“营造”和“重构”，即需要在译语系统里创建一个与原语生态相适应的生态环境。这需要通过译者的努力乃至通过技术手段“复活”原语系统世界，从而使译文能够在新的译语生态环境中生存、长存。

3. 翻译即适应与选择

对于生存，适应是必需的；对于进化（发展），选择是不可或缺的。

我们曾从翻译适应选择论的视角解读翻译——翻译的过程就是译者的一种自觉或不自觉的、被翻译生态环境因素所左右的选择活动。这样的选择发生在翻译活动的各个方面，存在于翻译过程的各个阶段，出现在翻译转换的各个层次。这种选择背后的机制和动机，正是“适者生存”“汰弱留强”。

换句话说，不论是生态翻译中的“翻译即生态平衡”，还是“翻译即文本移植”，最终还要有赖于译者的选择性适应与适应性选择，即译者的适应与选择。究其原因，生态平衡、文本移植、译者选择三者之间是一种递进的、因果的、互动的关系。例如，从语言维的适应性选择转换来审视翻译，原语和译语之间的语言同质性为译者翻译过程中的语言置换奠定了基础，而语言的异质性又会迫使译者依据翻译生态环境做出适应性选择。如果将原语语言原封不动地移植到译语产出的译文中，往往会造成晦涩难懂或违背译语语言规范以至于受到排斥。这时，就需要能够尽量保持原语和译语在词汇、句法、语篇文体、语用乃至节奏、音调等方面的协调和平衡。要实现这种协调和平衡，需要译者依据原语和译语不同的翻译生态环境做出各种不同的选择性适应与适应性选择。

因此，所谓“翻译即适应与选择”，就是译者的选择性适应与译者的适应性选择。一方面，当翻译中的“信、达、雅”难以兼得、“神似、形似”难以统筹、“意美、形美、音美”难以共享的时候，其中孰轻孰重、孰弱孰强，译者最终必须能够在对特定翻译生态环境的选择性适应的基础上，做出独立的判断，由译者自己做出适应性选择。

另一方面，对翻译行为的理解和实施，无论是“文化适应”，还是“有目的的行动”；无论是“多元系统”认知，还是“意识形态操纵”，对其进行解读领悟、操作、应用等，最终要靠译者在选择性适应特定翻译生态环境的基础上自主地做出判断，由译者自主地做出适应性选择。例如，中国作家莫言在国际文坛上获得诺贝尔文学奖，英语翻译员葛浩文对其作品的翻译并不是逐字逐句逐段翻译，而是边翻译边改动。这里的翻译方式就是译者适应翻译生态环境所做的选择。

以上就是“翻译即适应与选择”的真谛，亦即翻译的过程就是“译者适应翻译生态环境对文本进行移植的选择活动”的本质。关于译者在翻译过程中的适应与选择，《翻译适应选择论》一书中已有详解，此处不再叙述。

最后，我们可以从生态翻译学视角对“生态翻译”的理解和认识做如下总结：所谓“生态翻译”，是以生态视角综观和描述翻译的总称，是一个整体概念，内涵丰厚。具体来说，生态翻译既可以指以生态视角综观翻译整体，也可以指以自然生态隐喻翻译生态；既可以指维护翻译语言和翻译文化的多样性，也可以指运用翻译促进生态环境保护和生态文明发展；既可以指以生态适应来选择翻译文本，也可以指以生态伦理来规范翻译群落；当然也会包含以生态理念来选择生态翻译文本以及翻译生态自然世界等。如果单一地从文本角度来看，生态翻译也可以指基于原语生态和译语生态的“文本移植”。

（二）译者对翻译生态环境的适应与构建

译者与翻译生态环境的关系主要集中在翻译生态环境对译者的生态作用、译者对翻译生态环境的适应与选择，以及译者对翻译生态环境的改造与重构作用等几个方面。

首先，译者的生存与发展与他所处的翻译生态环境有着密切关系。译者的生存与发展一刻也离不开他所处的翻译生态环境。译者要从生态翻译环境中取得他所需要的一切，包括原文、原语和译语所呈现的世界，即语言、交际、文化、社会，以及作者、读者、委托者等互联互动的整体。这些可称之为翻译生态环境对译者的“生态作用”。

其次，翻译生态环境的变化，必然影响与其关系密切的译者。具体来说，翻译生态环境的变化必然会在译者产生译文过程中的词汇、句式、语篇、语用、风格、文化、交际等不同层面上反映出来，即翻译生态环境的变化，必然影响和限制翻译策略的选择。或者说，翻译策略的选择必然要跟随翻译生态环境的变化而变化。对这种影响和限制的接受又可称为译者的“生态适应”。

最后，译者对翻译生态环境的改造与重构作用也是巨大的。一个成功的译者会重视“生态作用”，接受“生态适应”，进而能动地在其所处的不同翻译生态环境中，选择不同的翻译策略和标准来实现自己的翻译目的。同时，译者又能在翻译生态系统的适应与选择过程中，创造出各种各样的翻译策略和技巧，形成丰富多彩的真知灼见，进而能动地调节、操纵、建构和促进生态翻译环境的变化。换句话说，一切为译者生存与发展所利用的信息、人员、能量、时间、空间，都可以视作译者的翻译生态资源。从这个意义上可以说，翻译的实质就是译者对翻译生态资源的利用、评价、分配、储存、加工、支配和翻译生态资源再生的过程，其目的在于尽量保持原文生态与译文生态的协调与平衡，并通过译者的努力和译品的功能实现“译有所为”。

在翻译适应选择论基础上发展起来的生态翻译学，就是要研究译者对翻译生态环境的适应力与选择力、操纵力与调节力；就是要研究特定翻译生态环境影响下的译者能力、翻译行为，以及翻译效果问题。

（三）译者、翻译群落与翻译群落生态

我们知道，翻译群落指的是与特定翻译活动的发生、发展、操作、结果、功能、效果等彼此影响相互作用的，与翻译活动整体相关的“诸者”的集合体。它是一个关于“人”的集合体。在这个集合体中，包括原文作者、译文读者、译品评论者、译文审查者、译著出版者、营销者、译事赞助者或委托者等。作为翻译活动的开展者，译者又自然地成为这个群体的代表。翻译群落是翻译生态体系中的重要组成部分。用生态学的术语来说，即翻译群落生态，它可以由生产者、消费者、分解者所构成。其中，生产者可以指译者，是翻译产品的创造者，在翻译群落中居于最中心的位置；消费者可以包括译者和译本的读者，是翻译产品的享受者；分解者则是翻译研究者。由此可见，与翻译相关的“诸者”，他们相互关联、相互制约，构成了一个整体翻译生态体系中的“人本”（person-oriented）生态系统，即翻译群落的生态系统。

在翻译群落生态系统中，作为翻译群落的代表，译者有责任协调各方关系（包括翻译群落内部“诸者”之间的人际关系），践行生态理性，保持生态平衡，维护生态和谐。应当进一步强调的是，译者正是通过“译者责任”的伦理原则来体现翻译生态体系中各个生态系统平衡和谐的翻译生态整体观。只有这样，译者才能对包括翻译生态、文本生态和翻译群落生态在内的一切“他者”承担责任，才能从生态整体主义和

生态理性的视角审视自己与一切“他者”的关系，才能将一种更大的责任意识融入翻译活动之中。

（四）文本移植与生态平衡

“翻译即生态平衡”和“翻译即文本移植”，如果从翻译理念上讲，可以认为这是对翻译实质的概括认知；如果从翻译行为和翻译操作上讲，也可以认为其是关于翻译的策略或方法。那么，为什么对翻译实质的认识反过来又可以成为翻译的策略技巧呢？不仅因为对翻译实质的认识与翻译策略技巧的选用密切相关——你怎样看翻译，你就会怎样做翻译；而且也因为看问题的角度不同。例如，我国著名翻译家严复提出的“信、达、雅”，如果单从翻译标准角度来讲，可以把“信、达、雅”看作是翻译的标准或翻译批评的标准；但如果从翻译方法的角度来看，“信、达、雅”则又可以作为翻译方法在翻译操作中加以参照和实施。这样一来，生态翻译学中的“翻译即生态平衡”和“翻译即文本移植”的翻译理念和认知，也可以作为翻译的策略或方法加以运用，即将原语的文本“原汁原味”地移植到译语中去，使包括语言生态、文化生态、交际生态等在内的原语与译语的生态保持平衡一致。

例如，为了维持与平衡原文和译文的“基因”和“血液”，使原文的“基因”和“血液”在译文里持续流淌并得到体现，作为生态翻译的策略选择，译者可以采用高度依归式的翻译策略处理文本。所谓高度依归式的翻译策略，从生态翻译学的视角来解读，其实就是在翻译过程中，译者尽量地适应和依归于原语生态环境（基于原语“原生态”）来选择译文；或者，尽量地适应和依归于译语生态环境（基于译语“原生态”）来选择译文。比如，将“to carry coals to Newcastle”译为“运煤到纽卡斯尔”，或将“狗咬狗”英译为“dog bites dog”，等等，这些都可以看作是一种高度依归式的翻译处理。

又例如，为了维持、协调、平衡、重构与原语生态相适应的生态环境，译者在翻译时可以先将自己头脑里原有的“生态”尽量地“变换”乃至“清空”，从而在译语里植入新的、与原语生态相适应的生态环境。

再如，为了平衡原语生态与译语生态，针对译语生态中的某些赘余或欠缺、不足的部分，译者要做出“选择性的适应”和“适应性的选择”，创造性地进行“增译”“加注说明”“补充信息”或“简化”“缩句”等，“添枝加叶”或“删繁就简”。这样一些翻译行为，用生态翻译学的术语来说，实际上就是在译语生态里做平衡工作，就是在译语生态里建构、修复和调适能够使译文存活、生长乃至长存的生态环境。

上述理念表明，翻译过程中的译者适应与选择，就是译者从原文内在的生态结构出发，对拟翻译的文本进行选择，并且在翻译的过程中，依循原文固有的生态结构在另一种语言系统中进行再现。

（五）生态翻译策略的优化选择

译者对生态翻译策略与方法的优化选择，主要表现为译者在适应翻译生态环境变化的前提下，为获得较高“整合适应选择度”而对翻译策略与技巧进行优化的变换使用。

一般来说，直译、语义翻译和异化翻译，三者之间的共同之处是比较靠近原文；而意译、交际翻译和归化翻译，三者之间的共同点是比较靠近目的语或目的语读者。虽然有交叉重叠的地方，但是也有区别。从生态翻译学的角度来看，译者所面对的原语生态和译语生态的制约，可以视作译者在适应翻译生态环境的前提下，主动地选择服从或颠覆原文文本制约或译语文化支配的程度——从完全服从或颠覆，到部分服从或颠覆，可视作译者为适应翻译生态环境所做的不同翻译策略的选择，亦即对翻译生态环境适应度的选择。因此，从生态翻译学视角来解释，不论是异化还是归化，不论是直译还是意译，不论是语义翻译还是交际翻译，也不论是形式对等还是功能对等，这些翻译策略和方法都可以看作是译者为了适应翻译生态环境所做出的翻译策略的选择。由于翻译适应选择的理论既不是从作者 / 原文的角度，也不是从译文 / 读者的角度定义翻译，而是从译者的角度定义翻译的，因此将翻译定义为：“翻译是以译者为主导、以文本为依托、以跨文化信息转换为宗旨的译者适应翻译生态环境而对文本进行移植的选择活动。”因此，类似异化好还是归化好，或者是该直译还是该意译的问题，我们都可以将其解释为：择善而从一，即译者为“求存”而“择优”。从译者适应与选择的角度，解释上述问题的道理可以说是简单的。由于翻译有如上定义，包括社会、文化、“诸者”等在内的翻译生态环境又是处于不断的、动态的变化之中，为了适应动态的、不断变化的翻译生态环境，译者在归化和异化、直译和意译之间做出与翻译生态环境相适应的选择也就很自然了。

第四节 生态翻译学核心术语体系

在全球性的生态理论热潮中，国际翻译界从“生态”“环境”“生存”“适应”“选择”等生态视角进行相关研究，或运用生态学术语描述翻译活动的大有人在；相关研究在翻译文献里日渐增多。

彼得·纽马克在1988年将翻译过程中的文化介入分为五大类，其中第一大类就是借用了生态学的翻译特征。戴维·卡坦于1999年对翻译生态文化的分类进一步明确和细化，提出了翻译的生态环境还包括物理环境、政治环境气候、空间以及临时场景等。米歇尔·克罗尼恩在《翻译与全球化》一书中提出要关注语种“翻译的生态”（ecology of translation）的问题，呼吁在不同语种的翻译之间要保持健康平衡。

乔治·斯坦纳曾将翻译理论分成普适（universalist）理论和局部（relativist）理论两大类，并认为这种分法类似于人类的两种基本的处理方式，即“整体环境适应与局部环境适应问题”。罗森纳·沃伦在1989年提出：“翻译是一种认知和生存模式。当把文学作品从一种语言移植到另一种语言时，就像把植物或动物从一个地方移动到另一个地方，它们必须像个人或民族那样适应和成长，只有适应新的生存环境才可以长期生存下来。”安德烈·勒菲费尔与苏珊·巴斯内特于1990年提出了著名的“文化转向”命题，多次将翻译的语境描述为“文化环境”；并使用“发现树木生存之地”“描述植物生长之状”等生态类比翻译研究中语言学家的探索行为。1996年沃尔弗拉姆·威尔斯把翻译过程视为两个高度复杂的阶段：第一个阶段是对由环境决定的文本输入的分析；第二个阶段是在复杂的回馈处理机制框架内对输入文本的操纵——这种操纵行为通常是多层次的，需参照译语读者的各项“环境特征”，从而在最后形成目标语的文本输出。他还呼吁翻译界对翻译决策过程的研究应当“集中关注各种环境因素，如翻译任务的特征、客户的需求、翻译者及其决策能力等”。

在国内，生态视角的翻译研究和论述虽不多，但近年来，不断有人在借用“翻译生态”的术语来谈论翻译质量、翻译理论以及翻译行业发展问题。中国三峡出版社还出版了《翻译生态学》一书，尽管该书里关于生态学的研究内容罗列较多，并且作者本人把“翻译生态学”归类为生态学的一个分支研究，但在一定程度上也说明关注翻译生态视角研究的学者在不断增多。在此之前，也有学者提出了“人类文化演变九大规律”，其中的第一规律即“生态环境横向决定律”。

上述翻译学者在其研究和描述中大都采用“喻指”或“实指”的方式，使用了典型的生态学意义上的“生态”“环境”“生存”“适应”乃至“翻译的生态”等术语和概念，从一个侧面表明了运用“生态取向”的翻译研究已被译界不少学者所接受。可以看出，上述这些研究尽管还只是运用了生态学方面的相关术语，并且停留在表层，但依然为生态翻译学研究铺平了道路，为进一步的相关研究奠定了基础。

第三章

生态翻译学的核心理念与视角

生态翻译学是从一个与以往研究有很大不同的新视角对翻译所做的系统综观和探讨，其中还有不少新的术语和概念。生态翻译学从无到有究竟“生”出了些什么样的东西？生态翻译学到底又“说”出了一些什么样的话语？生态翻译学的理论基础和研究对象是什么？有哪些核心理念？又有哪些理性特征和伦理原则？本章对此进行探讨。

第一节　生态翻译学的生态范式

一、科学研究的范式

范式(paradigm)的概念和理论是美国著名科学哲学家托马斯·库恩提出并在《科学革命的结构》（1962） 中系统阐述的，它指的是一个共同体成员所共享的信仰、价值、技术等的集合。它是常规科学所赖以运作的理论基础和实践规范，是从事某一科学的研究者群体所共同遵从的世界观和行为方式。

范式概念是库恩范式理论的核心，而范式从本质上讲是一种理论体系。范式是个大概念。它涉及的是特定领域研究里大的方向和大的原则，是一种研究途径或研究模式的总体理念、价值判断和研究方法的集中体现。

在著名的《科学革命的结构》一书中，托马斯·库恩认为，哥白尼、牛顿、达尔文、庞加莱、爱因斯坦等所进行的研究，都改变了当时的研究范式，故引发了科学史上的革命。他指出：“科学不是事实、理论和方法的简单堆砌，科学的发展也不是知识的简单积累，而是通过范式的不断转换所进行的不断革命的进程。”西奥·苏曼斯也指出，“范式”为翻译研究制定“指导原则”，是“研究特定问题的手段”和“问题的方法”。可见，范式实际上包括了学科共同体所共有的理论假设、研究模式、研究方法、价值标准和形而上学的原则，是某一学科共同体成员的世界观、价值观和方法论的总和。

范式不仅是科学研究的必要条件，还是学科成熟的一个重要标志：只有当一门学科的研究者（至少是一部分研究者）形成了共同的范式，该学科才从前科学（pre-scientific）时期进入科学时期。西方翻译研究的发展就生动地体现了新旧研究范式的演进与交替。

科学研究的发展是怀疑、批判和超越传统的范式的过程。研究者对范式的选择，一方面依赖理论的精确性、一致性、广泛性、简单性、有效性等基本准则，另一方面在于科学共同遵循的理论传统、研究方法和文化价值观念。

二、翻译研究的范式

自20世纪50年代末以来，西方翻译学研究逐渐发展到了跨学科研究的新阶段，可以断言，翻译学研究目前已成为多门学科研究范式之集大成者。

苏姗·巴斯内特在埃德温·根茨勒所著的《当代翻译理论》之总编序言中言道："翻译学研究实现了语言学、文学、历史学、人类学和经济学等多种学科领域研究工作的融合。"

后来，戈雷在题为"翻译研究方法及概念多元性"的学术报告中，又以务实的态度重温了该观点。戈雷指出："……翻译学是一门'交叉学科'（或'跨学科的学科'），将普通语言学和应用语言学的研究范式与普通文学和比较文学的研究范式合二为一。此外，还借鉴了信息论、逻辑学和数学的理科研究范式，还进一步借鉴了社会人类学、社会学和神学等文科探究范式。"

研究范式的演进最明显地反映在翻译理论家划分翻译史的观念上。纽马克以语言学翻译论的兴起作为翻译前语言学模式时期与语言学模式时期的分界，认为前语言学模式时期的翻译研究"忽视了翻译与意义、思维以及语言普遍性的关系"，讨论往往局限于原文与译文、直译与意译、优美与忠实之争，理论上没有多大发展。20世纪50年代以来，卡特福德、奈达、费道罗夫、穆南、成尔斯等将系统功能语法、转换生成语法、语言结构、文本功能等引入翻译研究，分析和制定翻译活动中语言转换的规律，成绩卓著，翻译研究局面为之一新。

尤金·奈达将翻译研究划分成语文学派、语言学派、交际学派和社会符号学派。

这些翻译研究范式不仅承前启后，在时间上具有相随性，而且在理论假说、研究模式和研究方法上均有革新和超越：语言学派克服了语文学派将文本孤立于整个语境和情景之外的缺陷；交际学派又克服了语言学派过分倚重语言结构而无视语言交际功能的倾向；而社会符号学派则力图克服交际学派无法充分考虑翻译中各种符号交互作用的不足。根茨勒将当代翻译研究分为美国翻译培训班派、翻译科学派、早期翻译研究派、多元体系派和解构主义派，同样体现出翻译研究范式的历时嬗变。而范式的更新与嬗替现象下面蕴藏着研究者学术理念的更新和世界观、科学观的整体性变化。

总体来看，西方翻译研究范式的基本格局这些年没有太大的变化。不同理论体系和研究范式“并存共进”表明现阶段依然处于多元主义模式的发展过程之中。

在中国，长期以来学术界提倡的是百花齐放、百家争鸣，强调的是中西合璧、古今贯通，追求的是多样统一、整合一体。“综合比较百家之长，乃能自出新意，自创新派。”“多样”体现了理论的个性和差别；“统一”体现了理论的共性和整体联系。因此，在这种“多样统一”的传统文化思想指导下所形成的世界观、价值观和方法论，必然会影响到中国的翻译理论研究。而不同翻译理念在形成和发展过程中的相互借鉴、嫁接、适应、渗透、交锋、替代、演变，经过古今中外的比较与综合，又必然向“各具特色的趋同”方向发展，并最终从“大同小异”走向“多元一体”。

基于上述发展，我们的判断是，从研究范式转型的角度来看，翻译研究在经历了直觉主义和结构主义之后，目前正处于多元主义的发展阶段，并最终向整体主义演变。

翻译理论家从不同的角度对翻译所做的概括清楚地勾画出了翻译研究的发展轨迹，同时又深刻地揭示出研究范式的交锋与替代。其中，有研究视野的扩展，也有研究视角的转换；有对传统翻译观念的扬弃，也有研究重心的转移；有新的研究思路的引进，也有研究手法的更新。

应当指出的是，翻译研究的范式转换应当完全不像科学、哲学那样学科内部不同范式间是“不可通约”的；而是不同范式可以相互补充、相互融合，“共生共存”于学科领域之中。了解范式在翻译研究中的积极意义和范式转型的特征对探索翻译学新的研究范式无疑具有重要意义。

三、生态翻译学的生态范式

在生态翻译学研究领域里，从生态视角综观翻译、探讨翻译理论的生态范式正在逐步形成，并受到越来越多的关注和认同。其主要标志是，不少学者在研究相关问题时的基本观念、价值判断、研究方法，以及所采用的术语和结论的指向等，基本上纳入了翻译理论的生态学研究范式。这些聚集在生态翻译学“学术共同体”里的研究者认同生态翻译学对翻译的基本描述，接受生态翻译学对翻译研究的指导原则，遵循生态翻译学科学交叉、类比移植和系统综观的研究方法，而他们在进行特定问题研究时，也采用了生态翻译学共同的价值标准。这些发展的总和表明，一些不同类型、不同题目的系列研究已经不是孤立的、单一的个案研究，而可以看作是约定在生态翻译学理论范式之下的共同研究。

生态翻译学曾多次对其译论范式做出定位。例如，在谈到生态翻译学的基础理论“翻译适应选择论”的研究目的时，指出该理论“致力揭示和复现翻译之本来面目，并试图找到一种既有普适的哲学理据，又符合翻译基本规律的译论范式”。作为一个具有跨学科性质的生态学翻译研究途径，生态翻译学是运用生态理性、从生态视角对翻译进行综观审视的整体性研究，是一个“翻译即适应与选择”的生态范式和研究领域。

这种由生态翻译学的生态范式所导向的相关研究，又可以具体体现在不同研究题目中，如“译者中心论与翻译文本的选择——析林语堂英译《浮生六记》”“从‘翻译适应选择论’翻译原则和翻译方法看广告语的翻译”“从翻译适应选择论看译者主体性”“翻译适应选择论观照下的辜鸿铭儒经英译”“从生态翻译学视角看中医术语英译”“生态翻译学视角下的《论语》英译研究”“生态翻译学视角下的公示语翻译——以上海世博会主题标语为例”“生态翻译学视野下的当代翻译研究”“生态翻译学整体观视域下的翻译教学反思”“生态翻译学视角下的广告妙语翻译探析”“论翻译生态环境”“生态文学与生态翻译学：解构与建构”“生态翻译学视域下的文学译者批评”。由此可见，随着生态翻译学研究队伍的不断壮大，生态翻译学研究范式在其第二个十年里的发展之势更为可观；其“整合与超越”的范式特征也会越来越显著。

第二节 生态翻译学的生态理性

从生态学视角，特别是从生态系统的视角来解读和综观翻译学研究时，我们可以发现，不论是自然生态系统还是翻译生态系统，也不论系统大小或层次高低，其生态系统的理性特征非常显著。这些生态系统的理性特征可以概括为注重整体／关联；讲求动态／平衡；体现生态美学；观照翻译群落；倡导多样／统一。研究表明，以上这些宏观的生态理性特征可为翻译学研究提供多方面的启示、理念和方法。

一、注重整体／关联

生态学强调整体和关联，重视个体对整体环境的依赖。正如美国学者麦茜特指出的："作为一门自然哲学，生态学扎根于有机论——认为宇宙是有机的整体，它的生长发展在于其内部的力量，它是结构和功能的统一整体。""所有的部分都与其他部分及整体相互依赖相互作用。生态共同体的每一部分、每一小环境都与周围生态系统处于动态联系之中。处于任何一个特定的小环境的有机体，都影响和受影响于整个由有生命的和非生命环境组成的网。"

由于系统内各个组成成分之间相互关联、相互作用的结果使系统成为一个统一的相互关联的整体，并且，这个整体所表现出来的功能不等于各个关联组成成分功能的简单相加，而是大于各个关联组成成分功能之和，生态系统内各关联组成成分间有着互动的联系，其中任一成分的变动，都将引起其他成分的变动。这种牵一发而动全身的特征，可以充分说明一种生态行为的产生会受到全局性的多医素影响，这都是整体效应的体现。同时，这一特征也表明，自然生态中的事物是处于一个多维度、多层次的关联整合的网络系统。

自然生态系统是这样，翻译生态系统也是这样。翻译生态系统内各相关利益者之间都存在着内在的双向关联互动和重叠交叉现象，这使翻译生态系统构成了一个极其复杂的整体。因此，研究翻译生态体系时，只是孤立地局限于某子生态系统（如翻译本体生态系统）或某一相关利益者（如翻译活动资助者），这是远远不够的。从生态理性视角来看，需要观照不同生态系统之间的关联及其整体性。比如，在讨论生态翻译学理论体系架构时，就需要观照到翻译管理生态系统与翻译市场生态系统的整体性关联互动、翻译市场生态系统与翻译教育生态系统的整体性关联互动、翻译教育生态系统与翻译本体生态系统的整体性关联互动，等等。这种观照是生态理性所决定的。

二、讲求动态 / 平衡

在自然界中，生物与生物之间、生物与生存环境之间通过相互作用而形成一定的生态平衡。一方面，外界环境条件的不同会引起生物形态构造、生理活动、化学成分、遗传特性和地理分布的差异；另一方面，生物为适应不同的环境条件也必须不断调整自己。

当生态系统中的关联组成成分和比量相对稳定，能量、物质的输入和输出相对平衡，这样的生态系统就处于平衡稳定状态。换句话说，当生态系统处于相对平衡稳定时，种群结构和数量比例没有明显变化，能量流动和物质循环的输入与输出接近平衡；当生态系统发生变化时，就会出现反馈和自我调节，从而维持相对平衡。达到生态平衡的生态系统相应地也就达到了相对稳定的阶段，这种生态系统的生物量相对最大，生产力也最高，因而自我调节能力也就更强一些。同时，生态系统内部结构愈复杂，其自我调节能力或生存能力也就愈强。

翻译是一个复杂的生态系统，由于翻译生态与自然生态具有关联性、相似性和同构性，因此，自然生态中的这种平衡性特征在翻译生态系统中也是同样具备的。只有通过翻译活动主客体之间、翻译活动主体与其外部生态环境之间的相互作用、相互影响，才能形成翻译生态相互依赖的动态平衡系统。一般来说，翻译生态系统内部具有的自我调节能力的大小依赖于系统内部以译者为代表的翻译群落的能力。

三、体现生态美学

大自然是美的，同时也是理性的。大自然的美在于它的色彩、线条、声音的丰富；大自然的理性在于它的有序与和谐。大自然是色彩，有灿烂的朝霞，有鲜红的落日，有葱绿的森林，有蔚蓝的天空，有黄色的土地，有蓝色的海洋……大自然是线条，有宽广的地平线，有陡峭的山崖，有巍峨的高原，有汹涌的大海狂涛，有平静的湖水微波，有弧形的闪电，有圆形的太阳，有菱形的雪花……大自然是音乐，大海怒吼，泉水叮咚，春雨沙沙，流水潺潺，电闪雷鸣，长风高歌，轻风低语，人声，兽语，鸟鸣……大自然以她特有的色彩、形状和声音，以她特有的有序与和谐，唤起人们心中美的形象、美的思考、美的喜悦、美的追求。

这种美的形象、美的思考、美的喜悦、美的追求，在翻译生态里，特别是在翻译过程中表现得尤其充分。翻译研究的现实表明，在翻译学界里，既有人追求翻译的“意美”“形美”“音美”，又有人坚持翻译的“真”“善”“美”；在翻译研究中，既有人阐述过“词美”“句美”“逻辑美”，又有人探讨过“精确美”“模糊美”“朦胧美”，还有人提倡和讨论“差异美”“简洁美”，乃至“啰唆的艺术”，等等。可以这么说，在翻译学研究过程中，无论是宏观层面还是微观层面，人们一直在追求美，一直在讲求“对称”“均衡”“对比”“秩序”“节奏”“韵律”，而所有这些，又都是生态学的审美要素和生态审美原则。

四、观照翻译群落

在自然界中，生物与生物之间、生物与生存环境之间，通过相互作用而形成一定的生态平衡。这种生物与生物之间、生物与生存环境之间的关系类比到翻译生态也是一样。所谓翻译群落，指的就是翻译活动中所涉及的“诸者”，即“人”，包括译者、读者、作者、资助者、出版者、评论者等，当然，是以译者为代表。由于以译者为代表的翻译群落的思维方式、教育背景、兴趣爱好、翻译理念、审美标准、实践经验等不同，又由于翻译文本类型、读者需求、接受文化、流通渠道、规范环境等也具有差异，这些主客观因素、内外部环境的不同和差异必然会造成翻译群落主体的不同适应与选择，他们必须动态地调整自己，以适应整体翻译生态环境。同时，翻译的各个生态系统之间也必须相互适应，以便能有效地互动共进。将以译者为代表的翻译群落作为整体加以观照，这是翻译生态系统具有的整体、关联、动态、平衡的生态理性的使然，也是生态翻译学研究重视译者、重视“人”的因素的特色和优势。

五、倡导多样 / 统一

多样统一，体现了人类生活与自然界中对立统一的规律。整个宇宙是一个多样统一的和谐整体。“多样”体现了各个事物个性的千差万别；“统一”体现了各个事物的共性或整体联系。多样统一，使人感到既丰富又不杂乱，既活泼又有秩序。生态系统的这一特征，既包括了多元的变化，又包括了对称、均衡、对比、节奏、韵律等多种因素和生态审美原则。多样统一的生态理念，不仅对微观文本操作具有指导意义，还对中观理论体系的建设有启发意义，就是对宏观翻译学架构的设计，其统领的意义也不可替代。

关于是否可能存在普遍适用的一般性翻译理论问题，译界的认识并未统一；甚至也有人说过，不可能存在普遍适用的翻译理论。但是，根据生态理性中“多样／统一”的对立统一规律，理论上应该不排除出现相对统一的普适理论的可能。事实上，翻译理论家詹姆斯·霍姆斯的翻译学结构图中就将理论翻译学又分为一般性（general）翻译理论和局部性（partial）翻译理论两大类，他还在一篇文章里特别强调，目前的许多翻译理论不是一般性的（general），而是特定性的（specific），只涉及翻译理论的某些方面；“迄今为止的大部分翻译理论，实际上只不过是一般性翻译理论的序（prolegomena）而已”。乔治·斯坦纳曾将翻译理论分成普适（universalist）理论和局部（relativist）理论两大类，并认为这种分法类似于人类的两种基本的处理方式，即“整体环境应与局部环境适应问题”。

翻译理论家安德烈·勒菲弗尔也曾指出：“翻译研究将从一个更为一体化的话语中大大获益，要使所有研究人员都意识到，这个话语即使不是自己研究的中心，也是密切相关的。”近年来，翻译界已在“更为一体化的话语”方面做出了种种努力。现实的翻译研究也表明，在当代翻译理论研究中，开始出现了向学理的普遍性、学科的整合性、视野的全景性、方法的多样性、体系的兼容性、范式的多元性、认知的复合性、评价的多向性、视界的融会性和取向的原创性等方面渐进嬗变的发展趋势，这对于“多样统一”“多元一体”理论体系的可能实现来说，也是一个例证。运用德国数学家、计算机先驱和哲学家莱布尼茨的话来说，我们必须保持全球性“多样化统一”的目标。

综上所述，正是由于注重整体／关联、讲求动态／平衡、体现生态美学、观照翻译群落、倡导多样／统一的生态理性特征，再加之生态系统具有的协同性、进取性和整合性的生态特征，才使之成为建构生态翻译学话语体系的宏观指导理念。而以生态理性为宏观指导的生态翻译学，表现为一种整体性思维、有机性思维、关联性思维和过程性思维，既注重分析与综合的结合与统一，又注重翻译生态环境对译者行为的影响与制约；既强调“译学”“译论”“译本”的贯通整合，又追求翻译生态“宏观”“中观”“微观”的整体协调。

第三节　生态翻译学的研究对象

一、翻译生态（“译境”）

生态环境，即由生态关系组成的环境，是指“影响人类与生物生存和发展的一切外界条件的总和”（《辞海》），而翻译生态指翻译主体之间及其与外界环境之间的相互联系、相互作用的状态。也就是说，翻译生态是翻译主体在其周围环境的生存和工作状态。

参照字典解释和类比生态学解释，翻译生态环境可定义为影响翻译主体生存和发展的一切外界条件的总和。这里的主体是广义的，即参与翻译活动的一切生命体，包括原文作者、译者、读者、翻译发起人、赞助人、出版商、营销商、编辑等，即翻译群落。而外界环境可包括与翻译活动有关的自然经济环境、语言文化环境、社会政治环境等。翻译生态环境由各要素交织而成，是翻译活动发生、存在、发展的各种自然的、人文的因素的总和。

当谈到翻译生态环境的时候，我们指的是与翻译相关的多种外界因素的集合，在这一点上，翻译生态环境与翻译生态有同义、通用之处；但区别在于，翻译生态所指重在“整体”“整合”的状态，而翻译生态环境则重在“众多”“具体”的环境元素。

翻译生态和翻译环境以一个整体的形态存在。译者在特定的生态环境中起作用，受其他翻译主体的牵制。译文必须遵守译入语文化规范或社会政治权力的制约。翻译生态环境对任何翻译主体都是一个统一体，不可超脱，不可逾越，只能顺应。人为地破坏翻译生态环境的序列和翻译环境的秩序，如片面追求个人或小集团利益，雇用“枪手”，大肆“改写”、摘抄名著名翻译，漠视严格的审校制度，违背翻译伦理，就破坏了翻译生态环境的整体要求。

翻译的生态环境是有层次的，可初步分为宏观、中观和微观。以上讨论的主要是宏观的“大环境”，或是一般环境。从宏观上看，不同国家有不同的社会政治制度和语言政策，不同语言集团有不同的翻译政策。从中观上看，即使在同一国家，从事文学翻译的与从事应用翻译的翻译生态环境也不完全相同。从微观上看，翻译研究本身的内部结构，如理论、应用、批评、历史，也具有差异。再往细说，不同个体的翻译生态环境又包含种种差异。

笔者在这里还想特别说明的是，翻译生态环境与语境在基本概念、所指、范围以及视角等方面均有不同。语境，就是使用语言的环境。语境是以使用语言为参照，不包含语言本身或语言使用。而构成翻译生态环境的要素包含了原语、原文和译语系统，是译者和译文生存状态的总体环境，它既是制约译者最佳适应和优化选择的多种因素的集合，又是译者多维度适应与适应性选择的前提和依据。特别是根据“自然选择”的基本原理，译者在翻译过程中的第二个操作阶段里是在接受了翻译生态环境选择的前提下，又转过来以翻译生态环境的“身份”实施对最终行文的选择，而“语境”则无此特定的功能。因此，“翻译生态环境”的概念的内涵和外延都要比翻译的“语境”更拓展一些、更宽泛一些。可以说翻译生态环境是把翻译看作整体的“翻译生态系统”，并以此为视角对翻译行为进行综观和解读。这也是我们将翻译生态环境简称为生态“译境”的理据之一。

翻译生态环境是生态翻译学的一个关键术语。由于生态翻译学的早期研究将翻译描述为译者为适应翻译生态环境而对文本进行移植的选择活动，翻译过程即译者的适应与选择。因此，这里的“翻译生态环境”，指的是原文、原语和译语所呈现的“世界”，即语言、交际、文化、社会以及作者、读者、委托者等（即翻译群落）互联互动的“整体”。翻译生态环境是制约译者最佳适应和优化选择的多种因素的“集合”。这里的“世界”“整体”“集合”等指的就是与翻译有关的生态环境的“总和”。因此，翻译生态环境既有大环境、中环境、小环境的不同，又有外部环境与内部环境的区别；既包括客体环境（如原文本、译本、文体功能、翻译策略、翻译规约）与主体环境（译者、作者、读者、出版商、洽谈商、审稿人等），又包括物质环境与精神环境，等等。

可以这么说，对于翻译而言，译者以外的一切都可以看作是翻译的生态环境；同时，每个译者又都是“他者”翻译生态环境的组成部分。生态系统的复杂性体现在生态系统多维度、多层次的内嵌性，即整体的大系统之下有子系统，子系统之下又有子系统，从而形成纵向无限可分、横向互为环境的翻译生态体系。

二、文本生态（“译本”）

所谓文本生态，即文本的生态环境与文本的生命状态。

用生态翻译学的术语来说，原语是一个文本生态系统，译语是另一个文本生态系统。原语的文本生态系统涉及原语系统里的语言生态、文化生态、交际生态等；译语的文本生态系统涉及译语系统里的语言生态、文化生态、交际生态等。

语言生态、文化生态和交际生态均有大小之分。大的语言生态可以指大语种和小语种及濒临灭绝的语种的和谐共存，小的语言生态可以指一个翻译文本内各语言要素之间的关系；大的文化生态可以指优势文化和弱势文化及濒临灭绝的文化的和谐共存，小的文化生态可以指一个翻译文本内多种文化要素之间的和谐关系；大的交际生态可以指国际交往和区域间交流及个体间交际的关联与交集，小的交际生态可以指一个翻译文本内交际意图和交际行为的互动关系。

生态翻译学以“文本生态”为研究对象，探讨原语文本生态系统与译语文本生态系统的特征与差异，考察原语生态与译语生态在移植、转换过程中的规律和机制，研究译本生存的状态、“短命”或长存的原因以及寻求译本生存和长存之道，从而为翻译策略选择和解读文本的“可译性”或“不可译性”提供新的生态视角和理论依据，最大限度地发挥翻译的效能和发掘译本的价值。

三、翻译群落生态（“译者”）

所谓翻译群落，指的是与特定翻译活动的发生、发展、操作、结果、功能、效果等彼此影响相互作用的、与翻译活动相关的“诸者”的集合体。换句话说，指的就是翻译活动中涉及的“诸者”，即“人”，包括原文作者、译文读者、译品评论者、译文审查者、译著出版者、营销者、译事赞助者或委托者等，当然，是以译者为代表。

从生态翻译学的视角来看，只有以译者为代表的翻译群落，只有译者，才能够具体负责统筹协调“翻译生态”（译境）、“翻译文本”（译本）、“翻译群落”（译者）三者之间的相互关系，从而通过“译者责任”来体现“境”“本”“人”关联互动、平衡和谐的翻译生态整体观。换句话说，在翻译群落生态系统中，译者有责任协调各方关系，有责任践行生态理性，有责任保持生态平衡，有责任维护生态和谐。也可以这么说，译者只有通过对包括文本、翻译群落和翻译生态环境在内的一切“他者”承担责任，从生态整体主义和生态理性的视角审视自己与一切“他者”的关系，才能将一种更大的责任意识融入翻译活动之中。

四、“三生”主题及其相互关系

由以上可知，所谓“三生”，即翻译生态、译本生命和译者生存，讲的是以“生”字为线索展开研究和论证阐述，表明“生”是生态翻译学发展之基石。

所谓“三者”，讲的是“译境”“译本”“译者”三者之间的关系问题，它以“关系”为线索展开研究和论证阐述，表明生态翻译学是探讨此三者关系的“关系学”。

尽管立论线索不同、观察视角各异、研究指向有别，但上述“三生”和“三者”都基于“译境”“译本”和“译者”；而这些又都是共通的和一致的，都是生态翻译学的研究对象与核心内容。

一方面，译者适则生存、发展；译本适则生存、长效。译者的生存、发展即译者的“生存”状态；译本的生存、长效，即译本的“生命”状态。译者、译本的生存、生命状态的环境，即翻译的“生态”。译者的生存状态取决于译本的生命状态；而译者的生存状态与译本的生命状态，既是翻译生态的一部分，同时又依赖翻译生态。这样一来，译者生存、译本生命、翻译生态便形成了一种关联互动、相互依存、动态平衡的人事关系（即“三者”关系）。

另一方面，前面阐述的“境”“本”“人”排序，以“境”为限，以“本”为据，以“人”为本，可以体现出较强的逻辑性、科学性和实践性。因为，它符合“关联序链”的指向（语言、文化、社会、交际等），符合翻译过程的实际（译者通常是先要适应环境、理解原本而后再要适应环境、选定表达译本的），符合翻译研究“转向”的现状（经由“翻译自转”到“语言转向”再到“文化转向”），同时也符合生态翻译学的研究对象和核心内容（即探讨翻译生态、文本生态、翻译群落生态）。

第四节 生态翻译学的研究方法

矛盾法则告诉我们，矛盾的共性具有普遍意义；但矛盾的共性又包含于矛盾的个性之中。生态翻译学作为一项从生态学视角对翻译进行综观审视的整体性研究，相对于普通翻译学来说，可谓一种“特殊性的”或“个性的”研究。因此，从方法论的角度来看，可以说，凡是适用于一般翻译研究的常规的、通用的“共性的”方法，对于生态翻译学的“个性的”或“特殊性的”研究而言都是适合的。然而同时，生态翻译学又是一个与以往有很大不同的研究。因此，它自身又有一些相对独特的研究方法，体现出生态翻译学研究方法的个性和特色。

一、学科交叉

由于生态翻译学是翻译学与生态学的跨界研究，因此，这特征使得以学科交叉的方法开展生态翻译学研究既是独特的，又是必然的。这种学科交叉的研究方法，也可称之为跨学科的研究方法。而运用跨学科的方法研究生态翻译学不但符合现代科学研究的学术规范和趋势，而且也更符合翻译研究本身“跨学科性”的基本特征。

总体上讲，翻译的生态学视角研究，就是借鉴和利用生态学的科学原理、生态理念、研究成果、研究方法等从生态视角对翻译活动进行整体性的综观和描述。事实上，本书关于生态翻译学理论话语体系的建构和诠释，既可以视作将翻译学与生态学进行科学交叉、有机融合的一种跨学科研究的具体实践，又可以视为实现“文理交汇”、运用跨学科方法进行翻译学研究的一个具体例证。

二、相似类比

“相似类比”是生态翻译学研究的重要方法之一。运用相似类比方法的可行性在于翻译生态与自然生态之间必然存在着某种程度的关联、类似和同构。研究表明，翻译生态与自然生态在许多方面的类似性相当显著。

第一，生态学强调生态环境与生物体相互影响、相互作用，而翻译生态也是这样。翻译生态系统内各相关利益者之间都存在着内在的双向互动联系和重叠交叉现象，这使翻译生态系统构成了一个极其复杂的整体，并使不同翻译生态系统之间能够相互影响和互动。第二，在自然界中，生物与生物之间、生物与生存环境之间通过相互作用而形成一定的生态平衡；翻译生态也是如此。第三，互利共生是一种生物间的互惠关系，通常存在于不同种类的两个个体之间。在自然生态中，人类有意识、有目的的活动可以对自然环境中的生态关系起着促进、抑制、改造和重建的作用。在翻译生态中，以译者为代表的翻译群落的有意识、有目的的活动也同样可以对翻译生态环境发挥着促进、抑制、改造和重建的作用。第四，两个生态体系中都有类似的适用原则。例如，在自然生态中，竞争排斥原则是适用的——当两个物种对同一种资源和空间的利用越相似，其生态重叠越多，竞争就越激烈；在翻译学界也有类似的情形，如不同题材译品的评价标准也有不同，相互之间的可比度较小，但同类题材译品的可比度就会增大，竞争也自然会加剧。近年来，翻译服务行业愈趋职业化、商品化，翻译同行间的竞争亦愈加激烈就是一个证明。第五，两个生态体系存在着类似的现象，又有着类似的运作方式。例如，在自然生态中有着"无数而美妙的相互适应""生物变异是因环境的影响而发生的"；而在翻译生态里，翻译过程中也存在大量"适应""选择""生存""淘汰"的现象。在翻译过程中，译者的适应性优化选择可以说已经是一种有意识的或无意识的译者行为。翻译是一连串优化选择的决定，译文则是译者适应翻译生态环境的选择结果。第六，两个生态体系中都涉及人，都涉及人的行为，其中的类似性和共性更是不言而喻了。

综上所述，翻译生态与自然生态之间的类似性是显而易见的。这些既表明自然生态与翻译生态之间必然有相似的规律可循；反过来也表明，适用于自然生态的某些规律也同样会适用于翻译生态。同时，自然生态与翻译生态之间的类似性也为运用相似类比的方法开展翻译生态研究提供了基础和理论依据。

三、概念移植

既然在生态翻译学研究中运用相似类比的方法是可行的、有理论依据的，那么生态翻译学研究的另一个重要方面"概念移植"也就顺理成章了。

这里的生态概念移植可以包括多个层面，既可以是生态概念的移植，又可以是生态原理的移植，还可以是生态术语的移植，等等。

生态翻译学研究中的生态概念移植包括自然生态概念的移植、生态环境概念的移植、生态平衡概念的移植、生态美学概念的移植、生态和谐概念的移植，等等。

生态翻译学研究中的生态原理移植包括系统性原理的移植、动态性原理的移植、多样性原理的移植、"尺度"原理的移植、"反馈"原理的移植，等等。

生态翻译学研究中的生态术语移植包括"生态环境"（→翻译生态环境）、"生态链"（→翻译链）、"生态群落"（→翻译群落）、"生物生存"（→译者生存）、"自然选择"（→译者的选择性适应与适应性选择），等等。

以上所述的相似类比和概念移植从方法论的角度来看，可以说也都是学科交叉或跨学科的具体体现。

四、系统综观

生态翻译学的系统综观的研究方法是由“生态翻译学以生态整体主义为理念”的总体理论指导所决定的。

由于生态学是奠基于整体主义的科学，其研究方法强调相互关联、相互作用的整体性，生态学的整体观又是当代生态理论的核心观念，所以不论是把生态翻译学理解为一种生态学途径的翻译研究，还是将其理解为生态学视角的翻译研究，以生态学的整体观为方法论而进行系统性、整体性的综观研究既是生态翻译学的主要研究内容，又是生态翻译学的主要研究方法。

例如，在进行翻译生态体系研究时，生态翻译学就不能只是关注翻译本体生态系统（在过往的“经院式”研究中较多地局限于这个方面），而要综合地兼顾翻译教育生态系统、翻译市场生态系统、翻译管理生态系统以及共同依托的翻译环境生态系统等，从而进行系统的综观审视。

又如，在讨论翻译史研究时，生态翻译学提出以“关联序链”为线索，从翻译生态、语言生态、文化生态、社会生态、自然生态等视角，对翻译活动进行历时的和共时的系统研究和综观。如果只是单一地从某个视角、某个侧面、某个维度来研究，那么，就很难观其全貌，对于如此之大的研究课题而言，偏颇便在所难免了。

这里，还值得指出两点：一是关注整体性、系统性，这是华夏文化的精髓之一，这种“整体思维”的哲学理念必然会作为方法论反映在中国学者的研究行为之中；二是就翻译研究而言，其他不同的研究途径也可能会不同程度地关注“整体”，也会不同程度地关注“系统平衡”，但它们与生态翻译学对翻译生态整体的关注有所不同——前者是由人的认知和能力决定的，是人为的、因人而异的；而后者则是由生态系统的本质特性所决定的，是自然的、必然的。换句话说，只要是从生态系统、生态理性的视角审视翻译，那就自然地、必然地要思考系统的关联互动、平衡协调与整体和谐。否则，那就不是生态视角的翻译研究了。究其原因，生态系统的整体性、系统性是由生态系统本身的“生存需要”所决定的，是机理性的、体制性的。

第五节 生态翻译学的伦理原则

翻译作为一种跨语言、跨文化的“以译者为主体的制度化的社会行为”（切斯特曼，2001），与伦理有着不可分割的联系。随着当代译学的发展和翻译研究的深入，翻译伦理越来越受到学者们的关注。从总的情况来看，关于翻译伦理问题，国内外学者都已有一些研究。国外学者，如安托万·贝尔曼、安东尼·皮姆、劳伦斯·温努提、安德鲁·切斯特曼、克里斯蒂娜·诺德；国内学者，如孙致礼、吕俊，他们都有一定的成果。这些关于翻译伦理的研究大多从文化、意识形态、实践规则、职业操守等角度进行了总结和概括。各国学者从不同的角度开展研究，提出自己的看法，促进了翻译伦理研究的发展。

然而，翻译研究的深入和拓展，呼唤着不同视角的、新视角的翻译伦理探究。

一方面，生态翻译学立足于翻译生态与自然生态的同构隐喻，是一种从生态视角综观翻译的研究范式。该生态翻译研究范式以生态整体主义为理念，以东方生态智慧为依归，以适应选择理论为基石，系统探究翻译生态、文本生态和翻译群落生态及其相互作用和相互关系，致力从生态视角对翻译生态整体和翻译理论本体进行综观和描述。

另一方面，生态伦理即人类处理自身及其周围的动物、环境和大自然等生态环境的关系的一系列道德规范，通常是人类在进行与自然生态有关的活动中所形成的伦理关系及其调节原则。人类自然生态活动中一切涉及伦理性的方面构成了生态伦理的现实内容，包括合理指导自然生态活动、保护生态平衡与生物多样性、保护与合理使用自然资源、对影响自然生态与生态平衡的重大活动进行科学决策，以及人们保护自然生态与物种多样性的道德品质与道德责任等。

一、平衡和谐原则

这里的平衡和谐，指的是综合因素的整体平衡和谐，既包括翻译生态的平衡和谐，又包括文本生态的平衡和谐，还包括翻译群落生态的平衡和谐；既包括跨语言、跨文化的整合与平衡，又包括内在、外在因素的整合与平衡，还包括宏观、中观、微观思维的整合与平衡。

从文本生态平衡的角度来看，文本生态平衡就具体包括文本的语言生态平衡、文化生态平衡、交际生态平衡等。仅就文本生态平衡中的语言生态平衡而言，译者就要致力保持原语与译语的词义平衡、句意平衡、“传神”与“达意”的平衡、实用价值和美学价值的平衡、原语与译语的文风的平衡等。

从翻译实践验证的角度看，大凡公认的、较有影响的译品，其“双语”（原语和译语）生态的平衡也都相对处理得较好。

从过往对等理论的角度看，迄今为止的各种翻译理论中，关于对等(equivalence)、对应（correspondence）、对称（symmetry）、平等（non-discrimination）等，已早有研究，有些已渐成共识。这些不同的称谓，从“双语”的语言形式、意义功能、文本信息、知识总量、交际意图，以及读者关系等不同方面入手描述翻译的实质和结果，说到底，也还是“双语”在这些方方面面之间追求总量平衡的问题。

从翻译研究本身需要的角度看，一方面，就生态翻译学研究而言，平衡是任何生态系统最基本的特征，因此也是生态翻译学一个核心理念。而翻译生态环境对产生翻译文本的作用自不待言，如同“No context，no text”（脱离了上下文，就不能正确理解词义）一样，没有翻译生态环境，就没有合适的翻译。因此，需要保持翻译生态整体的和谐与平衡，否则，没有翻译研究各个生态系统的平衡，也就没有生态翻译学的健康发展，也就不可能履行和体现生态翻译学维护语言多样化和文化多样性的学术使命。另一方面，就翻译生态内部而言，翻译生态平衡还表现为翻译生态系统“诸者”之间的妥协让步与宽容变通，考虑作者、读者、原文、译文等多方因素的，翻译群落生态与文本生态之间的协调与平衡，译者跨越时空界限，克服各种障碍与作者开展平等对话，充分认识新时代读者的实际需求和接受能力，在作者与读者之间寻求平衡点，实现作者、译者、读者三方面的视域融合并产生共鸣，形成互惠互利、健康有序的生态循环。

现以保持原文生态与译文生态的平衡为例。翻译行为中的译者，通过选择性适应和适应性选择，既要尽量保持并转换原文的语言生态、文化生态和交际生态，又要尽量使转换过来的文本在新的语言生态、文化生态和交际生态中，即能够在译入语的翻译生态环境中生存和长存。

可见，翻译行为中的译者，是致力于保持原文和译文在语言、文化、交际生态中的平衡与和谐的。从生态翻译学的视角来看，生态翻译堪称文本生态、翻译生态和翻译群落生态的“平衡术”与“和谐论”。这既是生态翻译学的主旨，又是生态范式翻译伦理的要则。

二、多维整合原则

这里的多维整合，主要指评判译文的标准不再只是忠实于原文，也不再只是迎合读者，而是要在保持文本生态的基础上，为实现译文能在新的语言、文化、交际生态中生存和长存所追求的译文整合适应选择度。

所谓“整合适应选择度”，是指译者产生译文时，在语言维、文化维、交际维等多维度的选择性适应和继而依此并照顾到其他翻译生态环境因素的适应性选择程度的总和（胡庚申，2011）。在一般情况下，某译文的选择性适应和适应性选择的程度越高，那么，它的整合适应选择度也就越高；相对而言，最佳翻译就是整合适应选择度最高的翻译。生态翻译学的翻译方法简括为“多维转换”，具体落实到语言维、文化维、交际维的“三维转换”，也是以理而出，以实为据。

第一，从理论角度来看，语言学、文化学、交际学的翻译途径是基于翻译实际的系统研究，而语言、文化、交际也一直是翻译理论家们关注的焦点。例如，从功能语言学角度来看，语言维关注的是翻译的文本语言表达，文化维关注的是翻译的语境效果，交际维关注的是翻译的人际意图，这就与韩礼德的概念功能（ideational metafunction）、人际功能（interpersonal metafunction）、语篇功能（textual metafunction）以及语场、语旨、语式等语域理论有着相当程度的关联和通融。

第二，从实践角度来看，语言、文化、交际一直是翻译界普遍认同的要点，是翻译过程中通常需要重点转换的视角；译者也往往是依照语言、文化、交际不同阶段或不同顺序做出适应性的选择转换。

第三，从逻辑角度来看，翻译是语言的转换，语言是文化的载体，文化又是交际的积淀，因而语言、文化、交际有着内在的符合逻辑的关联，这也体现了翻译转换的基本内容。

第四，从保持文本生态的角度来看，译者通过选择性适应和适应性选择，既要尽量保持并转换原文的语言生态、文化生态和交际生态，又要尽量使转换过来的语言生态、文化生态和交际生态能够在译入语的翻译生态环境中生存和长存。而保持原文和译文的语言生态、文化生态和交际生态的协调平衡，这些又都与翻译操作方法中的“三维转换”相对应，从而最终实现原文和译文在语言、文化、交际生态中的平衡与和谐。鉴于翻译生态环境的种种因素对译文的形成都会不同程度地起到作用、产生影响，如果这些因素在译文评定的标准和做法中未能体现、缺乏显示、未予整合，那就应当看作是一种不足，因为这样既不符合翻译的实际，又有失评判的公允。正因为如此，提出多维整合伦理原则，对译文的评判标准和具体做法来说，是从理论上和整体上予以关注，予以道义和伦理责任。

三、多元共生原则

这里的多元共生，主要指译论研究的多元和不同译本的共生（symbiosis）。

根据生态学原理，共生性是生物存在的一种基本状态，即生物间相互依存、共同发展的状态。如同自然生态中的生物多样性和生物共生性一样，多样性和共生性体现了各个事物个性的千差万别而又共生共存。同样，以生态整体论和生态理性为指导的生态翻译学，倡导翻译理论研究的多元化和不同译本的共生共存，而且翻译理论研究的多元化和不同译本的共生共存也应该成为翻译学发展的一种常态。同时，多元的翻译理论和不同的翻译文本在翻译生态环境中会遵循适者生存、优胜劣汰的自然法则，不断进化发展。

一方面，译论研究是一种学术研究，而学术研究就要讲求“同而且异”。中国早就有“天下同归而殊途，一致而百虑”（《周易·系辞》）、“君子以同而异”（《易传·象传下·睽》）的古训。因此，译论研究讲求多元，既符合翻译理论研究的现实，又符合华夏学术伦理的传统。美国学者劳伦斯·温努提也提出过“存异伦理”的概念，并认为“异化”是道德的，差异是对文化他者的尊重。可以说，译论研究多元的伦理体现了对翻译理论研究者构建权的尊重。

另一方面，文本生态、翻译生态、翻译群落生态的生态环境是动态变化的。因此，为了适应不同层次翻译生态环境的种种变化，或者为了保持文本生态、翻译生态、翻译群落生态的平衡与协调，不同翻译文本的共生共存是翻译活动中的自然现象，是翻译行为的一种常态。

在这方面，不同翻译文本共生共存的生态翻译伦理原则恰好印证了这样一个事实：适者生存、汰弱留强的自然法则在人文研究领域里与在自然界里的情形是不完全相同的。自然界里的物种（动物和植物）适应自然环境、接受自然选择的淘汰是绝对的，是生物物种意义上的绝迹、消失、灭绝，如恐龙的灭绝、南极狼的绝迹、种子蕨的消失。而翻译界里译者或译品适应翻译生态环境、接受翻译生态环境选择的淘汰则是相对的，是人类行为意义上的失意、落选、取代等。也就是说，翻译活动中译者或译品的所谓适或不适、强或弱都不是绝对的，而是相对的。同时，不同的译本、不同的译文，由于它们适应了不同的翻译目的、不同的读者对象，因而又有可能共生共存。这里的汰弱留强和共生共存都是符合生态学的基本原理的。

可以说，翻译文本的共生伦理又体现了人们对不同译本共生共存翻译权的尊重。

四、译者责任原则

这是相对于“他者”的责任而言的，主要指译者要在翻译过程中、翻译行为中以及整个翻译活动中的“全责”理念，即由译者具体负责统筹协调翻译群落（人）、翻译环境（境）、翻译文本（本）三者之间的相互关系，从而通过译者责任来体现“人”“境”“本”关联互动、平衡和谐的翻译生态整体观。

关于译者责任，翻译界也早有说法。翻译理论家劳伦斯·温努提在其《译者的隐身——一部翻译史》一书中就明确提出了译者的“责任”问题。翻译理论家安德鲁·切斯特曼在其《圣哲罗姆誓约之倡议》一文中阐述了翻译的承诺伦理（translational ethics of commitment）。德国学者克里斯蒂娜·诺德（2001）还提出，翻译目的受制于“译者对翻译这一活动中的合作伙伴的责任……体现的是译者对翻译这种多方互动合作的交际行为中涉及其他参与方的责任”。中国学者许钧指出：“一个有责任心的译者往往充分发挥自己的主观能动性，化冲突为和谐，在归化和异化的两极中寻找一个平衡的度。”孙致礼还就翻译伦理问题专文阐述了译者的职责。诚然，在翻译活动中，译者只是一个普通的成员，需要与不同的“他者”进行平等对话和对等交流，也可能会受到种种影响、操纵、制约和干涉，但是他需要对所面对的一切做出自己的选择，需要对翻译中的一切做出符合生态理性的判断，需要对所面对的一切“他者”承担译者责任。翻译并非单向的语言文化输入，而是两种文化之间的对话，译者有责任在适宜的程度上保证原语生态与译语生态的平衡和中立。

同样，尽管译者是翻译群体中的一员，与翻译群体中的其他成员是一种平等对话的关系，但其他成员都不直接参与翻译过程，都不具体实施翻译行为。因此，只有作为翻译群体代表的译者，才能够具体负责统筹协调。从这个意义上说，翻译过程中的译者中心、译者主导又只是译者责任的生态翻译伦理原则在翻译过程、译者行为方面的一种体现。

生态翻译学讲求的是翻译生态的整体性和关联性，关注的是翻译生态的平衡与和谐。但是，归根结底，要由谁来具体实施、践行、保持这一翻译活动的状态呢？只有以译者为代表的翻译群体才能实施，只有译者才能践行，只有译者与其他“诸者”沟通协调才能维持，这是译者的责任。从这个意义上说，翻译本体和关于翻译问题研究的一切理性的思考、一切高超的设计、一切精辟的论述、一切美好的愿望，所有这些都只有转变为译者的意识才有意义，只有转变为译者的能力才能生效，只有转变为译者的义务才能落实，只有转变为译者的责任才能成行。否则，都会大打折扣，甚至沦为空谈。

从一定意义上讲，生态翻译伦理其实就是一种新的译者责任伦理。生态翻译学将译者责任厘定为一条重要的伦理原则。这条翻译伦理原则的昭示，也可谓以实为据，以理而出。

上述的生态翻译学的伦理原则表明，生态翻译的伦理原则与生态翻译学的基本定位、性质、对象和内容是密切相关、协调一致的。笔者认为，关于生态翻译伦理研究，可以进一步展开，也还有进一步深化和完善的空间。同时，生态翻译伦理研究也是多维度的、开放性的，多元共生原则同样适用于此。

第四章

生态翻译范式下应用文体翻译的相关问题

翻译活动是人类借助语言符号进行信息交流、情感互动和文化传播的重要媒介，其根植于社会生活并以服务社会生活为根本宗旨，因此翻译活动本身具备社会特质和社会功能。应用文体包罗万象，涉及社会生活的方方面面，如政治、经济、科技、法律、商贸、旅游、新闻、影视，具有很强的目的性和实用性。近年来，随着我国与各国政治、经济、文化交流活动的日益频繁，应用文体翻译的研究开始引起越来越多学者的关注，研究视角亦呈多元化趋势，如功能派翻译理论视角、关联理论视角、顺应论视角、目的论视角、动态对等理论视角，但以上理论对应用文体翻译缺乏系统性、整合性和宏观性的理论指导，存在很大的局限性。鉴于此，清华大学著名学者胡庚申教授从跨学科的生态学视角研究人类翻译活动，并在翻译适应选择论的基础上提出了生态翻译学理论，旨在以生态学的整体观、系统观以及发展观为宏观指导，探究译者的翻译行为和翻译活动，开启了翻译研究的生态学理论范式。

与传统的翻译研究范式强调原作与译文的对等以及读者的反馈不同，生态翻译学强调译文的生命、译者的生存和翻译的生态，强调翻译活动中译者主体性的发挥，以生态理性（整体关联、动态/平衡、多样/统一等）为指导原则，强调翻译活动要“以译者为中心”“译有所为”，以翻译活动为桥梁，在语言、文化、人类、交际与社会、自然等生态因子之间建立起“关联序链”，这要求译者要基于整体观对译文进行整合性优化选择，须考虑整体的翻译生态环境，充分发挥译者的中心作用，才能创造有强大生命力的译文，才能保持翻译的生态平衡。

第一节　生态翻译范式下的译者主体性问题

翻译生态学视域下的译者与传统翻译研究中的译者主体大相径庭。在传统的翻译研究中，译者被称为“仆人”，译者必须对原文忠实，评判译者是否称职要考查译文是否忠实于原文。而翻译生态学视域下的译者是翻译的“主人”，译者在尊重翻译生态环境的前提下，要发挥主观能动性，使译文适应翻译生态环境，评判译者是否称职就要看译文能否在翻译生态环境中“优胜劣汰”。在翻译生态环境中，译者主体性应该得到彰显。译者在多个方面进行选择，如怎样认识翻译的本质、如何完成翻译过程、如何遵循原则、如何制订策略、采用何种方法，译者自身的素质，学识、艺术修养、翻译经验等如何适应翻译生态环境。译者主体性受到多维度因素的影响。翻译生态学视域下，翻译的本质是译者细致考量翻译生态环境中各种因素，并恰当选择各种因素的交际活动。在翻译过程中，译者需要从多个维度选择并适应翻译生态环境的方方面面。胡庚申（2004）提出译者要做好语言维、交际维、文化维的三维选择转换，才有可能产生恰当的译文。我们认为，三维仅仅是译者在空间维度完成原文到译文的转换，而翻译的生态环境是由空间和时间两个大的维度交织构成的，因此译者在翻译过程中还需要从时间维度来适应特定的翻译生态环境。概言之，译者在翻译过程中，应该从时间和空间两个维度的生态环境进行适应和选择。

翻译是一种以人类为参与主体的活动，不同生态环境下的人对翻译会做出不同的理解。基于伟大科学家达尔文提出的自然选择和适者生存理论，清华大学胡庚申教授提出了生态翻译学理论。生态翻译学理论主要是从生态学的角度出发去研究翻译，所以其诞生与发展也离不开人的主观能动性以及人类的生存环境。

第二节　生态翻译范式下的翻译生态环境问题

2003年，翻译理论家米歇尔·克罗尼恩在其著作《翻译与全球化》第五章“全球化背景下的小语种”中首次提出“翻译生态学”这一术语。随后，这个术语引领众多学者深入研究翻译与生态之间的关系问题。

胡庚申先生根据达尔文的进化论理论，在“生态环境”定义的基础上，推衍出“翻译生态环境”这个全新概念。他提出，“翻译生态环境”是指“原文、源语和译语所呈现的世界，即语言、交际、文化、社会以及作者、读者、委托者等互联互动的整体”（胡庚申，2004：174）。许建忠先生于2009年推出《翻译生态学》一书，提出“将生态学的研究成果引入翻译研究，将翻译及其生态环境相联系，并以其相互关系及其机理为研究对象进行探究，从而从生态学角度审视翻译、翻译研究，力求对翻译中的多种现象进行剖析和阐释”（2009：3）。他认为翻译生态环境是以翻译为中心，对翻译的产生、存在和发展起着制约和调控作用的N维空间和多元环境系统。刘爱华（2010）认为，翻译生态学主要考察翻译活动与其生态环境之间的相互作用。方梦之（2011）认为，翻译生态环境可分为两个方面：翻译生态和翻译环境。翻译生态存在于翻译中，两者为一个整体，各组成部分有机联系，和谐共生。翻译环境主要指翻译活动所涉及的外部环境（客观环境），包括经济环境、文化语言环境以及社会政治环境等的总和。

以上学者看待生态环境的角度与侧重点不尽相同。许建忠和方梦之两位学者倾向从翻译中心或翻译内部环境出发，再推及翻译的多元环境系统或外部环境（客观环境），中心与内部是其优先考虑的因素。方梦之认为，翻译生态与翻译环境可分开定义，共同界定生态环境。较之上述两者，胡庚申所持观点有其独特之处。他认为翻译环境中各因素之间处于协调、平衡、平等与互动的状态。翻译主体，如译者主体、文体主体，也被看作是翻译生态环境中的一部分。方梦之引入经济、文化、社会等因素丰富了翻译的外部环境；许建忠把多维度、多参数的系统观、翻译与生态环境的协调发展观作为研究的基本观点。因此，两位学者更注重译者对翻译各类因素的主观考察和结合运用。胡庚申则较重视译者主体与翻译实践中其他主体之间的互动以及整体环境对于译者和译本的影响。

可以看出，研究者们是从生态学研究中获得启发，把生态学中的重要概念借用到翻译研究中来，研究译者与译者所在的翻译生态环境中诸因素的相互关系。这些要素包括原文、原文背后的文化、译语及译语背后的文化，这些要素相互交织在一起，影响着语言、文化、交际之间的关系，进而使译者与读者之间、原文与译文之间产生互联互动。

翻译生态环境是以翻译活动为中心并对翻译的产生、存在和发展起着制约和调控作用的多元环境系统，既包括自然环境、社会环境、规范环境，也包括原作者、译者、读者及翻译研究者的生理环境和心理环境，而译者始终是处于主导地位的。生态翻译学认为，翻译是以译者为主导、以文本为依托、以跨文化信息转换为宗旨的译者适应与选择行为。翻译生态环境是一个非常复杂的环境，这个环境由源语世界和译语世界两个环境组成。这个环境不仅包括语言，还包括源语世界和译语世界历史、政治、经济、社会、文化、交际等各种相关因素。在翻译过程中，译者处于一个由多种因素构成的翻译生态环境中，需要对各种因素做出适应与选择。当然，译者是翻译生态环境中的主体。译者在翻译生态环境中需要发挥主观能动性去为译文开辟生存境遇。也就是说，译者在翻译过程中需要勇敢地应对客观的翻译生态环境，遵循“适者生存”的法则，积极地发挥主观能动性，创造性地产出能够适应翻译生态环境的译文。

第三节　生态翻译范式下的适应／选择问题

翻译适应选择论是一种以生态学理论为铺垫的跨学科的翻译理论，同时也是具有中国特色的一种翻译理论。2001 年清华大学的胡庚申教授在自己的论文中引进了英国生物学家达尔文的进化理论，他从“适者生存”“优胜劣汰”等生物学理念来看待人类的翻译活动。与之相同的，译者在翻译中也面临着适应与选择，如果选择错误，译者就很难继续进行翻译或者译文就不能继续存在。于是，胡庚申便围绕着“翻译适应选择论”撰写了许多论文，这些论文都将翻译解释为“翻译是译者对翻译生态环境的适应性选择”等，为翻译的研究提出了新思路。作者在《生态翻译学建构与诠释》中写道：“本文是一部宏观翻译理论研究专著，尝试利用作为人类行为的翻译活动与‘求存择优’自然法则适用的关联性和通融性，以达尔文生物进化论中的‘适应／选择’学说为指导，探讨‘翻译生态环境’中译者适应与译者选择行为的相互联系、相关机理、基本特征和规律，从适应与选择的视角中对翻译的本质、过程、标准、原则和方法等做出新的描述和解释。论证和构建了一个‘翻译适应选择论’的新的译学体系。”与此同时，他还对这一理论进行了实用性和有效性的调查。在《翻译适应选择论》一书中，他还指出：“本项调查结果可以从一个侧面表明，以翻译适应选择论为指导的，或者基本上能体现该适应选择论的解释和译法，对于产生整合适应选择度较高的译文来说是有帮助的。”

第四节 生态翻译学与翻译适应选择论

翻译适应选择论突出强调“译者”在翻译活动中的中心和主体地位，而非将“读者”视为翻译活动的中心，整个翻译过程中，强调“译者有为”，通过对源语与译语的生态环境诸要素的分析，发挥译者的主体性进行适应性选择与转换，使源语信息在语言层面、文化层面以及交际层面得到最有效的传递；译者在翻译的过程中面临着选择与适应，就像达尔文进化论里动物在自然环境中的适应与选择一样，因此出现了“翻译适应选择论”这一学说。总体来看，翻译适应选择论是一种以译者为中心的翻译理论，充分体现了人在翻译活动中的主体地位和核心作用，其哲学基础是“强调译者主体对客体的关联和整体统一”。

翻译适应选择论认为，对于译者来说，既要适应翻译生态环境，又要在生态环境诸要素中做出适应性选择，在生态翻译学的研究基础（即翻译适应选择论）出现之前，“适应”与“选择”之间的关系鲜有论及，更是少有人做过系统阐述。笔者认为，译者首先必须适应翻译生态环境才能在此基础上对翻译原则和翻译策略做出选择，译者对翻译生态环境的“适应”是第一位的，而做出的“选择”是第二位的。适应性选择的具体特征，一是“适应”，即译者对翻译生态环境的适应；二是“选择”，即译者以翻译生态环境的主体“身份”对译文进行选择。翻译被描述为译者适应和选择的不断交替并循环往复的过程。这一循环过程内部的关系是，适应的目的是“求存”“生效”，适应的手段是“优化选择”；而选择的法则是“存强汰弱”。翻译批评的标准也从“适应／选择”的视角做了相应的表述：最佳的适应是选择性适应；最佳的选择是适应性选择；最佳的翻译是整合适应选择度最高的翻译选择。适应中有选择，即适应性选择；选择中有适应，即选择性适应，整个人类的翻译活动可以看作是译者在翻译生态环境中不断做出适应性选择与选择性适应的辩证过程。

从总体上来看，翻译适应选择论可以通过对原文场景的描述，把译者带入译文中的场景，使译者有一种身临其境之感，也就是将译者放置于生态环境之中。这便是生态翻译学的研究方向。以胡庚申《生态翻译学解读》一文为起点，通过一系列的论文探讨生态翻译学的跨学科内涵、研究背景和研究重点，将翻译活动归于生态活动的范围之中。

首先，生态翻译学着眼于翻译生态系统的整体性，以生态翻译为视角，对翻译的本质、原则、方法以及现象做出新的描述和解释。随着后现代主义思潮的出现，西方哲学强调主客体之间的联系，也就是强调主体与客体的关联和整体统一。其次，翻译生态与自然生态有着千丝万缕的关系，它们有着诸多的相似性与关联性。最后，生态学以人—自然—社会的互为整体作为研究对象，构建一个大的宇宙观，翻译活动也同样涉及人—自然—社会之间的关系，它是具有普遍意义的理论。

第五节　生态翻译范式下的三维转换问题

胡庚申（2011）认为生态翻译学以生态整体主义为视角，以华夏生态智慧为依归，以“自然选择”原理为基石，是一项探讨翻译生态、文本生态和翻译群落生态及其相互作用、相互关系的跨学科研究。归根结底，生态翻译学的核心和基础理论就是翻译适应选择论。胡庚申借用达尔文生物进化论中关于适应与选择学说的基本原理和思想，解释和描述了译文产生的翻译过程，即从适应和选择的视角来探讨翻译理论问题，这是一种新的从生态学视角进行尝试的翻译研究，其理论的基本理念就是译文的适应与选择，即最佳译文是生态翻译下多维度适应和适应性选择的累积结果；对于译者，适者保存并发展；对于译文，适者生存并生效。生态翻译论的多维整合原则要求译者在充分了解源语生态及译语生态的基础上进行多维转换，其中最主要的是进行语言维、文化维、交际维的三维转换。翻译是跨文化交际的主要手段，是“以译者为主导、以文本为依托、以跨文化信息传递为宗旨，译者适应翻译生态环境对文本进行移植的选择活动”（胡庚申，2013）。翻译是一种双语转换活动。译者首先面临的难题是源语与译语之间的不对称性。因此，充分了解源语生态与译语生态显得十分必要，尤其是源语与译语的语言特征、习惯、表达方式等。

多维度、多元素共同构成了翻译生态环境，而源语生态环境同译语生态环境之间又存在着巨大的生态差异，因此，为实现译文的生存与长存，译者必须进行选择性适应和适应性选择。这种适应与选择体现了整个生态翻译的适者生存原则。因此，适应选择论的翻译方法，可以简略地概括为三维转换，即在多维度适应与适应性选择的原则之下，相对集中的语言维、文化维和交际维的适应性选择转换（胡庚申，2006：50）。语言的转换是翻译，文化的载体是语言，交际的积淀是文化，由于语言、文化、交际存在着符合逻辑、内在的关联，于是正好再现了翻译转换的基本内容。多维转换要求译者综合考虑全句、全段、全文，从多维度进行译文处置，即不但要进行语言维度转换，还要关照源语文本的文化内涵、交际意图等多个维度，并在此基础上保持源语生态环境与译语生态环境的平衡。生态翻译的理念强调译文要适应特定的语言、文化和交际功能以及翻译活动所赖以生存的生态环境，翻译适应选择论是一种以译者为中心的翻译理论，强调译者的主观能动性和主体地位以及翻译过程的整合性，通过“展现源语、原文和译语在语言、文化、交际三元维度中的适应与选择，提出翻译—语言—文化—交际—自然相互关联的整合性译论研究模式”。“适应选择转换于语言维度”，指的是译者进行翻译时，对转换使用表达方式适应性选择上的关注；“适应选择转换于文化维度”，指的是译者在翻译中，对解释和表达两种语言文化各自内涵上的关注；“适应选择转换于交际维度”，指的是译者在翻译中，对两种语言交流意图中转换适应性选择上的关注；而翻译想要突出的生态环境，是指由源语、译语和原文共同组成的环境空间，具体指交际、社会、文化、语言，加之读者、委托者、作者等相互联系的整体。这些影响因子对于衡量译者是否做出最佳选择和最优适应，即译文是否达到最优化境界提供了参考。

由于中西方语言的巨大差异，语言维度的转换应选择恰当的词汇、句法、修辞、文体风格以及语序来达到译文对译语生态环境的适应，并最大限度地保持源语生态。在充分分析了源语的整体生态环境后，应该对语言形式进行适应性选择。语言维的适应性选择转换强调“译者在翻译过程中对语言形式的适应性选择转换”（胡庚申，2009：51）。因此，为了忠实准确地传递源语信息，必须充分考虑翻译过程中的生态环境，对语言维（即语言形式）的不同方面和不同层次进行适应性选择转换。语言维关注的是译文的文本语言表达。由于语言是文化的载体，并和文化、交际等因素往往是相互交织、难以分割的关系，因此语言维度适应性选择转换并不意味着其他维度或元素在翻译过程中不起作用，相反它们呈现一种联动关系。

“由于源语文化和译语文化在性质和内容上往往存在着差异，为了避免从译语文化观点出发曲解原文，译者不仅需要注重源语的语言转换，还需要适应该语言所属的整个文化系统，并在翻译过程中关注双语文化内涵的传递。”（胡庚申，2006：51）翻译是跨语言、跨文化的交流，因此译者必须保持清醒的文化意识，注意文化差异造成的障碍，并最大限度地保护源语文化同译语文化之间的生态平衡，以最终实现信息交流的目的。以时政文体翻译为例，由于中西方文化差异，尤其是在政治体制上的差异，导致外宣翻译时常面临重重困难，一方面要准确、客观地将源语翻译成目的语，另一方面要避免在文化、宗教、政治方面的误解甚至是引起国家与国家之间的争端。译者应以中国特色文化为背景，从文化维的角度出发来寻找到最佳的语境假设，结合自己原有的背景知识进行恰如其分的文字转换，并在文字转换的过程中切实保留原文的信息价值、审美价值及艺术价值。在时政翻译中，译者应在意识形态和文化差异的基础上使得翻译在多维适应性原则下，从文化的维度，根据具体的语境来选择适当的、相对应的翻译语句，从而满足被西方的读者理解和接受的需求。从文化维的角度来达到生态翻译的平衡，就必须充分了解源语文化和译语文化的背景知识。无论是源语文化还是译语文化，作为译者都必须准确把握文化的内涵和外延，以期达到生态翻译中的从文化维度来选择适应性的原则。

在翻译过程中，交际意图的适应性选择转换是指译者除了语言和文化转递外，还应把选择转换的侧重点放在交际维上，既关注源语系统里作者的总体交际意图是否在译语系统里得以体现，是否传递给了译文读者；又关注源语系统里包括原文语言／文化形式和语言／文化内涵的交际意图是否传递给了读者（胡庚申，2013）。因此，追求原文和译文之间的交际生态能够得到最佳的维护和保持，是交际意图的适应性转换的最高目标，即原文的交际意义及交际意图得到最佳适应和选择。交际意图可分为不同层次的显性意图及隐含意图。表层显性意图往往是为了满足交际对方的意愿，而深层隐含意图则可能追求加强联系、增进友谊等。

第六节　生态翻译范式下的整合性译论研究问题

胡庚申从生态学的角度结合翻译领域的研究，提出了一个新的跨学科理论即生态翻译学。该理论对翻译相关的标准、本质、方法、过程、原则和现象等做出了全新的界定和诠释。多维整合原则是指在保持文本生态的基础上，为实现译文能在新的语言、文化、交际生态中生存和长存而追求的译文整合适应选择度。所谓“整合适应选择度”，是指译者产出译文时，在语言维、文化维、交际维等多维度的选择性适应和继而依此并照顾到其他翻译生态环境因素的适应性选择程度的总和。因此，译文优劣的标准在于其整合适应选择度，其程度越高，译文的质量越高。生态翻译论的多元维度整合理论视角对于源语文本的翻译具有重要的指导意义。多维整合原则要求译者在翻译实践中注重语言维度、文化维度和交际维度的三维转换，在多维整合原则指导下进行适应性选择和选择性适应的转换，同时选择与转换也呈现出多样性。因此，在翻译过程中，译者不可能从单一维度来达到跨文化交际的目的，而往往是通过三元维度的整合，或者多维角度的组合方式来真正体现生态翻译的最终目的，即在多维整合原则的基础上，在源语和译语之间构建一个沟通和理解的桥梁，从而达到有效的交际目的。

第七节　生态翻译学与翻译生态学之辩证关系

全球性的生态理论热潮中，国际翻译界从“生态”“环境”等生态学视角描述翻译活动的相关研究在翻译文献里日渐增多。有关翻译与生态之间辩证关系的相关研究也日益受到国内学者的广泛关注，国内存在着两种研究体系，即“生态翻译学”和“翻译生态学”，这两种体系既互相关联又相互区别。米歇尔·克罗尼恩提出的翻译生态学与胡庚申教授基于英国著名生物学家达尔文的进化论提出的生态翻译学是两种从本源上具有同质性的翻译理论，两者之间是既相互联系又相互区别的辩证关系，前者强调翻译系统内部诸要素之间的生态关系，而后者强调翻译活动诸要素与自然环境及社会环境之间的生态关系。

一、关于生态翻译学

胡庚申指出：“所谓生态翻译学，并不是一个独立的学科门类，而可以理解为一种生态学途径的翻译研究；或生态学视角的翻译研究。对翻译研究来说，生态翻译学既是一种‘喻指’，又是一种‘实指’。所谓‘喻指’，指的是将翻译生态与自然生态作隐喻类比而进行的整体性研究；所谓‘实指’，指的是取向于译者与翻译生态环境相互关系的研究，特别是译者在翻译生态中的生存境遇和能力发展研究。”他将翻译生态整体性与译者主体性科学地融汇，并纳入翻译的定义之中。而能够体现上述认识的《翻译适应选择论》，被视为生态翻译学初期发展的一项探索性的基础研究（胡庚申，2009：47—53）。《翻译适应选择论》将达尔文的进化论引入翻译研究。研究表明，达尔文的“适应与选择”学说与翻译活动是相关且相通的，运用这一学说的基本原理确实可以合理地解释翻译活动：在“求存择优”的基本思想指导下是能够确立翻译适应选择论的（胡庚申，2004：174）。《翻译适应选择论》是以世界著名的生物学家达尔文的进化论为阐释理据和研究视角的，也就是说其切入点是生物学相关理论，而不是生态学相关理论。正因为其切入点是达尔文的进化论，其论证过程中必然会强调“物”的重要作用，因而其研究结论必然是确立以“译者为中心”的理论框架。以译者为中心是一种新的人学本体论，“译者为第一性，原文为第二性。这样就把译者解放了，不再戴着脚镣手铐跳舞了”（胡庚申，2004：1）。“必须指出，胡庚申先生的‘翻译适应选择论’的体系中，也包含着对‘译者中心’地位的认定和对‘译者主导’理念的诠释，这不妨可看作由‘翻译研究的人类学转向’向‘翻译研究的生态学转向’的必要过渡。”（孟凡君，2009：48—53）

二、关于翻译生态学

如前所述，翻译生态学是由爱尔兰都柏林城市大学人文科学系系主任兼翻译与语篇研究中心主任米歇尔·克罗尼恩在其2003年出版的著作《翻译与全球化》中首次提出的，当时克罗尼恩用了其中的一节篇幅来论述。许建忠对此曾给予较高评价，认为这对发展跨学科研究，开拓翻译科学新领域是一个重要的贡献（许建忠，2009，2010）。

《翻译生态学》是许建忠教授主编的、由中国三峡出版社出版的一部对翻译生态进行系统论述的著作（2009）。“翻译生态学紧紧围绕‘翻译生态’这一主题展开，从翻译与其生态环境之关系入手，以翻译系统为纵深推进之主线，以生态体系为‘横断面’，建立起全书纵横交织的整体构造和框架，科学、客观地阐释了翻译生态学的内涵以及翻译存在的生态环境、生态结构和生态功能，全面、深入地揭示出翻译生态之基本原理和规律，阐述了翻译生态的演进、翻译行为生态及其评估标准，并提出了实现翻译可持续发展应遵循的原则。本书以翻译学和生态学作为理论基础，在自然科学和社会科学之间架起一座桥梁，创造了一个新的空间，为翻译理论研究开辟了新的视野，旨在建立翻译生态学这一崭新学科。”（许建忠，2009）

“抽象地说，翻译生态学是研究翻译与其周围生态环境之间的相互作用的机理与规律。具体地说，就是将生态学的研究成果引入翻译研究，将翻译及其生态环境相联系，并以其相互关系及其机理为对象进行深入研究，从生态学角度审视翻译、研究翻译，力求对翻译中的种种现象进行剖析和阐释。”（许建忠，2009：3）“《翻译生态学》具有综合性、实用性、创新性的特点。其综合性体现在将翻译学与生态学相结合，以一种哲人式的洞察、分析、概括的眼光研究翻译学。其中囊括了许多生态学中的原理法则，而这些原理与法则又是对地球整个生态系统的概括。作者对翻译学的思考已经影射到了整个宇宙物质的轮回，运转的规律，从一定程度上讲具有普遍性，有中国传统哲学观点天人合一的意味。其实用性体现在它紧跟时代的步伐，对现阶段中国翻译教学、翻译产业、翻译理论研究中的弊端提供了现实的改进办法，对翻译实践和理论研究具有指导意义。其创新性体现在开辟、完善了这门新兴的边缘学科——翻译生态学，使其在前人基础上更理论化、系统化。”（庞博，2009：254—255）

三、生态翻译学与翻译生态学的辩证关系

生态翻译学与翻译生态学是翻译研究的两种范式。所谓范式是指特定研究领域里大的方向和大的原则，是一种研究途径或研究模式的总体理念和价值判断。生态翻译学多次对其“译论范式”做出定位。例如，在谈到生态翻译学的基础理论“翻译适应选择论”的研究目的时指出：“在于试图找到一种既具有普适的哲学理据，又符合翻译基本规律的译论范式。”翻译适应选择论还被概括为“以达尔文‘适应／选择’学说的基本原理和思想为指导、以‘翻译即适应与选择’的主题概念为基调、以‘译者为中心’的翻译理念为核心，能够对翻译本体做出新解的翻译理论范式”。

作为一个具有跨学科性质的生态学翻译研究途径，生态翻译学是运用生态理性，从生态学视角对翻译进行综观的整体性研究，是一个“翻译即适应与选择”的生态范式和研究领域。生态翻译学和翻译生态学作为翻译研究的两种新体系和新视角既有着密切的联系又相互区别；生态翻译学是从生态学角度进行翻译研究的一个视角。从现

有发表的论文看，胡庚申教授主要聚焦于三个生态学理念，即“适应”“自然选择”和“适者生存”，强调译者对外部环境的适应，以及在翻译实践中的选择，目的是提供一个系统的以译者为中心的研究视角。另外。胡教授的研究主要局限于笔译研究。而翻译生态学则构建起翻译学和生态学两者相互融合的新兴交叉学科，研究内容涉及翻译的生态环境（自然、社会，规范、生理和心理）、翻译的生态结构、翻译的生态功能、翻译生态学的基本原理、翻译生态的基本规律、翻译的生态行为、翻译生态的演替和演化、翻译生态的检测与评估、生态翻译与可持续发展等。它涉及笔译和口译，翻译产业翻译培训、翻译经济、翻译管理等。（Tang Jun，2011：364—369）

第五章

公示语的生态翻译

21 世纪初的公示语翻译研究在文化全球化和中国深化对外开放、推动对外交流的历史背景下给国内的应用翻译研究带来勃勃生机。在中国政府和中国翻译协会等的倡导和引领之下，众多翻译研究机构和翻译研究学者积极参与，21 世纪初国内翻译界迅速掀起公示语翻译研究的学术热潮。历经众多学者近十年的不懈努力，公示语翻译研究逐渐回归研究常态。

第一节 公示语翻译

一、公示语的内涵阐述

国际标准化组织图形符号技术委员会主席巴里·格雷对公示语的定义为“The signal from a simple way to find or information about the tag of the complex communication information.”，国内学者阐释的较有代表性的公示语概念主要包括以下几种。

定义一：公示语指公开和面对公众，起到告知、指示、显示、警告等作用，与生活和生产、生活和生态专业密切相关的文字和图形信息。

定义二：用英语表示为 public signs，其中文翻译比较混乱，有公示语、标语、手语、揭示、警告等。这是一种特殊的风格，在公共场所常见，或用几句话，或使用简洁的图形，或文字和图形组合，对受众提出一些要求或引起一些关注。

定义三：公示语是一种给特定的人观看，以达到某种交际目的的特殊用语。

定义四：公示语是在公共场所显示的文字，包括标志、广告、旅行指南、社会宣传、通知等。

定义五：公示语是在公共场所为公众提供公共信息内容的语言，它包括标语口号、公告等。

定义六：公共语言是指在公共场所展示，供公众观看，以达到特定交际目的的文字。

二、英汉公示语的语言特点

由于中英文属于不同的语言，英语公示语表现出许多与中文不同的语言特征。《现代实用英语例解》总结英语公示语的五大特点：（1）通常全部使用大写字母，不添加标点符号；（2）字幅通常很少，最少的只有一个词；（3）语言精简，常用名词、动词或名词短语；（4）有时使用祈使句；（5）有时采用十分正式的文体。戴宗显和吕和发更是具体地总结了英语公示语的十种语言风格——一是使用名词；二是使用动词、动名词；三是使用单词和短语；四是使用缩略语；五是严格禁用不常见的单词；六是文字和图形符号共享；七是使用现在时态；八是使用祈使句；九是使用规范和标准词汇；十是使用简洁词汇、准确表达。丁衡祁则认为英语公示语语言特征可以总结为“5C”，即 Concise（简洁）、Consistent（统一）、Conventional（规范）、Convenient（方便）、Conspicuous（醒目）。刘美岩和胡毅认为英语公示语的特点是简洁、明了、正式、规范。

而中文公示语最主要的特点是字义浅显，文字简约，文体恰当。

把握英汉公示语的语言特点，有助于译者在翻译过程中有针对性地结合翻译生态环境中的相关要素，就词汇选用、话语逻辑建构等进行选择，从而服务于符合目的语表达规范且可读性强的有效交际译文的产出。

三、公示语翻译原则

英译公示语主要起到沟通作用，然而许多英译公示语还存在着问题，如中式英语的使用。笔者写作本书提及此点的目的是找出英译公示语存在的问题。翻译公示语时要符合翻译原则，将其与英语教学相结合，为培养合格的英语工作者做好准备。

（一）传意性原则

要遵循传意性的原则，保证准确复制中国的语言和文化等信息，只有避免语义错误或含糊不清，才能保证翻译的实际效用。如果公示语汉英翻译违背了传意性原则，对应的英文表达不能正确完整地传达信息，有效交际便无法实现。

（二）互文性原则

互文性是法国的符号学和文本分析师茱莉亚·克里所蒂建提出的，英文为intertextuality，强调文本和文本之间的相互作用。作为语篇的一个基本特征，互文性指的是在产生彼此交叉的各种语料库的过程中的话语、文本和其他文本之间的相互影响、相互联系的关系。如果不考虑语篇中的互文性，就不可能对语篇进行透彻的理解，也就不可能准确地将其翻译为目的语。

由于英语使用者是英译公示语的交际对象，公示语在表达上要符合英语的文化特征和英语读者的语用习惯。在英译汉公示语的时候要遵循互文性原则，中心是英语读者，借鉴英语公示语的表达规范，参照公示语特定的文本形式和语言特点，保证翻译文本的可接受性与可读性。例如，"油漆未干"英译为"Wet Paint"，意为"油漆很湿"，虽然没有语法错误，但不符合互文性原则，因为这种表达方式不符合英语读写、英语公示语言表达原则和线性思维习惯。又如，"请勿吸烟"翻译成"No Smoking Please"。虽然在汉语中"请勿吸烟"是一种礼貌用语，但其是对一种不道德的行为进行约束，属于限制性公示语；在英文中对意图的表达应是直接且明确的"No Smoking"。"No Smoking Please"中的Please是表达请求的礼貌用语，而NO是一种强调否定的命令语气，用请求的语言方式表达不允许的命令，显然是违背了互文性的原则。

（三）简洁性原则

文以简洁为贵。语言简洁明了、正式规范是英语公示语的特点。英语的公示语中使用了很多短语、名词、动态名词、首字母缩略词等，看起来比较简洁，其显著的语言特征就是间接性。汉语英译的公示语也应遵循这一原则。例如，公交车上常见的"老、弱、病、残、孕专座"译为"Please offer your seats to pregnant women,the elderly,the sick and the disabled.Thank you."，虽意思无误，却显得冗长。基于简洁性的要求，不妨译为"Courtesy Seats"。

四、公示语生态翻译补偿

基于一定的参照系多维度开展翻译批评，我们可以对译作的翻译质量有一个整体的评估。高质量的译作可供鉴赏和借鉴，我们可以依据翻译批评有针对性地修正译作。下面仅对公示语翻译中的信息缺失的翻译补偿进行说明。

翻译是源语和目的语之间的语言文化信息转换活动，因语言文化差异等因素发生的翻译损失从翻译活动出现时就一直与翻译相伴。翻译损失是翻译过程中信息、意义、语用功能、文化因素、审美形式或功能的丧失，具有不可避免性。故此，翻译补偿就成为减少翻译损失、尽可能完整再现原文的必要手段，与翻译是一种形影不离的共生关系。翻译补偿是以目的语为主，辅之以符合目的语规约或规范的其他语言手段，根据文本类型和翻译目的，对翻译过程中潜在的或发生的损失进行的修复或弥补。可见，翻译补偿的作用在于消除常规的表层符号转换无法克服的语言、文化、语用等诸多障碍，最大限度地恢复因语言、社会文化差异等因素而损失的各种意义和审美价值。

夏廷德在其论著《翻译补偿研究》中将翻译补偿划分为两个层面：一是语言学层面，包括词汇补偿、语法补偿和语篇补偿；二是审美层面，包括审美形式的功能、价值冲突和形义统一性等方面的补偿。生态翻译学理论为翻译补偿提供了不同的研究视角。翻译适应选择论把翻译过程描述为"译者适应与译者选择交替进行的循环过程"，其翻译原则为"多维度适应与适应性选择"。此原则指导下的翻译方法则是"三维转换"，即在翻译过程中侧重语言维转换、文化维转换和交际维转换。据此，参照翻译补偿理论中语言学层面和审美层面的翻译补偿，下面将语言维、文化维和交际维作为公示语翻译补偿研究的三个层面。

（一）语言补偿

译者在语言维的适应性选择转换，就是在语言的不同方面、不同层次上进行最佳适应和优化选择。要保证公示语译文实现有效交际，翻译时首先应把握好语言传意性，力求准确再现公示语原文的语言信息，在避免误译的同时，力求避免或减少语言转换中的翻译损失。例如，在地面湿滑的场所，人们经常见到"小心滑倒"的公示语，应英译为"CAUTION:WET FOOR"，该表达中以词汇补偿方式使用 caution 而不是 take care of 等表达，突出了其提示功能，同时以具体化的词汇补偿手段明确了"滑倒"的原因在于地面湿，更具体地提醒读者注意脚下。语言补偿要求译者在词汇层面注重遣词以求准确完整地再现原语语义，在表达层面依据译语语境等要素就表达形式进行选择以求得译文表现形式的适切性。

（二）文化补偿

译者在文化维的适应性选择转换，就是译者在翻译过程中要有文化意识，认识到翻译是跨越文化的信息交流过程，注意克服文化差异带来的障碍，以保证文化信息交流的顺利实现。公示语翻译中的文化补偿要求译者在源语和目的语双语文化共生的意识下，力求调适文化心理，尽可能补益应有的文化内涵并求得文化认同。

由于不同文化具有的异质性等特征，在文化全球化的文化大语境下，译者在翻译活动中必须凸显出较强的文化补偿意识和能力，因为文化补偿在保证修复译语中缺损的原语文化内涵的同时，在文化外宣和对外文化交流等方面也具有重要意义。

（三）交际补偿

译者在交际维的适应性选择转换，就是在保证语言信息转换和文化内涵传递的同时，关注原文的交际意图是否在译文中得以体现。公示语译文中表现出的审美形式、交际移情、配用的特定标识符号或图片等都是出于交际补偿的需要。

译文的审美补偿最终服务于交际有效性。例如，吴伟熊将“桂林山水甲天下”套译为“East or West,Guilin Landscape is Best!”而为最佳译文，不仅使用了词汇补偿手段将“山水”（Hills and Water）转换为上义词Landscape，还巧妙套用了英语谚语“East or West Home is Best!”进行审美层面的翻译补偿；不仅成功传达了汉语的宣传功能，还借助“East”“West”和“Best”构成的尾韵保证了译文的审美形式，具有更强的可读性和交际性。

不同的公示语具有强制、提示、警示等不同的交际意图和功能。有时，交际移情能赋予公示语译文以感召力，有助于达到更好的交际效果。束慧娟强调，为很好地关照到交际维，具有告知或呼吁作用的公示语在翻译时偏向增加或改用“暖色调”词汇。此时受众置身于平等的话语角色关系，能够体会到公示语对自己的关心，而不是单纯地要求和限制。如此，受众才会自觉地依照公示语表达的意图采取相应的行动，从而实现公示语的“意动功能”和“言后之效”，达成有效交际。

以上主要从生态翻译学提出的“三维转换”视角，分析了公示语翻译中的语言补偿、文化补偿和交际补偿。语言补偿重在保证公示语译文准确表达语义并保证其表达形式符合译语规范；文化补偿侧重于修复译语中损失的原语文化内涵以实现文化信息交流；交际补偿注重有效传达交际意图和功能以满足目的语读者的相应交际行为。公示语的语言维、文化维和交际维的三维翻译补偿共同作用并服务于提升译文质量，以求实现最佳的交际效果。

第二节　公示语生态翻译应用

随着中国国际化的进程不断推进，为国际友人提供准确得体的公示语翻译势在必行。然而，中国目前大部分地区关于公示语翻译的现状并不理想。本节主要从旅游公示语和交通公示语两个常见的方面来进行阐述。

一、旅游公示语

随着经济和文化全球化，旅游业发展也迎来了黄金时期而成为现代社会的朝阳产业，具有带动众多行业发展的作用。近年来，风景名胜游、文化游、探险游、休闲游、生态游等蓬勃发展，由食（food and beverage service）、住（accommodation）、行（transport）、游（traveling）、购（shopping）、娱（entertainment）构成的产业链组成的现代旅游活动有所增加，产业链条也日臻完善。促进旅游业发展的重要保障是开拓涉外旅游市场，所以旅游的环境显得十分重要，旅游翻译的重要性也是可想而知的。

（一）旅游外宣文本与翻译

在旅游宣传方面，文本更多属于呼吁性文本（appeal-focused text），具有指导功能、信息功能和描述功能。分析和研究译语国家的旅游文宣平行文本是提高该类文本翻译质量的有效方法。不同文化交际中相似的语篇类型就是平行文本。

就文本结构而言，英汉文本均以线性的推进方式为主。在文本单位层面，英汉文本都以句子为基本文本单位，但英语文本以单句或复合句为主，力图以较简洁的词语和句子结构提供尽可能多的信息。基于参照文本，英语景区外宣文本不仅包括景点和景观信息，还提供了户外休闲、博物馆以及食宿等相关信息，以尽可能全面地提供食、住、行、游、购、娱等综合信息；汉语景区的文本内容仅仅局限于景观信息。因此，汉语景区的外宣文本就必须适当地采用补译，以保证文本的互文性并顺应英语读者的阅读期待。

平行文本是保证译本互文性和提高译本可接受性的有效方法。同景区多个汉语文本的信息重复现象较为严重，导致了英译文本中的信息重复和信息冗余，这就涉及同一主题文本之间的互补性问题。生态翻译的重点是从语言、文化和传播层面来检验公共语言翻译质量，笔者主张凸显旅游注意事项，因为游客须知在一定程度上具有旅游协议功能。

（二）旅游广告翻译

现代旅游已经成为当今世界经济发展中重要的一环，旅游经济的发展使旅游广告在旅游推广方面越来越重要。旅游广告服务于旅游商，为的是向旅游者宣传推销产品。旅游广告使用的英语词汇、句法和修辞具有一定的特点。

就词法而言，广告中大量使用第一和第二人称以突出广告的劝诱意图并拉近交际双方的距离；大量使用描述性形容词以体现情感色彩并激发旅游者的旅游期待；大量使用行为动词和一般现在时态以及主动语态以促成读者做出积极反应。示例如下：

（1）New Hawaii.

全新的夏威夷。

（2）Alaska's most mystical isle—Kodiak Island.

科帝克，阿拉斯加最神秘的岛屿。

在句法层面，广告语句力求结构简单以凸显强调功能，简单句、祈使句及省略句使用频繁。示例如下：

（1）Britain. It's time.（Ministry of Tourism of UK）

旅游英国，正当时。

（2）Yes, the Philippines. Now!（Ministry of Tourism of the Philippine）

是的，菲律宾群岛。现在！

英语旅游广告的词法、句法和修辞特点为汉语旅游外宣广告的翻译提供了有益借鉴。与此同时，翻译人员要充分考虑中西方文化差异以及读者的愿景，高度重视广告宣传和吸引读者的关注。

二、交通公示语

交通是指从事旅客和货物运输及语言和图文传递的行业，包括运输和邮电两个方面，在国民经济中属于第三产业。运输分为铁路运输、公路运输、水路运输、航空运输和管道运输五种形式，邮电分为电信与邮政两个方面。一般交通可分为陆运、空运和海运。陆路运输指在地面运输，航空运输指以航空方式运输，海上运输指以海运方式运输。交通标志是具有文字或图形符号的具体信息，用于管理交通和安全及列车运行规范。其中包括禁止标志、警告标志、指示标志等，都具有法令的性质，行人与车辆都必须遵守。交通公示语翻译在规范交通行为和提供信息服务等方面起着至关重要的作用。

视认性不强是指公示语英译不够简洁。高速公路交通公示语多以英汉两种语言书写于空间有限的标示牌上，良好的视认性是其显著特点，而简洁醒目是保证视认的重要前提，否则极有可能因为表达不简洁而影响驾驶人的注意力，引发交通事故。高速公路的交通公示语具有信息指示功能以及有限制、提示、强制等功能，为保证行车安全，英文的表达要简洁、互文、达意。在遵循互文性、简洁性、传意性原则的同时，要灵活运用仿译、借译等方法进行翻译。仿译指以现有的英语公示语翻译为模型，使翻译更接近正宗的英语；借译是在翻译的时候参考已有的规范的英语公示语，是汉语公示语在英译时的首选方法。

遵循传意性、简洁性、互文性的翻译原则，再借助仿译、借译等方法，在为高速公路交通公示语英译提供理论指导和帮助的同时，可以提高翻译的质量。

第六章

旅游文体的生态翻译

随着经济全球化的不断发展，我国与世界各国的经济、政治以及文化交流日益频繁，“一带一路”倡议的实施不仅促进我国对外开放程度的加强，也带动了我国与世界各国旅游业的迅猛发展。在这一时代背景下，旅游英语翻译对于促进我国社会经济的发展和文化的对外传播起到日益重要的作用。与此同时，我国丰富的旅游资源和深厚的文化底蕴对于旅游英语翻译的发展又起着极大的促进作用。旅游文体翻译依托丰富的自然资源和深厚的人文知识，与生态环境发生交互作用并受制于生态环境，从生态学视角解读旅游文体翻译具有更大的可行性。本章以胡庚申提出的“翻译适应选择论”为理论依据和理论指导，同时结合生态翻译学的研究范式和理论视角，对旅游英语翻译及相关问题进行探究。

第一节　旅游文体的基本特征

灿烂的中华文化以其独特的魅力吸引着越来越多的外国人到中国旅游，要想让外国人在有限的时间内尽可能多地了解中华文化，或者在跨文化交际中实现不同语言之间的思想交流，面对种类繁多的旅游资料，需要用恰当的目的语把源语的信息准确传达出来，以吸引外国游客前来游览观光并弘扬中华文化，因此旅游文体的翻译在促进跨文化交流方面起着至关重要的作用。族游文体具有独特的语体特点，要求译者在翻译过程中遵循“功能对等”（functional equivalence）的原则。以生态翻译论的三维转换模式和整合性译论研究模式为基本范式和原则。通过分析旅游文本的基本特征，译者应充分发挥主观能动性以及在翻译过程中的主体作用，探究各生态因子与生态环境之间的关系，选择恰当的翻译策略，实现旅游文本信息的正确、有效传递，以实现其信息功能、美感功能、诱导功能和呼唤功能等。

旅游文本包罗万象，公示语、导游词、景点简介、旅游广告等都属于旅游文体，内容涉及地理、历史、宗教、文化、社会、建筑、艺术等众多社会生活领域，既体现出鲜明的实用性，又不乏文学文体的一些特征，语言风格多样，文体形式灵活。总体来说，旅游文体的基本特征包括以下几大方面。

一、散文体：辞藻华美，文采浓郁

汉语旅游景点的介绍显得文采浓郁一些，多仰仗辞藻的渲染而不是物象的明晰展示。由于历来受古典山水诗词及山水游记散文一类作品的影响，汉语景点介绍的语言表达常常伴有大量的对偶平行结构和连珠四字句，以求行文工整，声律对仗，文意对比，达到音、形、意皆美，诗情画意盎然的效果。例如："进入山中，重峦叠嶂，古木参天；峰回路转，云断桥连；涧深谷幽，天光一线；灵猴嬉戏，琴蛙奏弹；奇花铺径，别有洞天。春季万物萌动，郁郁葱葱；夏季百花争艳，姹紫嫣红；秋季红叶满山，五彩缤纷；冬季银装素裹，白雪皑皑。"可见，汉语旅游文本讲究字格对仗、声律押韵、行文工整，使得整个文本气势磅礴，富于文采。

二、说明文体：语言质朴，客观简约

并非所有汉语旅游景点介绍都是这种散文风格，也有不少说明类文体类型的。这类介绍一般都文字简约，就事论事，信息型文本功能突出，不重情感诱导。例如：

"武陵源风景名胜区位于湖南省张家界市。总面积 264 平方千米，由张家界国家森林公园、索溪峪和天子山等三大景区组成。主要景观为石英砂岩峰林地貌，境内共有 3103 座奇峰，姿态万千，蔚为壮观。加之沟壑纵横，溪涧密布，森林茂密，人迹罕至，森林覆盖率 85%，植被覆盖率 99%，中高等植物 3000 余种，乔木树种 700 余种，可供观赏园林花卉多达 450 种，陆生脊椎动物 50 科 116 种。"

这则旅游景点介绍就明显带有说明文体的基本特征，用词客观、语言质朴、文字简约，突出旅游文本的信息性功能。

一般而言，英语旅游文体大多风格简约，结构严谨而不复杂，行文用字简洁明了，表达直观通俗，注重信息的准确性和语言的实用性，最忌啰唆堆砌。多数情况下，景物描写往往用客观的具象罗列来传达实实在在的景物之美，力求忠实再现自然，让读者有一个明确具体的印象。

三、旅游词汇专业性强

由于旅游文体涉及社会、政治、经济、文化、科学、艺术、建筑、宗教等社会生活的各个领域，其内容覆盖面广，术语专业性强，在翻译过程中如果对这些专业术语了解甚少，必然会对翻译结果造成直接影响，因此译者必须具备广博的知识，能够正确处理这类专业术语。例如，off-peak season（淡季），tour talker（自动导游磁带机），economy hotel或one-star hotel（一星级饭店），some comfort hotel或two-star hotel（二星级饭店），average hotel或three-star hotel（三星级饭店），high comfort hotel 或four-star hotel（四星级饭店），deluxe hotel或five-star hotel（五星级饭店），high season supplement（旺季附加费），package tour（包办旅游）。建筑方面词汇如late-perpendicular architecture（晚期垂直风格建筑），Baroque（巴洛克风格），Rococo（洛可可式风格），Gothic（哥特式风格），Byzantine（拜占庭风格）。宗教方面词汇如Buddhism（佛教），Taoism（道教），Islam（伊斯兰教），Christianity（基督教），Catholicism（天主教），Protestantism（基督新教），Orthodox（Eastern）Church（东正教），the Bible（《圣经》），Lamaism（喇嘛教），Buddhist scriptures（佛经统称），the Koran（《古兰经》），Sakyamuni（释迦牟尼），Buddha（佛陀），Dalai（达赖），Bodhisattva（菩萨），Bainqen（Panchen）（班禅），Allah（安拉、真主），God或the Lord（上帝），the Father（圣父），the Son（of God）（圣子），Jesus Christ（耶稣基督），the Holy Ghost或the Holy Spirit（圣灵），Muslim或Moslem（穆斯林），Protestant（新教徒、耶稣教徒），Buddhist monk（比丘），Buddhist nun（比丘尼），Living Buddha（活佛），lama（喇嘛），Taoist priest（道士），Taoist nun（道姑）。

四、旅游文体包罗万象

旅游资源包罗万象、内容丰富，以旅游资源的客观描述和介绍为内容的旅游文本也非常广泛，包括民族习俗、自然风景、历史古迹、建筑艺术、诗词歌赋、宗教文化、民间传说等。例如，西安碑林艺术博物馆“昭陵六骏”展柜内的中文说明词中有这么一段："……昭陵六骏是唐太宗李世民为纪念他征战时骑过的六匹骏马，在修建昭陵时诏令雕刻的。……其中'飒露紫，和'拳毛騧'二匹骏马1914年被美国人毕士博盗走，现存费城宾夕法尼亚大学博物馆。""飒露紫"是李世民东征洛阳，铲平王世充势力时的坐骑。据《旧唐书·丘行恭传》（卷59）记载，李世民与王世充在洛阳邙山的一次交战中，和随从将士失散，只有将军丘行恭一人紧随其后。突然，一条长堤横在面前，围追堵截的王世充骑兵又用箭射中战马"飒露紫"，在这危急关头，大将军丘行恭急转马头，向敌兵连射几箭，随即翻身下马，把自己的坐骑让与李世民，自己一手牵着受伤的"飒露紫"，一手持刀和李世民一起"巨跃大呼，斩数人，突阵而出，得入大军"。回到营地，丘行恭为"飒露紫"拔出胸前的箭之后，"飒露紫"就倒下去了。李世民为了表彰丘行恭拼死护驾的战功，特命将拔箭的情形刻于石屏上。石刻"飒露紫"正是捕捉了这一瞬间的情形：中箭后的"飒露紫"垂首偎人，眼神低沉，臀部稍微后坐，四肢略显无力，剧烈的疼痛使其全身战栗；"飒露紫"为立姿，前面的武士是李世民部下大将丘行恭，他右手拔箭，左手抚摸御马，面部现疼爱之情。这种救护之情，真乃人马难分，情感真挚。李世民为其题赞文曰："紫燕超跃，骨腾神骏，气詟三川，威凌八阵。"而昭陵六骏之"拳毛騧"是李世民武德四年（621年）十二月至次年三月平定河北，与刘黑闼（原窦建德部将）在洺水（即漳水，在今河北省曲周县境内）作战时所乘的一匹战马，黑嘴头，周身旋毛呈黄色，原名"洛仁騧"，是代州（今河北代县）刺史许洛仁在武牢关前进献给李世民的坐骑。许洛仁死后陪葬昭陵，其墓碑上就记载着武牢关进马之事（见《昭陵碑石》《许洛仁碑》，三秦出版社1993年版）。后人或因马周身旋毛卷曲，又称"拳毛騧"。

下面是一段有关杭州的景点介绍："杭州是一座有悠久历史的文化名城。良渚文化遗址即可证明，在五千多年前，这里已有人类繁衍生息。五代时的吴越国和南宋均曾在此建都，历时237年。现今的杭州，辖市内8个区，3个市和2个县。"译文为："Hangzhou has long been known as a famous cultural city. The ancient Liangzhu Culture ruins were found in what is now Hangzhou. These archeological ruins date back to 2,000 B.C. when our ancestors already lived and multiplied here. Hangzhou also served as an imperial capital for 237 years, first as the capital of the State of Wuyue (907-978) during the Five Dynasties Period, and again as the capital of the Southern Song

Dynasty(1127-1279).Now Hangzhou is the capital of Zhejiang Province with eight urban districts,three county-level cities and two counties under its jurisdiction.”。源语中也包含很多历史内涵丰富的术语名词，如良渚文化遗址、五代、吴越，其在译文中也有相应的体现。因此，译者在翻译过程中，必须充分了解旅游文本中所包含的这些历史事件、历史文化背景和典故，对于这些背景知识的了解对准确翻译文本中的术语和提高翻译质量至关重要。

第二节 中西方语言文化差异与旅游翻译

一、中西方语言差异与旅游翻译

以语言为载体的翻译活动与文化之间存在密不可分的关系。英汉旅游文体在行文习惯方面有所不同。汉语散文体旅游景点简介讲究文采和辞藻，相对来说，汉语景点介绍宣传语的文采气息更加浓郁些，大多是凭借华丽辞藻、对仗等来实现渲染效果的。此外，汉语景点介绍宣传语还在很大程度上受到我国古典诗词、游记类散文等文体的影响，从而出现了大量对偶平行结构以及四字格的小句，并通过工整的对仗、整齐的行文等来实现形象生动的表达效果。相比之下，英语旅游文体大多显得风格简约质朴，结构严谨但不复杂，行文用字简约，突出所要宣传的事物主体。在很多情况下，英语旅游文本在进行景物描写的过程中往往用客观、具体的词汇（名词）罗列具体的景物，向游客传递真实的景物之美，以求忠实再现自然美，让读者有一个明确具体的印象。

例如，下面这则关于自然风光的景点介绍：“Tiny islands are strung around the edge of the peninsula like a pearl necklace.Hunks of coral reef,coconut palms,and fine white sand.”。该句可译为：“座座岛屿玲珑小巧，紧密相连，像一串串珍珠缀成的项链，环绕着半岛边缘。岛上珊瑚礁红，椰树成片，沙滩如银，景色如诗如画。”全句突出 islands、coral reef、coconut palms、white sand 等构成海岛风光的基本要素，对景物直接罗列——大片珊瑚礁、椰树、白色沙滩，将一幅生动鲜活的海岛风光图的要素直接表现在文本中，读者无需经过揣摩和推敲，自然而然地在脑海中浮现出一幅风光旖旎的海岛风景图。

再如，这则有关海港的景点描写：“The harbor looked most beautiful in its semi-circle of hills and half-lights. The color of a pearl gray and a fairy texture...This Arctic scenery has a beauty which is the exact antithesis of the Christmas card of tradition. Soft, melting halftones. Nothing brittle of garish.”。该句可译为：“只见海港环抱于半圆形小山丛中，朦朦胧胧，一片银灰，宛若仙境，煞是好看……这北极地区景色之美，同传统的圣诞贺卡形成对照，它浓淡交融，光影柔和，清雅绝俗。”从中可见，这段北极地区特有的景点描写在英文源语表达和汉语译文表达上有很大差异，源语中虽不乏渲染之词，但表达依旧较为朴实，如 looked most beautiful, the color of a pearl gray and a fairy texture, the exact antithesis of the Christmas card of tradition, Soft, melting halftones, nothing brittle of garish，从表达效果来看较汉语译文大为逊色；汉语译文措辞考究，辞藻华丽，借助汉语四字格结构的表达优势，如“朦朦胧胧，一片银灰，宛若仙境，煞是好看”“浓淡交融，光影柔和，清雅绝俗”，显得文采更为浓郁，气势更为磅礴。

再看下面这段景物描写：“For me this landscape was always a magical prospect, the austere countryside stretching away with the sharp definition of an 18th-century aquatint across hill and woodland to Mt. Battie outlined against the horizon.”（*The Last Hill by Francis Rusell*）。原文译为：“我总觉得这儿的山野风光格外迷人，那乡间淳厚古朴的原野绵延伸展，跨过小山，越过森林，一路延伸到遥远地平线上赫然矗立的巴蒂山——好一幅轮阔鲜明的 18 世纪铜版风景画！”可见，源语的景物描写主要借助形容词（如 magical、austere）、形合（hypotaxis）手段以及修辞手法等进行渲染，而汉语则通过四字格结构（如格外迷人、淳厚古朴、跨过小山、越过森林、赫然矗立）、意合（parataxis）手段和修辞手法衬托景色的迷人，充分发挥汉语的表达优势，每一个措辞都充分考虑到源语的神韵，排比句结构和四字格词的搭配使用将源语的精、气、神生动地呈现在游客面前，仿佛一幅绝美的风景画。

在旅游英语翻译过程中，每个景区自然也有其独一无二的历史文化内涵，不规范甚至是错误的旅游翻译会让景区的自然魅力和文化魅力大大下降，也会因此降低游客的游览兴致以及对中国文化的浓厚兴趣。下面以饮食文化为例分析文化因素对译文质量的影响。例如，我国北方著名的小吃韭菜盒子，一些景点宣传就将其翻译成 chive box，很明显这是一种直译、死译的典型例子，字面意思是“装韭菜的大箱子”，游客很难将其与美味的小吃联系到一起，很难产生对该食品的美好联想和垂涎之感，而且韭菜盒子的合家团圆寓意也无法得到充分体现。该译文仅从语言维度对源语进行符号层面的转换，而忽略了该小吃象征合家团圆的丰富文化内涵，缺少文化维度的关照，因此是失败的译文。

同样，翻译人员在进行翻译时，不仅要对用词进行反复斟酌，而且要考虑到中西方文化的差异，具备文化差异转换意识。例如，西安某景区的景点宣传语就将“药王”孙思邈翻译成 drug king。众所周知，孙思邈被誉为我国古代的“药王”，“药王”是对他的个人成就的一种嘉奖，是一种荣誉称号。而在西方文化中，drug 一词给人的第一印象是“毒品”之意，与 king 连用直观的理解就是“大毒枭”的意思，把一个原本以救死扶伤为己任、为祖国医学事业发展做出卓越贡献的“药王”误解为罪恶的“大毒枭”，显然是因语言的感情色彩产生截然不同的效果，由褒义变为贬义，不但使译文信息产生错误的传递，而且使游客产生误解甚至费解。这种前后语义和感情色彩的矛盾显然是由于不了解中西方文化禁忌造成的，因此类似情况在翻译过程中译者应尽可能避免。

二、中西方文化差异与旅游文体翻译

中西文化差异存在于人类文明的任何阶段。每个民族、国家的文化都不同于另一个民族、国家的文化。中西文化之间的差别是显而易见的，它是翻译中的障碍和难题。要在两种语言之间进行翻译，除了通晓两种语言文字外，还必须了解两种文化，深刻理解两种文化之间的差异。

历史文化指的是由特定的历史发展进程和社会遗产的沉淀所形成的文化。历史文化的一个重要内容体现为历史典故，历史典故是民族历史文化中的瑰宝，它具有浓厚的民族色彩和鲜明的文化个性，蕴含着丰富的历史文化信息，最能体现不同历史文化内涵。例如，浙江杭州恢复重建了万松书院，其主题讲的是梁山伯与祝英台的爱情故事，但这个旅游景点对外国游客却不好解释，因此，可以译成中国的罗密欧和朱丽叶读书的地方。

中华民族的美学思想浓缩了独特的社会历程和文化传统。中国的古典文学一贯强调神韵、格调、性灵、境界诸说，强调心境意绪的传达，喜欢借景抒情、遗形写神，主观色彩极浓，而西方民族在这方面则大相径庭——西方传统哲学强调分析型抽象理性思维，在主观与客观的物象关系上更多地强调的是摹仿和再现。宗教文化是人类文化的一个重要组成部分，它指的是由民族的宗教信仰、意识等所形成的文化，表现在不同民族在崇尚、禁忌等方面的文化差异。儒教、道教、佛教是中国的三大宗教，这三大宗教在中国民众之中有着深远的影响。在我国的传统文化中有道教的玉帝、佛教的阎王、神话中的龙王等，而这些概念在欧美文化中并不存在。西方人大多信仰基督教，认为世界是上帝创造的，世上的一切都是按上帝的旨意安排的。外国游客来到中国想来会参观佛教寺庙，或许，他们感到好奇的是为什么一些寺庙进门左右两侧总有两个怒目金刚，为什么几乎所有的寺庙都有脚踏莲花的观音，那尊笑口常开的弥勒佛又是何方神圣。这给我们如何翻译旅游资料提出了一个值得斟酌的问题。风俗习惯表现在一个民族的日常生活中。当中国游客游览黄山时，看到千奇百怪的松树马上就会联想到松树的高洁品质，进而联想到人的毅力，如持之以恒；而一个外国游客恐怕就很难有这种联想。因此，在进行旅游文本翻译时，译者应充分考虑这种文化差异引起的审美差异、思维差异等，为使外国游客获得相同的情感体验，就需要在翻译时加入某些特定词汇，帮助旅客理解其在中国文化中蕴含的特殊意义。

在翻译中，文化差异涉及得比较广，包括生活习惯、宗教信仰等，这些都在语言中有所体现。因此，翻译时要考虑到文化背景，适当加以注释和对语言进行调整。例如，万里长城是我们中国人的骄傲，也是广为人知的世界奇迹，但是对于不了解中国文化的外国游客来说，很可能会理解成“the long wall”，显然这种译文只考虑到语言维度上的适应性选择，而忽略了“长城”的历史内涵和军事作用，存在源语内涵的缺失，是一种失败的译文；而如果译成 The Great Wall，不仅能体现万里长城的浩瀚气势，还能凸显出长城作为中华民族智慧结晶之伟大以及长城用来防御外敌入侵的伟大军事作用和历史内涵。这就是文化差异所导致的旅游翻译的不同。

综上所述，旅游英语翻译有自己的规则和原则，同时又根据不同国家的不同文化背景和文化差异有着不同的要求和准则，我们在做旅游英语翻译的时候要注意这些差异，遵循一些原则和翻译标准，使中国文化以及外国文化在游客旅游过程中被良好掌握。

第三节 生态翻译学视域下旅游文体翻译的三维转换问题

经济全球化的不断发展使我国的对外开放程度日益加深，对外贸易往来和经济文化交流日益频繁，我国与其他各国尤其是“一带一路”沿线国家的经济贸易往来和社会文化交流日趋频繁。因此，越来越多的国际友人纷纷来到中国旅游观光。这种旅游不仅意味着单纯地进行参观，更多的是接受中华上下五千年灿烂历史文化的熏陶。这就使得旅游英语翻译变得格外重要，翻译程度的高低，译文质量的优劣，直接影响着游客的情感体验和对中国的印象。因此，从生态翻译学研究视角进行旅游英语翻译势在必行。

胡庚申说过，翻译学以语言信息转换为“己任”，以促进人类文化交流为“天职”，总体上属于人文科学；生态学是以人类及其所处生态环境的关系为研究对象，以构建整体、平衡、动态、和谐的环境为宗旨的学科，总体上属于自然科学。基于此，生态翻译学则可谓两者“联姻”的产物。生态翻译学是一门涉及面极广的交叉学科，是一种以生态学理论为依托的跨学科翻译理论，也是当今一种具有中国特色的翻译理论。

人类的翻译活动自身就是一个很大的生物圈，其产生和发展都受其周围环境的影响和制约。与此同时，翻译又有其自身的结构特点和演化规律，因而能在全球化这个大环境中得以生存和发展。在翻译生态系统中，各种生态因子，原作者、译者、读者、评论者、翻译市场以及翻译监督机制等，均构成相互联系、相互制约的有机生态系统并对译者的翻译行为产生影响。

例如，某度假村的旅游宣传语：“阳江温泉度假村坐落于国家优秀旅游城市阳江市境内，扼粤西要冲，地理位置十分优越，交通便利。325 国道、开阳高速、阳湛高速、沿海高速连接广东各地，广州至度假村仅 2 小时车程，深圳至度假村约 3 小时车程。”

其译文如下：“Yangjiang Hot Spring Resort is situated in Yangjiang, a famous tourism city in China, acting as communication centre to western

Guangdong with its advantageous geographical position and convenient transportation to add to its attraction. No. 325 national high way passes here right in front of the door to the resort, expressways Kaiyang, Yangzhan, and coastal expressway radiate from here to every quarter in Guangdong, 2 hours bus ride from Guangzhou and 3 hours from Shenzhen."。

译者考虑到源语的生态语境，将“扼粤西要冲”翻译为“acting as communication centre to western Guangdong”，并在翻译过程中充分考虑到汉语重“形合”而英语重“意合”的语言特点和表达习惯，采用多种形合手段，如同位语结构（a famous tourism city in China）、现在分词作状语结构（acting as communication centre to western Guangdong）、介词短语作状语结构（with its advantageous geographical position and convenient transportation）、不定式结构作后置定语（to add to its attraction），使译文结构严谨、表达流畅、句式丰富、逻辑性强，非常符合西方读者的阅读习惯和思维方式，易于西方游客理解文本的内容。

旅游翻译与法律翻译、科技翻译、新闻翻译、商贸翻译等相比有截然不同的区别，它的功能重在“诱导”和“呼唤”旅游消费者，但旅游翻译同样有一个美学标准和文化观念的问题，同样需要译者具备完备的理论知识和翻译技巧，考虑文本的生态环境和功能特征并斟酌相应的翻译策略，在翻译过程中兼顾形式与内容、语言与生态环境之间的关系，并需要有丰富的文学积累、较高的文化素养和语言功底，才能实现译者的译文在语言维度、文化维度以及交际维度的适应性选择与转换。

一、语言维度旅游文体翻译的适应性选择转换

由于旅游业商品自身及其服务具有无形性的特点，在用另一种语言文本来替换源语文本的过程中，译者首先应寻求双文本的基本对等。例如，一些景点名称可采用文字符号层面对等进行语言维度的翻译，直译法、音译加注释法等均可行。注释是指增加的部分是对字、词、句的字面意思的解释，如花港观鱼（Hua Gang Guan Yu）Viewing Fish at Flower Harbor，孤山（Gu Shan）Solitary Hill，紫来洞（Zilai Cave）Purple Source Cave；“西安古称长安”可译成“Xi'an was called Chang'an, or 'everlasting peace' in ancient times.”；天涯海角（海南岛著

名的旅游景点）可译为Tianya-Haijiao（the end of the earth and the edge of the sea）。以上译例的分析均基于文本的语言符号层面的对等，而严复的“信、达、雅”标准则是语言维度指导翻译活动的基本原则。这些译文均采用直译的方法或汉语拼音音译加注释的方法进行处理，尤其是注释的增补能够将旅游景点的文字意义进行解释，使外国游客不但了解景点的汉语表达，而且了解其英文意思，这种“中西合璧”的意译加注释法在旅游景点翻译中显得尤为必要，能够使“音”与“义”完美结合，给外国游客以更深刻的印象。

旅游英语翻译过程中，译者在语言维度由于缺少必要的语法知识和语篇关照，过度地扩充目的语某一规则的使用范围，常犯过度扩充语法功能的错误，这类错误最典型地表现在句子成分的残缺上。例如，可将“桂林地处华南亚热带，享有风光甲天下的美誉”译为“Guilin in subtropical South China with the reputation of having the country's most beautiful scenery.”。这一译例最大的规则错误是无述谓成分，句子结构存在杂糅、冗长、啰唆、不完整等问题。这些错误可能均受母族的语法体系的干扰，但主要是将介词、分词等非谓语动词成分的语法功能扩充成述谓所致，因此应改译为“Located in subtropical South China,Guilin enjoys the reputation of the country's most beautiful scenery.”。

二、文化维度旅游文体翻译的适应性选择转换

语言传递的信息包括三部分——语言因素、风格因素和文化因素，译文也要在这三个方面与原文对应。因此，译者应该以目标语的文化作为自己的立足点，以目标语读者为对象阐释源语，使读者在看译文时能得到和源语读者相同的感受。也就是说，译者不仅对原文作者负责，还要对译文读者负责。原文不是专门为外国人写的，而是为具有大致相同文化背景的本国人写的。原文读者一看便知的东西，译文读者可能完全不懂。所以，原文的信息量对于源语读者和目标语读者来说是不同的，对前者较多，对后者较少，甚至空缺。

在旅游景点的介绍中，文化信息量上的差别更大，这就需要译者多加以解释和增补，有时差别很大，译者必须重组原文。奈达等也曾在论著中探讨过信息度的问题。他们在书中提出，假如译者不向假想读者调整信息负荷量，接收者就有可能失去信息中一些关键因素，或者觉得译文太难懂而停止阅读，除非他们有很强的动机。所以，

译者必须调整译文的信息量。因此，在旅游文体翻译过程中，译者应根据源语与译文的需要，适当增添或删减信息量，若遇到源语中一些特定的文化现象如历史事件的背景、成语典故、传说习俗，则在翻译过程中有必要进行背景信息的增补；反之，如果在汉译英过程中，对旅游景点的介绍出现过多的华丽辞藻、修辞成分或是诗词隽句等，但这些成分对于文本核心句式或核心思想的表达起不到太大的作用时，便可酌情进行综述或删减，使得英语译文句子结构明晰、逻辑关系分明、表达效果更为突出。

旅游英语翻译过程中，为了加强外国旅游者对我国民族文化的理解，使中外游客更直观、准确地进行语言和文字的交流与沟通，灵活运用各种翻译技巧进行文字的转换与文化的传播十分必要。例如，在翻译中国古代的成语故事“叶公好龙”时，可采取直译加注和释义的方法，对其背景知识进行增补、解释以及扩充，避免损失成语的民族色彩、形象性和联想意义，可译为“Lord Ye's love of dragons (Lord Ye was so fond of dragons that he adorned his whole palace with drawing and carvings of them.But when a real dragon heard of his affection and paid him a visit,he was frightened out of his wits.)”。这样一来，目的语读者便对这一成语故事的来源及其寓意有了更直观的了解，对于西方游客来说，能够增强景点的神秘色彩，令其更加神往。

由于旅游文体主要以描写和介绍一些名胜古迹和名山大川等为目的，旅游资料中不乏一些地理名词，在地名翻译中，补译、音译与意译相结合等方法较为理想，可增加对原文字面意思的解释与扩充。例如，我国著名的历史故事“昭君出塞”可译为“Wang Zhaojun's Tragic Marriage Mission to the North of the Great Wall”或“Wang Zhaojun's Marriage to the King of the Xiongnu”，两种译法都采用了增补文化内涵的方法，如将“昭君出塞”的“塞”译为“the North of the Great Wall”，外国人很容易理解这一地域名词，通过增补体现出“昭君出塞”这一历史事件在我国历史上的重要影响和历史意义。

增补是为了易于读者的理解而添加的相关知识和背景资料，对有关中国历史文化内涵的内容，译者有必要通过增加字、词、句等成分，对原文做进一步的解释和扩展。在译文中，对一些地名、人名、朝代名、佛名等，根据字面意思略加注释，则让人易于理解，并加深印象、增添乐趣。例如，我国历史上第一个称帝的君主——秦始皇，可译为“Qin Shihuang,the first emperor in Chinese history who unified China in 221.”。通过对秦始皇的功勋进行增补，游客必然会加深对这一历史人物的印象。再如，历史典故“张骞出使西域”中的“西域”，如果按字面意思直译为the Western Regions，西方游客很容易误解为我国的西部地区，这种翻译显然扩大了历史名词的外延，译文的表述不够精准，而且有可能因为地理名词的敏感性及其误译导致不必要的国际纠纷，因此译者应本着实事求是的负责态度对这一地域名词进行增补译，译为“the Western Regions (a Han Dynasty term for the area west of Yumenguan Pass,including what is now Xinjiang Uygur Autonomous Region and parts of Central Asia.)”，这样，通过增补“汉代指玉门关以西地区，即今天新疆维吾尔自治区及中亚部分地区”等信息，使西方读者对“西域”有更深刻、更明确的理解，也使得旅游翻译更加严谨。

在译朝代名时，也有必要对该朝代的公元年份信息进行补充，以避免不谙中国朝代的外国旅游者望字兴叹。例如，“路左有一巨石，石上原有苏东坡手书‘云外流春’四个大字”，译为“To its left is a rock formerly engraved with four big Chinese characters Yun Wai Liu Chun (beyond clouds flows spring) handwritten by SU Dongpo (1037-1101),the most versatile poet of the Northern Song Dynasty (960-1127).”。译文增加了对苏东坡的说明“SU Dongpo (1037-1101),the most versatile poet of the Northern Song Dynasty (960-1127)”，较好地表达了原文想要传达的意图；对“云外流春”的解释有助于读者或游客对题词的理解——“云外流春”四个字具有较高的文物价值。

在旅游英语翻译中，既要准确传达原文中的信息，又要表现出原文的文化渊源与文化色彩，有时也要采取结构分析、文化迁移、信息重组等方法对译文加以梳理。例如，在介绍长江三峡的导游册中有“形如关云长的青龙偃月刀”这样一句。在中国古典名著《三国演义》中，青龙偃月刀为关羽所使用的兵器，书中描述青龙偃月刀重八十二斤，又名冷艳锯，关羽用其斩杀了不少武将，所以后世也称青龙偃月刀为关刀。这一点想来国人都有所了解。不过，考虑到外国人或许根本不明白何谓“青龙偃月刀”，译者在翻译时可以用他们熟悉的事物作比拟，采用意译加注释的方法译作“Green Dragon Crescent Moon Blade,which is shaped like the knife on Westerner’s dinner table”，经过这种改译处理后，外国人便会一目了然，感觉亲切，容易产生心理上的共鸣。

三、交际维度旅游文体翻译的适应性选择转换

翻译的“功能理论”是指专注于文本与翻译的一种或多种功能的研究（诺德，2001）。功能翻译理论学派，除翻译的“目的论”这一主导学派以外，还包括一批认同功能翻译理论以及受德国“目的论”启发的学者，包括英国学者彼得·纽马克、美国学者尤金·A.奈达和德国功能翻译学派先导人物凯瑟林娜·赖斯。其中，赖斯于1971年出版的《翻译批评的可能性与限制》一书中提出功能派理论思想雏形。赖斯认为翻译应有具体的翻译要求（translation brief），有时因特殊需要，要求译文与原文具有不同功能；译者应该优先考虑译文的功能特征而非对等原则。赖斯将“语言功能工具论模式”（“organon modeli”of language functions）移植于翻译，提出了三大功能文本类型（text type），即“信息型”“表达型”和“诱导/祈使型”。

“目的论”（skopos theory）是德国功能派学者弗米尔和诺德等提出来的，它形成了功能翻译理论的主流；“目的论”这一术语本身的意义就是指“目的语文本的目的”（the term Skopo usually refers to the purpose of the target text）。翻译目的论认为，翻译是一种交际行为，翻译行为所要达到的目的决定整个翻译行为的过程，即“目的决定手段”。在这一原则下，原文文本在翻译中只是起到“提供信息”（offer of information）的作用，为适应新的交际环境和译文读者的需求，更加有效地实现译文的功能，译者在整个翻译过程中的参照系不应是对等理论所注重的原文，而应是译文在译语文化环境中所期待达到的一种或几种交际功能。对于呼唤型文本，由于其文本的核心是读者层，因而文本作者的身份并不重要，重要的是信息的传递效果和读者的情感呼应，即读者效应，以唤起（calling upon）他们去行动（to act），去思考（to think），去感受（to feel），“按文本预想的方式做出反应”（react in the way intended by the text）；译者必须顺从译文读者的欣赏习惯和心理感受，尽量使用他们所熟悉的语言表达形式，去获取译文预期的效果。在翻译过程中，译者可对原文采用“阐释”（explanation）而不是“复制”（reproduction）的方法。具体说来，译者有权对文本做“逻辑上的改进”（to correct or improve the logic），有权用讲究的（elegance）结构去替换笨拙的（clumsy）句法结构，

可重组译文的语言结构，使译文地道流畅，明白易懂，加强译文的可读性（纽马克，1998）。

弗米尔提出的翻译目的论将翻译研究从原文中心论的束缚中摆脱了出来。他认为翻译是一种有目的性的活动，提出在翻译的过程中要从目标读者的角度出发，根据译文的预期目的，达到要表达的效果。另外两个原则分别为连贯原则和忠实原则，从属于目的原则，要求翻译忠于原文，具备可读性，语义连贯，易于读者阅读理解。同时旅游英语翻译还要表达准确，通俗易懂，具有吸引力，有利于不同层面的外国游客的理解和接受。

在描述对等时，奈达提出了形式与动态对等，要求源语与译语不仅在词汇表达层面保持对等，还应在文化层面以及认知层面保持基本的对等。一个成功的译本必须抓住原文的意义而不是词语。也就是说，原文的符号、内涵、外延、所指等译出后，能使译文读者得到与原文读者大致相等的感受。在翻译过程中，译者力求做到吃透原文含义，紧扣原文，在不损害译语习惯的前提下，进行功能对等的转换，争取达到形似神似，希望读者一看译文就能领略原文意蕴。译者应起到桥梁作用，一方面要对得起原作者，如实介绍，另一方面心中要有读者，既不能缺斤短两，糊弄读者，也不能篡改原意，胡乱翻译。翻译的本质是传达意义，即用目标语把源语的内容准确、完整地体现出来。

旅游文体属“呼唤型”文本，包括旅游景点介绍、旅游宣传广告、旅游告示标牌、民俗风情画册、古迹楹联解说等各方面的内容，其中尤以景点介绍翻译最具旅游文体特色，也是旅游翻译中的重点和难点。旅游文体的翻译，不但要传达源语信息，而且要注意它自身的特殊性。旅游资料的功能是通过对景点的介绍、宣传，扩展人们的知识，激发人们旅游、参观的兴趣。因此，旅游文体翻译的最终目的就是通过传递信息来吸引旅游者。翻译这类资料，译者要考虑到译语的可读性及读者的接受效果，因而译者的自由度相对较大。

中国人在描写事物或景物时擅于引经据典，喜欢引用名家名言或诗词隽句加以印证，中国读者读了会加深印象，并从中获得美的熏陶和艺术享受，然而对于外国人来说，反而画蛇添足。因此，在旅游文本翻译过程中，将一些华丽辞藻和冗余信息进行删减，滤掉中文资料中对译文理解没有帮助的信息，会使译文干净利落、明白晓畅，结构明晰，重点突出。例如，下面一段有关青岛的描写：“‘烟水苍茫月色迷，渔舟晚泊栈桥西。

乘凉每至黄昏后，人依栏杆水拍堤。’这是古人赞美青岛海滨的诗句。青岛是一座风光秀丽的海滨城市，夏无酷暑，冬无严寒。西起胶州湾入海处的团岛，东至崂山风景区的下清宫，绵延800多千米的海滨组成了一幅绚烂多彩的长轴画卷。”其译文为：“Qingdao is a beautiful coastal city. It is not hot in summer and not cold in winter. The 800 km long scenic line begins from Tuan Island at the west end to Xiaqing Gong of Mount Lao at the east end.”。

考虑到旅游文体的交际功能和信息传递功能，译者把源语中晦涩难懂的古诗词进行删减，并确保不影响译文读者对原文的理解，而译文中的第一句却正是对前面古诗简洁的概括，因此经处理后的译文句式严谨、语言凝练，能够突出原作者的表达意图和旅游文本的交际功能，易于被西方游客所接受。

第四节　生态翻译学视域下旅游文体翻译的基本策略

旅游文本的翻译目的在于充分展现大自然的美景、吸引游客观光、促进旅游事业发展并传播中华文化，这要求译者具备极强的汉语文化素养和英语翻译能力，如果译者缺乏跨文化交际意识，在翻译过程中未能适应翻译生态环境，用词不当或文化错位，则会造成一些语言信息、文化信息以及源语交际意图的错误传递，导致旅游文本翻译出现问题，无法实现旅游文本应有的交际功能。这就需要译者遵循功能对等的原则，在旅游文体翻译过程中，对于一些文化缺失和文化空位现象，采用增译法进行有效的信息补偿。在翻译实践中，译者可根据实际需要，运用适当的手法，如释义法、增补法、类比法、删减法、再造法，对译文进行适度调整，以确保译文通顺达意，更好地发挥旅游文本的交际功能。以下是几种常用的使用增补法进行旅游信息补偿和完善旅游文本交际功能的翻译途径。

一、语法性增译法

汉语是重意合的语言，而英语是重形合的语言，在旅游资料翻译中，有必要通过增词的方法将英语屈折形式所包含的语法意义表达出来，如“A stream was winding its ways through the valley into the river.”，由于英语中没有量词，汉译时就得根据汉语的表达习惯增加合适的量词，译为：“一弯溪水蜿蜒流过山谷，汇到江里去了。”再如“The sky is clear blue now the sun has flung diamonds down on meadow and bank and wood.”，译为：“此时已是万里蓝天，太阳把颗颗光彩夺目的钻石撒向草原，撒向河岸，撒向树林。”此句充分考虑到译语擅用动词的表达习惯，增加合适的动词、形容词或者副词，如“万里”“颗颗”“光彩夺目”，并使用重复的手段连续三个“撒向”，使译文节奏明快、气势恢宏、语义明确又充满诗情画意。

二、目标性增译法

针对不同的目标读者，有必要增添相应的文化信息，使原文的文化信息与译文的文化信息对等，最终使原文的读者反应与译文的读者反应对等。例如，有关故宫的景点介绍：“故宫耗时14年，整个工程于1420年结束。”译文一为“The construction of the Forbidden City took 14 years,and was finished in 1420,72 years before Christopher Columbus discovered the New World.”；译文二为“The construction of the Forbidden City took 14 years,and was finished in 1420,years before Shakespeare was born.”。以上两例中，译文一考虑到目标读者的生态文化环境，针对北美市场的游客群体，在翻译时采用增补法进行翻译，用“72 years before Christopher Columbus discovered the New World”对1420年进行信息补偿，使北美游客读来亲切自然，并对此年代有感性认识，在心理上获得认同感；而译文二是针对欧洲市场群体而译的，因此增补了欧洲人熟悉的“years before Shakespeare was born”这一年代背景，使欧洲游客获得感性认识。因此，根据旅游资料针对的不同目标对象，译者在翻译过程中应适当增添相应的文化信息，使外国游客将他们陌生的中国历史与所熟悉的本国历史联系起来，以使其对旅游景点产生深刻的印象。

三、注释性增译法

双语翻译会因为不同国家的文化差异而造成翻译难题，对原文中一些带有源语文化色彩和历史背景的重要信息，需要进行适当阐释来加以说明。例如前文所提的通过对“云外流春”这一题字的释义进行增补，使西方游客明白了其字面意思“beyond clouds flows spring”，增强了对中国文化的进一步了解，否则如果仅采用音译法，必然会使西方游客一头雾水，不了解苏东坡手书的真正意境。

四、修辞性增译法

译者为了使译文更加流畅、通顺、优美、自如，需要对句子结构的构建以及措辞进行再三斟酌。例如，在“*Though filled with an astonishing array of geologic wonders*;geysers,hot springs,fumaroles,canyons,waterfalls,Yellowstone.”中，斜体部分如翻译为“充满了大批令人惊异的地理奇观”，则过于生硬，没有表达出原文的内涵，从“filled with an astonishing array”可以看出“geologic wonders”非同一般，而是达到了令人惊叹的程度，结合上下文的语义及语境，需要添加新词才能准确、充分地表达原意，因此全句可改为：“黄石公园内奇观比比皆是（充满了大批令人惊异的地理奇观），间歇泉、温泉、喷气孔四处可见，更有高峡深谷、飞瀑流泉，令人叹为观止。”这样更符合汉语的审美趣味和表达习惯，使黄石公园成为中国游客神往之地。

五、类比或转译法

为使旅游信息在西方游客中产生相同的反响或共鸣，译者往往采用“由此及彼”的方法拉近读者与中国文化的距离，使他们产生亲近感，激发他们的旅游兴致。因此，旅游文本翻译中还常常使用类比法或转译法等，译者可以把中文资料中有关的内容转化为外国游客所熟悉的同类或同时期的内容。例如，将民间传说中的梁山伯与祝英台转换为西方人熟知的罗密欧与朱丽叶；亦可把外国资料中的内容转译为中国游客所熟悉的东西。又如，美国亚洲旅行社的旅游资料中把威尼斯比作中国的苏州；郑州在其交通位置上可以比作美国的芝加哥，这样可以简洁而较为准确地介绍人物或景点，既节省笔墨，又使读者在自己的文化基础上理解异国文化，加深对旅游景点的印象。再如，“鱼米之乡”可译为land of milk and honey（出自《圣经》）；“苏堤”可译为lover’s lane，因为现在杭州西湖的苏堤在晚上已成为恋人幽会的地方。采取这样的类比手法，能使外国人将他们陌生的中国历史、人物、地点等与他们熟悉的历史、人物、地点等联系起来，给他们留下深刻的印象。

第五节 生态翻译学视域下辽宁省旅游文体翻译鉴析

本节以辽宁主要景点旅游文本翻译为例，从生态翻译学角度分析译文翻译特点。

一、沈阳故宫博物院

沈阳故宫博物院位于辽宁省沈阳市沈河区沈阳路171号，原本是清代的开创者建造的皇家宫殿，其占地面积为6.7万平方米，是我国仅存的两大宫殿建筑群之一。Located at 171 Shenyang Road, Shenhe District, Shenyang city, Liaoning Province, the Shenyang Palace Museum was originally a royal palace built by the pioneers of the Qing Dynasty. Covering an area of 67,000 square meters, it is one of the two remaining palace complexes in China. 在宫廷遗址上建立的沈阳故宫博物院是著名的古代宫廷艺术博物馆，藏品中包含十分丰富的宫廷艺术品。如努尔哈赤用过的剑、皇太极用过的腰刀和鹿角。明、清两代一些大师的艺术品和工艺品也有许多。The Shenyang Palace Museum, built on the site of the palace, is a famous museum of ancient palace art, with a rich collection of palace art. Such as the sword used by Nurhachi, the waist knife and antlers used by Huangtaiji. There are also many works of art and crafts by some masters of the Ming and Qing dynasties.

这段翻译中清楚交代故宫背景地点。从生态翻译学角度，如果外国游客不了解中国历史，在第二段介绍努尔哈赤用过的剑和皇太极用过的腰刀时可以采用注释性增译法，对努尔哈赤和皇太极进行一句话概括介绍，帮助外国游客了解艺术品来历和故宫艺术品的珍贵程度。

对沈阳故宫中主要景观介绍如下:

大政殿是皇宫内最庄严最神圣的地方，它是用来举行大典，如颁布诏书、宣布军队出征、迎接将士凯旋和皇帝即位的地方。十王亭位于大政殿左右两侧。沈阳故宫大政殿和十王亭所构成的建筑组合，不仅体现了当时满族的政治特色，在建筑布局和风格上还具有浓厚的民族特色。Dazheng Palace is the most solemn and sacred place in the imperial palace. It is the place where great ceremonies are held, such as the promulgation of imperial edicts, the announcement of the army's march, the reception of the victory of the soldiers and the accession of the emperor. Shiwang Pavilion is located on the left and right sides of Dazheng Palace. The architectural combination of Dazheng Palace and Shiwang Pavilion in Shenyang Imperial Palace not only reflects the political characteristics of the Manchu at that time, but also has strong national characteristics in architectural layout and style. 这里是文武百官候朝之所，此外亦是领赏、谢恩、校射等场所。大清门虽然只是出入宫殿的通道，但作为皇宫的门面装饰也力求华丽美观。Daqing Gate is a place for civil and military officials to wait for the court. In addition, it is also a place for receiving rewards, thanking, school shooting and so on. Although the gate is only a way in and out of the palace, but as the front decoration of the palace also strive to be gorgeous and beautiful.

这部分翻译忠于文本，译出沈阳故宫的特色，而且选择易于外国游客理解的语言，实现了语言维度、文化维度和交际维度三维转换。

二、大连金石滩风景名胜区

在金石滩，恐龙、乌龟、骆驼等的古老岩层是其中的亮点之一。这个地区既有自然风景也有人造风景，人们可以选择参观蜡像展览、博物馆和花园，或者只是躺在海边享受大自然。Ancient rock formations resembling dinosaur, turtle, camel etc are one of the highlights. Both nature and man-made scenic spots are available in this area. One can choose to visit the wax statues exhibition, museum as well as flower garden, or just lay by the seaside and enjoy the nature. 金石缘公园又名“金石园”，是金石滩国家旅游度假区著名的自然奇石地质景观之一。金石园中独特的海石景观是由风化海石积聚而成，奇石林立，千奇百怪，如龟似象，被人们称为“海蚀动物园”，在一片海滩之中别有洞天。金石园形成于距今6亿年前的震旦纪，与金石滩闻名于世的龟裂石属于同一时期。由于地质运动和海陆的变迁，长期的海进海退和潮起潮落，使得岩石差异风化而形成了如今的面貌。金石园不仅再现了几亿年前大自然气势磅礴的景观，也为地质考察深入了解古地理环境、地质地貌形成的年代、地质变化、地壳运动等提供了科学依据。Jinshiyuan Park, also known as"Golden Stone Park", is one of the famous natural stone geological landscapes in Golden Pebble Beach National Resort. The unique sea stone landscape in the Golden Stone Park is formed by the accumulation of weathered sea stone, such as tortoises like elephants, known as the"sea zoo". Jinshiyuan was formed in the Sinian Period 600 million years ago, which is the same period as the famous fissure stone in Jinshitan. Due to the geological movement and the changes of the land and sea, the long-term sea into the sea and the ebb and flow of the tide, making the rock difference weathering and formed today's appearance. The Golden Stone Park not only reproduces the magnificent landscape of nature hundreds of millions of years ago, but also provides a scientific basis for geological investigation to deeply understand the paleogeographic environment, the age of geological landform formation, geological changes and crustal movements. 在大自然鬼斧神工的雕琢之下，经过 5 亿—10 亿年震旦纪、寒武纪的地层变换，滨海国家地质公园形成了长达 30 多千米的典型的海岸线上的海蚀地貌，是中国唯一的海岸带喀斯特地貌国家地质公园。园区岸壁的奇石景观形态各异、惟妙惟肖，有的如恐龙吞吐潮汐，有的像刺猬海中觅食，有的更如神鹰破海而出……正是因为这些难以计数的奇石景观，人们称其为“凝固的动物世界”和“神力雕塑的公园”。It is the only national geological park of coastal karst landform in China, which has formed a typical sea erosion landform of more than 30 kilometers along the coastline after the stratigraphic transformation of Sinian and Cambrian for 500 to 1 billion years. Stone landscape of different shapes, some such as dinosaurs swallow the tide, some like hedgehogs feeding in the sea, some more like the divine eagle broke out of the sea...It is because of these innumerable strange stone landscape that people call it"frozen animal world" and "park of divine sculpture".

金石滩旅游风景区主要是自然景观，从这段翻译可以看出，译者多采用修辞性增译法，对景区独特的地貌进行惟妙惟肖的描写，在帮助外国游客了解景物的同时，增强了景物的可欣赏性。

三、大连老虎滩海洋公园

大连老虎滩海洋公园主要有珊瑚馆、极地馆、海兽馆和鸟语林等景点。对珊瑚馆、极地馆、海兽馆的介绍和翻译如下。

（一）珊瑚馆

截至2014年，亚洲最大展示珊瑚礁生物群为主的海洋生物馆——珊瑚馆，展示珊瑚礁生物群200余种、3000多个。海底实验室区域有漩涡鱼、电子相册、潜望镜、电子显微镜、真空水槽、水下音乐会等游客参与性项目。在表演场中，还有水中芭蕾、美人鱼秀、水下梦幻婚礼等表演。As of 2014,The Coral Museum,the largest marine life museum in Asia,which mainly displays coral reef biota,exhibits more than 200 species of coral reef biota and more than 3,000 species.In the laboratory area,there are whirlpool fish,electronic album,periscope,electron microscope,vacuum tank,underwater concert and other visitor participation projects.There are also performances such as underwater ballet,mermaid show and underwater dream wedding.

（二）极地馆

极地馆坐落于大连风景秀丽的老虎滩景区内，主体三层，局部四层。该馆建成后主要分五大部分。第一部分是极地动物展示，主要展示南极、北极的海洋动物。第二部分是科普教育区，游客可以观赏到鲸章搏斗的精彩场面、无水的海底世界，还有可以供游人亲自操作的电脑平台。在这里你可以查询到有关极地、海洋、动物的各类科普知识。第三部分是神秘的海底世界，这里有360度的水中通道和水中观景大厅。第四部分是海洋动物表演场，是大型海洋哺乳类动物的表演剧场。第五部分是为游客配套的服务功能区。The Polar Museum is located in the beautiful Laohutan scenic area of Dalian,with three floors and four floors in the main part.

After completion, the museum will be divided into five major parts. The first part is about polar animals. It mainly shows the sea animals of the Antarctic and Arctic. The second part is the popular science education area. Visitors will be able to watch the spectacle of a whale fight, a waterless underwater world, and a computer platform that allows visitors to operate it themselves. Here you can inquire about the polar, marine, animal science of all kinds of knowledge. The third part is the mysterious underwater world. There are 360-degree water passageways and water viewing halls. The fourth part is the sea animal show, which is big marine mammal show theater. The fifth part is the supporting service function area for tourists.

（三）海兽馆

海兽馆分地下一层、地上二层，整个池内的24小时循环水均是由专业的水处理系统净化处理的，透明度高，人们可以从水下、水上和高空不同角度来观赏海洋动物的生息百态。海兽馆现展养着海狗、海豹、南美海狮、加州海狮、非洲海狮等海洋动物。The Sea Animal Hall has one floor underground and two floors above ground. The 24-hour circulating water in the whole pool is purified and treated by a professional water treatment system, with high transparency. People can watch the living and breathing of marine animals from different angles underwater, above water and high in the air. The Sea Animal Hall now has sea seals, seals, South American sea lions, California sea lions, African sea lions and other marine animals.

对于场馆的介绍，译者考虑到了交际转换维度，去掉了原文复杂的语法结构，重组译文的语言结构，使译文地道流畅、明白易懂，加强译文的可读性。

四、千山

千山位于辽宁省鞍山市，素有“东方明珠”之称，是国家重点风景区。其为长白山支脉，山峰总数为999座，其数近千，故名“千山”。千山由近千座状似莲花的奇峰组成，自然风光十分秀丽，像一幅无穷无尽的天然画卷，展示在辽东大

地 上。Qianshan is located in Anshan City,Liaoning Province.It is known as the"Oriental Pearl"and is a national key scenic spot.It is the branch of Changbai Mountain,with a total of 999 peaks,and its number is nearly 1,000,so it is called"Qianshan".Qianshan is composed of nearly a thousand strange peaks like lotus flowers.he natural scenery is very beautiful,like an endless natural picture,displayed on the land of Eastern Liaoning.

千山的主要景观有观音峰、千山大佛、天上天景区、百鸟园景区等。

观音峰又名仙人台，以丁令威成仙化鹤归来的传说而得名，是最适宜观看日出的最高峰。海拔708.5米，为千山风景区最高峰。登山远望，诸峰千姿百态，无限风光尽收眼底。Also known as immortal platform,Guanyin Peak is named after the legend of Ding Lingwei's return as an immortal crane.Guanyin peak is the highest peak most suitable for watching the sunrise.With an altitude of 708.5 meters,it is the highest peak in Qianshan scenic spot.Climbing the mountain and looking far away,the peaks are in various shapes and have a panoramic view of the infinite scenery. 在众多的奇峰中，最为奇特的是千山大佛。它位于千山风景区北部，是自然造化的全国特大石佛之一。依山而坐，貌似弥勒，形象逼真，神态可掬，栩栩如生，端坐于千朵莲花山之中，为千山增添了神秘的色彩。Among the many strange peaks,the most peculiar one is the Qianshan Giant Buddha.Located in the north of Qianshan scenic spot,it is one of the natural giant stone Buddha in China.Sitting close to the mountain,it looks like Maitreya.It is vivid,charming and lifelike.Sitting in the thousand lotus mountains,it adds a mysterious color to the Qianshan. 天上天景区位于千山风景名胜区北部，为千山第二高岭，以峰奇、石奇、松奇而著称。Located in the north of Qianshan scenic spot,Tianshangtian scenic spot is the second kaolin in Qianshan.It is famous for its strange peaks,rocks and pines. 百鸟园景区四面环山、百鸟齐鸣，园内尽展群鸟风姿。它是千山风景名胜的一枝独秀，也是亚洲第一大的鸟语世界，为你感受人与自然、人与鸟类的种种情感，提供了一处自然、休闲、观赏和游览的圣地。Surrounded by mountains and hundreds of birds singing together,the garden shows the style of birds.

Bainiaoyuan scenic spot is a unique branch of Qianshan scenic spot and the largest bird language world in Asia. It provides you with a holy land for nature, leisure, viewing and sightseeing.

对于千山景区的介绍，译者从文化维度进行转换。例如对仙人台的介绍，将故事内容丰富出来，如果只是说丁令威成仙化鹤，外国游客不了解其中的文化内涵，不了解鹤在中国文化中的意义。所以作者译成“Guanyin Peak is named after the legend of Ding Lingwei's return as an immortal crane.”，利用增译法加入 immortal，既丰富了文化内涵也使外国游客更了解其中的含义。

五、本溪水洞

本溪水洞位于辽宁省本溪市太子河畔，是至今发现的世界第一长地下充水溶洞。水洞景区是数百万年前形成的大型石灰岩充水溶洞，洞内深邃宽阔，现开发地下暗河长 3000 米。水流终年不竭，清澈见底，洞顶和岩壁钟乳石发育较好，千姿百态，泛舟游览，使人流连忘返。Located on the Bank of Taizi River in Benxi City, Liaoning Province, it is the world's longest underground water filled karst cave found so far. Benxi Water Cave scenic spot is a large limestone water filled karst cave formed millions of years ago. The cave is deep and wide. Now the underground river is 3,000 meters long. The water flow is inexhaustible all year round, clear to the bottom. The stalactites on the cave top and rock wall are well developed and in various forms. Boating tour makes people linger and forget to return.

本溪水洞的主要景观有水洞、旱洞、硅化木王国、本溪地质博物馆等。

通往水洞的码头，千余平方米的水面，宛如一幽静别致的“港湾”。灯光所及，水中游船、洞中石景倒映其中，使人如入仙境。The wharf leading to the Water Cave, with a water surface of more than 1,000 square meters, is like a quiet and unique“harbor”. Within the reach of the lights, the cruise ship in the water and the stone scene in the cave are reflected, making people feel like entering a fairyland. 旱洞长 300 米，洞穴高低错落，洞中有洞，曲折迷离。 Dry cave is 300 meters long. The caves are scattered in height.

There are holes in the caves, which are tortuous and blurred. 硅化木王国可以说是世界上绝无仅有的，以1.4亿年的硅化木为主题的旅游景区。王国中所展现的500余棵硅化木展品，可以说是世界上迄今为止收藏最多、体积最大、年代最久、具有研究价值的人类财富。Silicified Wood Kingdom can be said to be the only scenic spot in the world with the theme of 140 million years of silicified wood. The more than 500 silicified wood exhibits displayed in the kingdom can be said to be the human wealth with the largest collection, the largest volume, the longest age and research value in the world. 本溪地质博物馆馆内地质藏品数量大，精品多，科学内涵丰富并且具有浓郁的地方特色和极高的观赏价值及科普价值，成为本溪又一张靓丽的城市名片。The Benxi Geological Museum has a large number of geological collections, many high-quality products, rich scientific connotation, strong local characteristics, high ornamental value and popular science value, which has become another beautiful city card of Benxi.

在对本溪水洞景区进行介绍的英文译本中，译者采用修辞性增译法，对水洞的自然风光增加修辞性描写，使外国游客更加深刻地了解水洞难得的自然风貌。

六、鸭绿江风景名胜区

鸭绿江风景名胜区地理位置优越，气候冬暖夏凉，以其山清水秀、一览中朝两国自然风光而独具特色。鸭绿江因为水的颜色而得名，那碧绿的江水，犹如雄鸭脖颈的莹绿，先人们便称其为鸭绿江，沿袭至今。The Yalu River Scenic Area is strategically located, with a warm climate in winter and cool in summer, and is unique with its beautiful mountains and clear waters and the natural scenery of China and Democratic People's Republic of Korea. The Yalu River is named because of the color of the water, and the turquoise water is like the green of the neck of the male duck, which was called the Yalu River by the ancestors and has been passed down to this day. 鸭绿江断桥为鸭绿江上诸多桥中的第一桥，于1909年5月动工，1911年10月竣工，长944.2米，宽11米，十二孔。桥身漆为浅蓝色，意在不忘殖民统治和侵略战争，祈盼和维护世界和

平。The Yalu River Broken Bridge is the first of many bridges on the Yalu River,which began construction in May 1909 and was completed in October 1911,with a length of 944.2 meters,a width of 11 meters and twelve holes. The bridge is painted light blue,which is intended not to forget colonial rule and wars of aggression,and to pray for and maintain world peace.

在对鸭绿江风景名胜区的介绍中，译者从文化维和交际维度，加入对断桥历史的简单介绍，帮助外国游客了解断桥的历史意义。

七、锦州笔架山风景区

笔架山风景区在辽宁省锦州市天桥镇，以笔架山岛和“天桥”为主要景点，分为岛上游览、海上观光、岸边娱乐、沙滩海浴和度假休养五个区域。笔架山是道教名山胜地，传说是盘古开天的地方。山岛环境优美，文物古迹众多，秀美的风物之间蕴含着许多美丽动人的神话传说，每年吸引中外大批游客，是闻名遐迩的旅游胜地。Bijia Mountain scenic spot is located in Tianqiao Town,Jinzhou City, Liaoning Province.Taking Bijia Mountain Island and Tianqiao as the main scenic spots,it is divided into five areas:island sightseeing,sea sightseeing,shore entertainment,beach bathing and vacation.Bijia Mountain is a famous Taoist mountain resort.It is said that it is the place where Pangu opened the sky.The mountain island has a beautiful environment and many cultural relics.The beautiful scenery contains many beautiful myths and legends.It attracts a large number of Chinese and foreign tourists every year.It is a famous tourist resort.“天桥”传说是天上仙女所造，每当涨潮时就被海水淹没，落潮时露出水面。每天潮涨潮落两次，“天桥”露出水面两次，这一现象属世界奇观，天下一绝。It is said that Tianqiao was made by fairies in the sky.When the tide rises,the Tianqiao is submerged by the sea,and when the tide falls,the Tianqiao is exposed to the water.The tide rises and falls twice a day,and the overpass comes out of the water twice. This phenomenon is a world wonder and unique in the world. 三清阁是岛上最具特色的建筑之一，阁内供奉佛、道、儒石雕像50尊，个个形象逼真，栩栩如生，

最顶层供奉开天辟地之神——盘古，更是全国绝无仅有。秀美的风物之间蕴含着许多美丽动人的神话传说，每年吸引中外大批游客，是闻名遐迩的旅游胜地。Sanqing Pavilion is one of the most distinctive buildings on the island.Fifty statues of Buddha，Taoism,Confucianism and stone are enshrined in the pavilion,all of which are lifelike and lifelike.The top floor is dedicated to Pangu,the God of creation,which is unique in the country.The beautiful scenery contains many beautiful myths and legends,which attracts a large number of Chinese and foreign tourists every year.It is a famous tourist destination.

从以上译本可以看出，人翻译的三维转换至关重要。人类的翻译活动自身就是一个很大的生物圈，其产生和发展都受其周围环境的影响和制约。与此同时，翻译又有其自身的结构特点和演化规律，因而能在全球化这个大环境中得以生存和发展。在翻译生态系统中，各种生态因子，原作者、译者、读者、评论者、翻译市场以及翻译监督机制等，均构成相互联系、相互制约的有机生态系统并对译者的翻译行为产生影响。

中国已经接近成为世界第一大旅游目的地国家的目标，这切不可忽视旅游宣传的作用。旅游英语翻译要顾及译文读者的文化心理和审美情趣，注重语言文化上的差异，译者应根据实际情况或采取适当的翻译策略对原文做适当调整，以弥补文化差异造成的文化缺失，唤起外国游客心中的美感和对景点的向往。旅游文本翻译得当有助于外国游客领略华夏千古文明的醇厚魅力，否则便会破坏游客的兴致，影响我国旅游事业的发展和我国的国际形象。因此，在进行旅游文体翻译时，译者应从翻译生态学的系统论和整体观视角出发，从语言维度、文化维度以及交际维度三元层面去考察翻译活动，将旅游英语翻译与生态翻译学的研究维度有机整合。旅游英语翻译的水平对我国优秀的民族历史文化的传播产生重要影响。提高旅游英语翻译质量能使我国更好地融入国际化语境，更好地促进中华文明和向世界的传播，从而促进我国旅游业更快更好地发展。

第七章

商务文体的生态翻译

华夏几千年的文化思想中也不乏经典生态思想，以“天人合中庸之道”“以人为本”“整体综合”为特征的中国传统生态思想包含着丰富的哲理。中国的传统生态思想偏重和谐，认为和谐是“天和”“人和”“心和”的总和，是主客关系的协调圆满。生态思想具有整体性、多层性、动态性、互动性、处境性和圆融性特点，这些思想给商务英语翻译理论、实践和教学带来了新的启示。

第一节　商务英语语言的定性剖析

商务英语是在商务活动中所使用的英语，是商务交流最重要的语言之一，对商务英语的深入研究具有很重要的现实意义。商务英语具有几大特点：专业性强、句式规范、句式复杂、语篇规整、用语精准和完整、语言礼貌、格式化等。商务英语翻译必须忠实原文和内容统一，对词语、句子、篇章、语用等几方面的处理则是商务英语翻译过程中的基本分析要素。

一、商务英语语言的内涵

商务英语（business english），顾名思义，是指在跨文化商务交际过程中所使用的英语。商务英语是服务于商务活动的一种具有专门用途的英语体系。随着世界各国经济的快速发展，以及越来越明显的经济全球化趋势，商务英语已逐渐成为跨文化商务活动中重要的交际工具以及人与人之间沟通的桥梁。其服务对象的特殊性决定了商务英语在用词、句法以及文体等方面与传统的英语有许多不同之处。

在我国，商务英语主要应用于国际贸易，因此也被称为“外贸英语”（foreign trade english）。商务英语在大学教育中指的是商务英语专业中的商务英语学科知识体系，主要用来传递知识与信息，能够突出反映国际商务学科领域的特征和发展情况，具有明显的学科性。

从字面意义上理解商务英语，可以发现其包含着“英语”和“商务”两部分。但是，商务英语的含义绝不是这两部分的简单相加，而是这两部分的互相融合、互相渗透，缺一不可。

二、商务英语语言的特征

（一）商务英语的词汇特点

商务英语的主要特点在于其专业化和较强的针对性。它注重的是商务沟通中口语与书面语表达的准确、简练、规范[①]。这就对商务英语的翻译提出了更高的要求。商务活动的性质决定了语言的使用特点：第一，使用单一词汇。商务英语常选用词义相对单一的词，而不采用那些词义丰富灵活的词，这样做的目的是使行文更加准确、庄重和严谨。第二，使用缩略语。缩略语是商务英语词汇的重要组成部分，它是人们在长期的商务实践活动中约定俗成、逐渐演变而成的。商务英语中的缩略语主要有三种形式：首字母缩略词、谐音缩略词、截短略词。第三，使用专业术语。商务英语是专门用途英语中的一种，在商务活动和跨文化交际过程中涉及国际贸易、金融、营销、保险、法律、物流等多个学科领域，具有很强的综合性和应用性。因此，商务英语中会出现大量的专业性很强的术语和词汇，这些术语体现了鲜明的行业特征。第四，使用古词语。在商务英语中古词语经常出现，为的是体现其庄重严肃的文体风格。商务英语中使用的一些古词语多为复合副词。第五，使用正式词汇。商务文书通常具有严谨性、规范性和约束性等特点，正式的词汇、规范的句型和复杂的长难句确保了商务英语文本的准确性和严谨性，并增强了文本的可信度。因此，商务英语文本通常使用较正式的规范词汇，避免过分口语化以及较随意的俗语和俚语表达方式。第六，使用新词。由于语言是随着社会的发展而不断变化的，社会政治、经济、文化等方面的发展变化也会通过词汇反映出来，商务英语也不例外。商务交流过程中使用的新词充分体现了商务文本与时俱进的时代性。第七，使用成对同义词。商务英语中经常会使用成对的同义词或近义词，以确保行文的准确性，避免产生歧义。

---

①安岩，赵会军. 商务英语语用翻译简论 [M]. 北京：中国社会科学出版社，2016：14.

（二）商务英语的句法特点

商务英语的句法特点如表 7-1 所示。

表 7-1 商务英语的句法特点

商务英语的句法特点	具体阐释
使用套语	在商务活动中，不同的商务语形成了固定的套语。固定的套语语言严谨、紧凑，表达规范，高度程式化，具有较强的模仿性，是国际商务英语句式的鲜明特征之一
使用复杂句	商务英语中的句子有的很长，句式结构比较复杂，句中常常用插入语、从句等限定、说明成分，形成冗长而复杂的句式结构，往往一个句子就是一个段落
使用被动句	商务英语的一大语言特点是被动语态，被动句表述客观、正式，具有表达委婉、言语礼貌的功能。使用被动句既可以减少主观色彩，还可以避免句子头重脚轻，同时能减轻交际对象的反感，体现礼貌得体的原则
使用带 shall 的句子	在商务英语中，经常使用带有 shall 的句子，目的是增强语气。尤其是在一些合同类的材料中，shall 不仅表示将来时，还表示业务双方的职责和义务，通常带有“应当”“必须”等强制意味
使用定语从句	商务英语中经常使用定语从句，以准确地指出在何种情况下，何时、何地、以何种方式来接受业务和完成商务业务

（三）商务英语的修辞特点

商务英语的修辞特点如表 7-2 所示。

表 7-2 商务英语的修辞特点

商务英语的修辞特点	具体阐释
商务英语中的比喻	商务英语中的比喻大多为隐喻，它不仅是对语言的修饰，还能折射出交往者看问题的角度或认知方式，甚至能映射出商务活动的发展方向和宏观态势
商务英语中的借代	商务英语中常用一个具体形象的词来指代一种概念或一种属性，通过人的联想，将具体词的词义引申出来，从而使表达更加生动、轻松
商务英语中的拟人	拟人就是用描写人的词语来描写事物，以使物具有人的言行、思想和情感。在商务英语中，运用拟人的修辞手法，可使所述内容更加生动亲切，增强语言的感染力

（续表）

商务英语中的委婉语	在商务活动中，经常会出现对方所提要求不合理、不能接受的情况。如果采用直接的方式表示拒绝，就很容易伤对方的面子，也使双方没有回旋的余地，甚至会导致商务交际的失败。使用委婉语修辞既可以达到否定的目的，又可以顾全对方的面子和心理
商务英语中的反复	反复是通过对某个词语或短语的重复来强调本体、表达情感的一种修辞手法，商务英语中适当地使用反复能够强调所表达的内容，引起话语接受者的注意
商务英语中的夸张	商务英语中经常使用夸张的修辞手法，因为适当使用夸张手法有助于增强语言的感染力，从而引发读者联想，加深读者印象

（四）商务英语的文体特点

1. 格式规范、统一

商务英语是国际上处理各类商务事宜时使用频率最高的语言之一，来自不同国家、不同地区的人都以英语为媒介来协商与处理相关事务，从而实现各自的预期目的。这就要求商务英语采取统一、规范的格式，尤其是在一些具有重要意义的法律文件中。只有采用了统一、规范的文本，才能使交易双方的权利、义务用文字明确下来，确保来自不同国度、使用不同语言的贸易双方的权益不受侵害，为双方顺利开展贸易合作打下坚实的基础。

2. 理清晰、固定

商务交际具有复杂性与高效性的特点，这就要求商务英语的表述方式必须做到主次分明、条理清晰。具体来说，商务英语应使用相对固定的表达形式，极力避免逻辑混乱、态度暧昧或者观点不清等问题，必要时还可附上范例、说明、图示等，这样才能使交际伙伴在最短的时间内把握核心内容，并做出回应。下面以商务说明书为例来进行分析。

商务说明书常常通过对产品的性能、原材料、功能等方面的介绍来达到宣传产品、吸引消费者的目的。为此，商务说明书往往是在对顾客心理进行了深入分析的基础上，按照顾客的思维逻辑来组织语言的，其目的在于吸引顾客的注意力，促使顾客驻足购买。概括来说，商务说明书通常遵循“标题—正文—落款”的表述条理。

（1）标题。标题既可以直接使用“产品简介”“操作说明”等，也可以直接以商品名称为标题。为凸显商品特色，还可在商品名称之后增加标题。此外，标题还可向消费者表明商品的注册商标、生产厂家等信息。

（2）正文。作为说明书的核心部分，正文通常包括以下几个方面的内容，如表7-3所示。

表7-3 商务说明书正文内容

序号	内容
1	商品概况（名称、发展史、产地、制作方法、规格等）
2	商品的性能、规格、用途
3	安装和使用方法
4	保养和维修方法
5	附件、备件及其他需要说明的内容

由于类别与功能的不同，正文的内容可对以上几项有所取舍。

（3）落款。在落款部分，通常需要注明生产厂家和（或）经销单位的名称、地址以及联系方式等，以便于消费者进行咨询。

3. 措辞婉转

为了创造和谐、友好的交际环境，营造良好的交际氛围，商务英语通常使用一些礼貌、委婉的表达方式，这对交际双方避免尴尬与冲突、妥善处理矛盾与纠纷具有重要的作用。概括地说，商务英语的委婉、礼貌通常表现为以下几种方式。

（1）使用过去时。使用一般过去时来表达现在的愿望、请求、建议等，既可以创造出一种时间距离，又可以表达商量的语气，从而给对方留有足够的余地，促进交际的顺利进行。

（2）使用进行时。由于进行时常表示暂时进行的动作，因此商务英语常通过进行时的使用来表达观点，这就意味着请求不是深思熟虑的结果，而更像是一时的想法，从而使双方都保全了面子。此外，使用进行时还可以礼貌地使对方也参与到对话中来。例如：

We were discussing the terms of payment and the shipment.

我们昨天讨论了付款方式和装船事宜。

本例使用了进行时，这就使听话人感觉交流尚未结束，自己可以随时加入，营造了良好的谈话氛围。

（3）使用虚拟语气。国际商务活动常涉及交易价格、保险、装运、索赔等与利益相关的敏感内容，双方在交际过程中常常会提出自己的意见，当不能得到满意答复时，甚至会提出请求乃至命令。为将交际中“威胁对方”的负面影响降至最低，商务英语常使用虚拟语气。

（4）弱化肯定语气。一些具有弱化功能的表达方式，如 I think、I hope、I regret，可使建议更加容易被接受，从而有利于商务交际目的的实现。

（5）委婉否定。当交际一方不能接受对方的请求、建议时，如果直接使用否定句“I can not accept at all”或“I don't agree”，既会损害对方的面子，也不利于取得满意的沟通效果。此时，应使用一些固定的委婉拒绝表达法。例如：

We presume that there must be some reason for your having trouble with this article.

我们认为你们对此项条款内容的实施一定有什么困难之处。

该例没有直接使用否定句，而是从对方角度出发来进行分析，比直来直去的拒绝更为礼貌和可接受。

4. 语言简练清晰

随着社会的发展与科技的进步，人们的生活节奏在逐渐加快，越来越多的人更加重视商务活动的交际效率。具体来说，商务活动的参与者越来越希望在更短的时间内处理更多的问题，实现更大的交际效益。因此，在交际过程中，商务英语的表达必须简练明了，避免模棱两可、拖泥带水、烦冗重复。试比较下面句子：

（1）We will write to you at an early date.

（2）We will write to you soon.

这两句话的意思都是“我们会马上给您回复”，句子（1）存在用词冗余的问题，而句子（2）在保持原意的同时使用了简洁的方式，从而使语句内容更加清晰，行文更加流畅。

（五）商务英语翻译策略

商务英语翻译的技巧有很多，归纳起来主要有以下几个方面，如表 7-4 所示。

表 7-4　商务英语翻译策略

商务英语翻译策略	具体阐释
直译	直译法多用于翻译商务英语中的专业词汇、简单句或者带有修辞的语句。很多国际机构为了得到最原始的资料，特别要求译文采用直译法
顺译	英汉语言在表达顺序上存在的共同点使一些英译汉或汉译英基本不用调整语序。顺译法多用于翻译句式较简洁的英汉语句或用来反映、介绍客观情况的语句。商务英语翻译中有些句子虽然看起来很长，但句子所表述的内容基本上是按照动作发生的时间先后顺序或内在逻辑关系来安排的
意译	意译法就是按照原文大意进行翻译的方法。在翻译商务英语文本的过程中，如果采用直译法无法将原文的意义传达出来，即可采用意译法。意译法可以尽可能忠实地再现原文的内涵与风格
转译	商务英语中的转译主要涉及词类的转译，最常见的是名词、动词、形容词、介词的转译，如动词在商务英语翻译中主要转译为名词；有时商务英语中的介词可以转译成动词、形容词转译为名词或动词、名词转译为动词、形容词或副词等
逆译	英汉语言在思维模式与表达方式方面存在不同，因此从句子成分的角度来说，翻译时要重新调整语序，译文的表达顺序通常不同于原文
反译	反译法是指在保持原文内容不变的情况下将原文的肯定形式译成否定形式或者把否定形式译成肯定形式，从而使译文的表述尽量符合译入语读者的思维习惯。商务英语中的反译主要有两种情况，即用变换语气的方法将原文的肯定式译成否定式，或使用变换语气的方法将原文的否定式译为肯定式
省译	有时候，原文中有些词在译文中不必译出来，因为译文中虽无其词但有其意，或者其意在译文中是不言而喻的。商务英语翻译中有时会用到省译技巧。需要注意的是，省译并不意味着要将原文的思想内容略去，而是在不改变原文意思的前提下将句中某些成分省略不译
增译	所谓增译法是指在译文中增补一些表示介绍、说明或范畴性的表达方式，以便更准确、恰当地表达原文的意义。商务英语中时常用到增译技巧
不译	在商务英语翻译过程中，不译的情况主要有两个原因：（1）一些词的意义并不能从字面上表现出来，其含义已经融入具体的语言环境，翻译时，这些词语可以不译；（2）一些词汇或者专业术语的知名度很高，不翻译也不会影响读者理解，这些词语也可以不译

第二节　商务英语翻译理论

一、商务英语翻译的派别

在对翻译进行研究的过程中，不同的学者由于观点不同形成了不同的派别。对这些翻译派别的了解对于商务英语的翻译将有着重要的借鉴作用①。

（一）商务英语翻译的语文学派

英语翻译的语文学派（the philological school）是西方最早出现的翻译学派。这个学派认为翻译是一门艺术，因此将翻译作为原作者使用译入语进行的再创造，其研究方法主要是运用语文。语文学派认为译文应该和原文一样能将美的享受带给读者，翻译过程中应该注意译文的神韵，不应该死译、强译，应保持译文的美学效应。语文学派在发展过程中比较著名的代表人物有德莱顿、泰特勒和塞弗瑞等。

17 世纪，著名的翻译理论家德莱顿主张翻译应该以原文和原作者为着眼点，尊重原作的思想，最大限度地使用译入语对原文进行表现。同时德莱顿对翻译的另一大贡献在于其提出了翻译的三大类别：直译、意译和拟译。这种分类方法打破了当时二分法的束缚，对于西方翻译理论史的发展有着重要的推动作用。

西方语文学派的另一代表人物是泰特勒，在其著作《论翻译的原则》中，他指出："对译者来说，在忠实和谨慎以外，也没有其他要求。但既然不得不承认语言的特性不同，于是一般人都普遍认为，译者的职责只是洞悉原文的意义和精髓，透彻了解原文作者的思想，以及用他认为最适当的文字传达出来。"由此，泰特勒提出了西方翻译中重要的三原则。

塞弗瑞对西方语文学派的贡献则在于其提出了著名的六对翻译原则。

综上所述，西方语文学派在研究过程中关注的重点是译文的忠实性。他们认为原文对译文有一定的主导作用，因此翻译时应该时刻以原文为标准，最大限度地追求原文和译文的契合性。但是需要指出的是，语文学派过分重视原文对译文的指导作用，

---

①李波阳．商务英语汉英翻译教程 [M]. 北京：中国商务出版社，2005：46.

在很大程度上限制了对译文创造性的发挥。

（二）商务英语翻译的解构学派

解构主义学派于20世纪60年代后期出现在法国。这种翻译理论是对传统翻译理论的质疑，其通过哲学问题，从怀疑的态度去审视存在的翻译理论与标准。

沃尔特·本雅明、雅克·德里达、米歇尔·福柯等人是解构学派的代表人物。这些学者将解构主义的思维带入了翻译研究的过程中，并采用怀疑与批评的态度对翻译理论的问题进行研究。因此可以说，解构主义的出现为翻译研究带来了崭新的视角与研究方向。

解构学派的代表人物沃尔特·本雅明提出，翻译中译文和原文没有忠实可言。他指出，译文并不是去再现原文的含义，而应该是对原文的补充与延伸。雅克·德里达认为，翻译的过程是不断对原文进行播撒和延伸的过程，译文虽然可以接近原文，但是却不能等同于原文。这主要是因为意义的不确定性，因此译文的中心是无法被完全体现出来的，译文只是对原文的重新理解与创造，因此对原文并没有忠实可言。译者在翻译过程中应该对原文的观点进行解构，从而使译文具有延续和创新性。

解构主义的观点是对传统翻译观点的颠覆，这种逆向的思维模式为翻译研究带来了新的方向。但需要注意的是，解构并不是翻译的目的，它只是翻译的手段，因此不能完全取代传统的翻译理论。解构学派的观点能够对传统翻译观点进行改进，目的是更好地指导翻译工作，因此对其的理解不能舍本求末。商务英语翻译也是翻译的重要组成部分，因此，这些翻译流派的观点对于指导商务英语翻译有着重要的作用。

（三）商务英语翻译的语言学派

英语翻译的语言学派产生于20世纪中叶。著名语言学家雅各布逊在1959年发表的《论翻译的语言学问题》中，从语言学的角度对语言和翻译的关系、翻译的重要作用、翻译中存在的问题进行了论述，从而为语言学派的翻译研究做出了开创性的贡献。尤金·奈达也是语言学派的重要代表人物，他提出了“翻译的科学”这一重要概念。他在语言学研究的基础上，将信息论应用到翻译研究过程中，并提出了著名的“动态对等”和“功能对等”翻译原则。纽马克在前人研究的基础上，提出了交际翻译与语义翻译的方法，这对翻译研究也有着重要的影响。

从对语言学派翻译家们的不同观点的介绍中可以看出，这个时期学者们关注的核心问题是语言转换过程中的变化规律，也就是“对等”问题。

但是由于过分追求对等，翻译在一定程度上也成了语言学研究的附庸，无法真正体现出其科学价值。因此，很多学者在研究过程中开始从翻译的目的着手，对翻译进行探究。

从整体上来说，翻译学中的语言学派主要从对等、功能、认知的角度进行翻译研究，通过使用语言学中的重要理论，如功能理论、认知理论、转换生成理论，对翻译的系统性和规范性起到一定的指导作用。语言学派的翻译研究涉及语言的不同层面，同时也关注到了翻译中的功能与认知等因素，因此增加了翻译研究的系统性，是西方翻译理论发展的重要阶段。

（四）商务英语翻译的阐释学派

由于个人思维方式的差异、语言使用习惯的不同以及认识世界角度的不同，在翻译实践过程中，不同译者对于语言的理解层面也存在着一定的差异。在这种情况下，作为研究意义的一门学科——阐释学应运而生。

阐释学在研究过程中主要的着眼点是语义，也就是要探索理解与解释之间的本质和联系。在理解与解释的过程中，文本和解释者是不可或缺的两大要素，因此在研究过程中，最根本的任务是探究文本和解释者的本质特征。

英国的神学家汉弗雷提出了“翻译即解释”的命题，这种观点在一定程度上受到了阐释学观点的影响。在翻译学的研究过程中出现了很多著名的阐释学家，如海德格尔，他的观点引起了很多学者的关注。阐释学派在翻译研究过程中十分重视阐释学和接受美学。其主要原因有以下两个方面：翻译研究的成果能够为阐释学和接受美学提供充分且有力的例证；阐释学与接受美学可以为翻译研究提供丰富的理论依据。

综上所述，阐释学派对翻译的贡献主要体现在以下几个方面。

（1）翻译阐释学派认为译者在翻译过程中是信息的接收者，是处于主体性的地位。

（2）在翻译过程中应该重视读者的感受，应该以读者的反映为参照物。

（3）对翻译的本质进行了探究。

（4）通过阐释学和接受美学的相关原理，对翻译实践中的具体问题进行了分析。

（5）传统的翻译学理论认为要忠实于原作，而阐释学派的翻译对此进行了质疑，因此在一定程度上触动了传统翻译观点。

（五）商务英语翻译的目的学派

英语翻译的目的学派主要强调翻译行为的目的性，认为翻译目的决定了翻译过程和翻译策略的使用。这种观点在一定程度上能够提高译者的主动性。

自20世纪70年代以来，翻译目的学派是德国最具影响力的翻译学派，同时对于世界翻译理论的发展也有着重要的贡献，其代表人物有凯瑟林娜·赖斯、汉斯·弗米尔、贾斯塔·赫兹·曼塔利和克里斯蒂娜·诺德。

翻译目的指的是译文的交际目的，也就是说译者在翻译过程中应该首先考虑译文的功能特征。翻译目的学派主张翻译应该具有行为性和文本加工性。这种行为性主要体现在对不同语言转换而进行的复杂的设计与构思；翻译的文本加工性主张不应该将原文作为翻译的唯一标准，原文的作用是为译者提供翻译所需要的各类信息。译者在翻译中的任务不再是进行严格对等的语言之间的转换，而是从原文中提炼符合翻译目的的信息进行翻译。

英语翻译的目的学派重视译文在译入语中的接受程度和交际功能，强调译者在翻译过程中应首先考虑译文的功能特征，而不是对等原则，在一定程度上解放了以原文为硬性标准的翻译传统，为翻译拓展了视野，有利于翻译理论与翻译变体的发展，同时也提高了译者的主动性与积极性。但是目的学派过分强调读者的主体性，否定了作者的主体性，因此其观点带有一定的主观性，难免有些极端，我们应该客观地认识它，不能主观臆断。

（六）商务英语翻译的文化学派

英语翻译中的文化学派主要以1972年霍姆斯发表的《翻泽研究的名与实》为起源。在这个时期，很多学者主要从文化层面对翻译进行探索。在探索过程中，文化学派的翻译研究力图打破文学翻译中的陈规，试图在综合理论的指导下进行文学翻译研究。

霍姆斯对翻译中的文化学派的发展做出了突出的贡献。他首次将翻译视作一门学科进行研究，并且对翻译学科的内容进行了详尽的阐述。他认为翻译学应该分为纯翻译学和应用翻译学。纯翻译学主要包括描述性翻译研究和翻译理论研究，应用翻译学主要包括译者培训、翻译辅助手段、翻译批评。这一框架为翻译研究奠定了坚实的基础。

至20世纪80年代末90年代初，西方的翻译研究开始转向文化层面，并积极运用文化理论对翻译进行新的阐释，其主要理论有解构主义翻译理论、女性翻译理论、后殖民主义理论。英语翻译中文化学派的出现是文化发展的必然结果，其对于促进翻译研究的活力与应用性发挥着重要的作用。

二、商务英语翻译的标准

因为商务英语翻译是一种科学性翻译，所以在翻译的过程中需要注意翻译原则和翻译标准，只有这样才能提高译文的准确性和适宜性。商务英语翻译是翻译的重要分支，译者有必要熟知和掌握这些翻译理论，从而扩大自己的视野，提高自己的翻译能力。

中西方学者对翻译重点和方向的把握不同，因此形成了不同的翻译理论和观点。这一情况对译者的思维模式提出了要求，要求译者要同时具备中英两种语言的思维模式，能在具体的翻译过程中进行思维模式的转换。

由于思维模式影响着语言的使用，译者需要在理解的基础上对原文进行创造，从而使译文更加符合译入语的语言使用规范。商务活动带有很强的实用性和灵活性，这对译者的素质就有了很高的要求。对这些理论的介绍能够使译者在具体的商务英语翻译实践过程中注重检测自己译文的质量，提高译文的准确性。

需要强调的是，翻译是一门实践性学科，理论的介绍只能够指导译者的实践工作。翻译技能的提高还需要译者进行大量的训练，商务英语翻译尤其如此。

关于翻译的标准，国内外的学术界都没有统一的界定。商务英语翻译是翻译的重要分支，因此，其标准的界定也应该在总体翻译标准的范畴内。下面对中外学者的翻译标准研究进行总结，以此指导具体的商务英语翻译工作。

（一）中国商务英语翻译标准研究

我国的文字翻译源远流长，从2500多年前就已经开始了。在漫长的翻译研究过程中，我国很多学者对翻译的标准都有着自己独到的见解。了解和掌握这些翻译标准，无论是对从事商务翻译的工作者还是对读者而言都有着重要的指导意义。

中国商务英语翻译标准的研究历程如表7-5所示。

表 7-5 中国商务英语翻译标准的研究历程

翻译家	简介	主要思想和主张
严复	清末著名的资产阶级启蒙思想家、教育家和翻译家	严复通过汲取古代佛经翻译理论的精微，结合自己的实践经验，提出了著名的翻译标准——信、达、雅。在商务英语翻译实践过程中，“信”要求译文要忠实，“达”要求译文要顺畅，“雅”要求译文要符合具体的商务环境和语言使用环境。商务活动讲求效率，严复的三标准可以严格要求译者的翻译活动，因此有着重要的影响
梁启超	我国近代著名的思想家和文学家	梁启超主张翻译书籍务必要让读者深刻了解原文含义，如果原文含义有误，只保留原文部分含义或增减原文内容、颠倒原文顺序等都是会造成混乱的。另外，译者的学识、专业必须和原作者接近，这样才能翻译出质量上乘的作品 梁启超启示译者要多关注商务领域的知识。译者的翻译并不是单纯地对两种语言进行转换，还需要译者有一定的商务知识，这样译者才能正确理解商务活动双方的交际意图和交际话语。当译者的商务水平大致和交际双方接近时，才能有效保证译文的正确性和得体性
鲁迅	我国近代著名的思想家、革命家、文学家和评论家	鲁迅的翻译思想主要有：（1）翻译要“有味”“有益”；（2）信为主，顺为辅；（3）直译为主，意译为辅 鲁迅的翻译理论在商务英语翻译实践中的作用十分重大。商务英语是一种交际性很强的翻译活动，因此交际双方的话语中可能隐含着自身的语言含义，译者需要用“直译为主，意译为铺”的标准来衡量自己的译文，从而做到译文的准确、有效
郭沫若	我国现代著名诗人、文学家、戏剧家和翻译家	郭沫若的翻译理论注重对译者素质的要求，他认为主体性、责任心是译者必须具备的，同时译者主观感情的投入对翻译工作也十分重要。这个思想就要求商务英语翻译的译者要具备相当的商务活动知识，从而保证翻译的有效进行。同时在翻译活动进行之前，译者有必要了解交际双方的文化背景和工作背景，从而在翻译实践中更加游刃有余
林语堂	中国当代著名学者、文学家和语言学家	林语堂的翻译思想主要有：（1）把翻译视为艺术；（2）忠实、通顺、美。林语堂认为，在具体的商务英语翻译实践过程中，译者需要注意文字之美，把握语言的神韵。译者是商务交际中的重要媒介，肩负着沟通不同文化的作用。译者对美的标准的掌握能够提高翻译的文化性和传播性
傅雷	我国现代著名文学翻译家、文艺评论家	傅雷认为，翻译要做到“传神达意”必须做到三点：（1）中文写作；（2）反复修改；（3）重视译文的附属部分。傅雷的这个观点对商务英语翻译有着重要的借鉴作用。在将商务英语翻译为中文时，译者需要根据中文的语言使用形式对译文进行反复推敲，从而使译文更加符合中文的表达习惯。同时，商务英语文本中还存在很多专业术语，对这些术语注解的翻译也能促进翻译活动的有效进行

随着全球化的发展，中国与世界的商贸联系更加密切，对商务文本的翻译也越来越多。由于商务文本涉及各方的经济利益，对商务文本翻译的要求很高，翻译界对商务翻译标准的讨论也更加深入。

自 20 世纪 80 年代开始，西方译论被大量引入中国。以此为契机，我国传统的翻译标准被重新审视，引进了西方的诸如“等值”“等效”“对等”的翻译新概念。但这些标准或原则均是基于语言文化习惯非常接近的西方语言文字之间的翻译而提出的，若将它们直接用作语言文化差异较大的汉语同英语之间的翻译标准显然不合适。非文学翻译所涉及的范围、专业较广，商务英语翻译作为非文学翻译中的一种，有其自身的文体风格和翻译特点。因此，笔者结合商务英语的特点和语用功能，参考哈贝马斯交往行为理论，提出了商务英语的翻译标准：忠实（faithfulness）、准确（exactness）、统一（consistency）、得体（appropriateness）。

（二）西方商务英语翻译标准研究

西方对翻译的研究有着很长的历史，下面对其进行总结（见表 7-6），以期为商务英语翻译带来一定的启示。

表 7-6　西方商务英语翻译标准的研究历程

学者	主要思想和主张
皮亚杰	皮亚杰是早期结构主义的代表人物，其翻译标准为：（1）翻译结构应具有自我调节的功能；（2）翻译结构应该具有动态性；（3）翻译结构应该带有整体性，这主要指的是构成这一结构的各要素相互依存
泰特勒	泰特勒认为：（1）译文应完整地再现原作的思想内容；（2）译文的风格、笔调应与原作的性质相同；（3）译文应与原文一样流畅自然
多雷	法国翻译家多雷认为：（1）译者必须完全理解所译作品的内容；（2）译者必须通晓所翻译语言和译文语言；（3）译者必须避免逐词对译；（4）译者必须采用通俗的语言形式；（5）译者必须通过选词和调整词序使译文产生色调适当的效果
费道罗夫	苏联的翻译理论家费道罗夫提出了“确切翻译原则”，他认为：（1）翻译的目的是使译入语读者能够了解原文的内容与思想；（2）翻译就是用一种语言把另一种语言在内容与形式不可分割的统一中已经表达出来的东西准确而完全地表达出来

（续表）

哈贝马斯	德国著名思想家和哲学家哈贝马斯提出的交往行为理论为人们从事翻译研究提供了新的视角。哈贝马斯认为：（1）在语言的认识式运用中，陈述内容的真实性就居于显著地位；（2）在语言的相互作用式运用中，人际关系的正确性（或适宜性）就居于显著地位；（3）在语言的表达式运用中，则是言说者的真诚性居于显著地位
纽马克	纽马克提出了“文本中心论”的观点。他认为翻译的对象应该是文本，根据语言的功能，文本可以分为表达型、信息型和呼唤型三大类。把纽马克翻译方法分为语义翻译和交际翻译两种，前者强调忠实于原作“原作者”；后者强调忠实于译作“读者”。不同的评价标准，不同的“等效”要求

第三节　商务英语翻译生态建构

根据梯度分析法（gradient analysis）和区域分析法（zone analysis）的概念，可以将商务英语翻译生态划分为宏观生态、中观生态、微观生态三个层次。本书将重点放在微观生态和宏观生态。微观翻译生态环境指影响单个商务英语翻译作品的相关因素（如译者、文本），而宏观商务英语翻译生态环境则是指对于某一历史时期，对整个国家或者社会的翻译倾向（翻译选择）、翻译发展等起重要影响作用的相关因素（如国家制定的翻译政策），如图7-1所示。

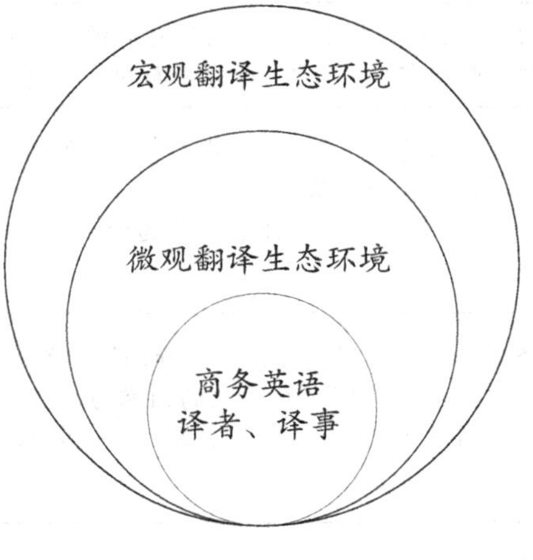

图7-1　商务英语翻译生态层次

钱春花在研究中更加细致地将翻译生态系统要素分为宏观环境因素、核心环境要素、支持环境因素三大类，其中核心环境要素包括作者因素、译者因素和读者因素，如图 7 -2 所示。在图 7 -2 中，实线箭头表示系统要素影响关系，虚线箭头表示尚待验证的影响关系。该系统图对商务英语翻译领域也有一定的适用性。第一，宏观环境系统。在商务英语翻译中，译者的翻译行为受到政治、经济、文化和自然环境等宏观环境因素的影响。例如，译者的翻译行为会受到母语文化中宗教、文化习俗和思维方式的影响。第二，支持环境系统。商务英语翻译支持环境是商务英语翻译活动所处的业务环境，包括翻译资源、行业环境、翻译研究、翻译技术、译者的权力因素等。例如，译者在进行特定领域的商务合同翻译时，需要参考相关的专业术语、背景文献、合同翻译的平行文本，这些资源的丰富程度（即从资源到译者的信息通畅程度）会很大程度上影响翻译的效率和效果。第三，核心要素系统。翻译都有一定的目的性，商务英语翻译中的目的性尤为突出。译者要考虑到赞助者和出版商的意见，所以在翻译行为中或多或少会受到这些因素的影响。从作者因素看，作者的价值观、表达方式和文本语言都会影响最后的译文。原文或多或少地渗透了作者的知识背景、时代背景、个人价值观念、个人特质，而译者是否能够完全领会作者的理念、语言和文本，在于译者与原作者的契合度和特质的相似度。译者因素包括译者理念、翻译动机、译者情感、专业能力、语言能力和创造能力。读者因素指的是读者在阅读译文的时候有自己的思维习惯、价值取向和审美观念。读者阅读译文的过程是读者与译者视域融合的过程，读者的理解并不会与原作者的意图完全一致，读者理解译文的过程是一种在读者视域中再创作的过程。因此读者因素也是商务英语翻译生态中重要的因素。

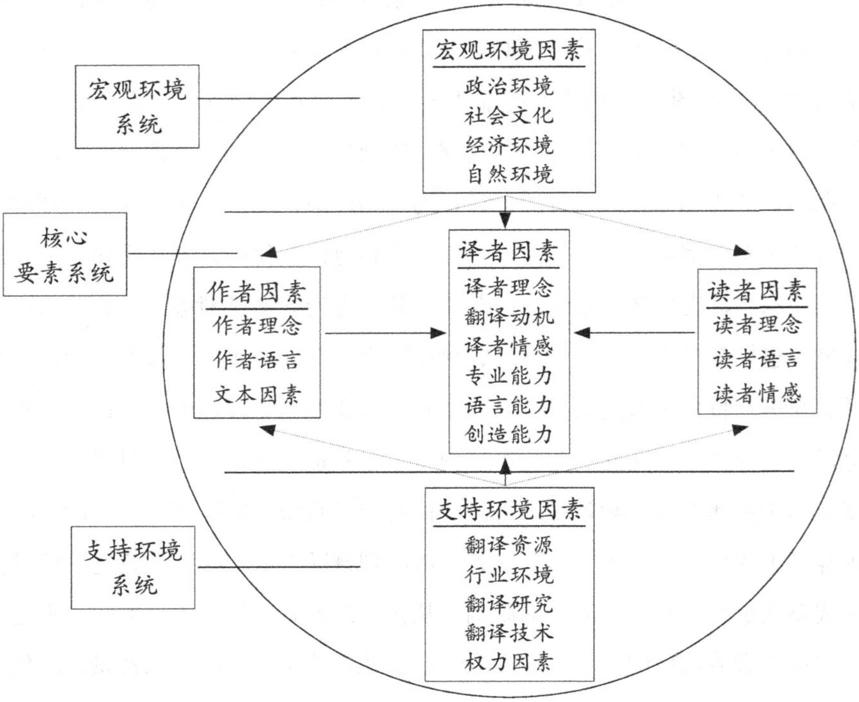

图 7-2 翻译生态系统要素结构体质

从图 7-2 中可知译者因素处于翻译生态的中心，生态翻译理论认为“译者为中心”，翻译不是简单的语言间转换，在这个复杂过程中译者具有主观能动性。因此，生态学视域下的翻译研究非常有必要研究译者。译者个体内部也存在一定的系统性，精神追求、情感需要、经济利益取向、个人兴趣甚至性格特点等都在翻译过程中有所体现，译者的翻译实践经验也会对翻译质量产生一定的影响。哈德冈底斯·斯朵茨从译者的发展角度分析了译者在进行翻译时所处的系统环境。他将翻译生态中译者的环境分为情感动机（emotion motivation）、知识发展（intellectual enrichment）、翻译装备（material outfit）、认知过程（cognitive process）。情感动机部分主要是指译者接受或拒绝相关翻译业务的动机，如对客户的态度、经济。翻译装备是一种广义的说法，包含译者翻译中的设备、与翻译从业相关的经验以及相关的背景知识。知识发展将翻译业务作为终生学习的部分。认知过程是指译者实际凭借自身翻译能力对翻译文本进行理解，并对译文进行转换的过程。哈德冈底斯·斯朵茨的系统图对商务英语翻译中译者的自主发展有一定的借鉴意义，译者可以发挥自身能动性，综合分析图中翻译生态的各种因素对自身发展的影响。

翻译生态的构建为商务英语翻译理论和实践提供了新的依据。以上三种建构模式分别是按照层次、详细因素和译者环境的角度来进行详细划分的。这三个框架为整体而全面地研究商务英语翻译实践起到了指导和构架作用。商务英语翻译实践是一种以人为中心的实践，涉及委托人、作者、译者、读者等，环境因素最终是通过人的因素起作用的。商务英语翻译和生态学研究中心是“译者”，应从生态学的视角、译者的出发点考虑如何在商务英语翻译实践中以联系、动态、处境、层次、圆融的思维方式根据翻译生态做出适应性的选择和选择性的适应。单个译者的翻译经验常常处于一种螺旋式上升发展的轨迹，“事后追惩”作为翻译生态中的一种规律，对译者来说也是在同一翻译任务中进行新的调整或在下一个翻译任务中进行“事前预防”的依据。所以，译者以集体行为或者个体行为对翻译活动进行的控制和管理是译者发挥主动性，根据翻译生态做出适应，使译者、译文在翻译生态中达到整体、和谐的一种有意识的活动。

第四节　商务英语生态翻译应用

随着越来越多的国内外翻译界人士开始关注生态翻译学，其中一些人开始对生态翻译学的应用进行研究。其中包括对不同翻译领域的生态环境研究，如广告翻译、商标翻译。本节将主要探讨生态翻译学对商务英语翻译领域的实践研究，提出教学实践研究的重点以及翻译教学的合理规划，从而为学校培养出满足社会需要的技能型复合人才提供一些借鉴。

一、广告翻译

随着经济全球化的发展、国际经贸交流的日益频繁，我国的优质商品逐渐进入国际市场，而国外的流行商品也被引入中国，广告宣传的国际化趋势越来越明显。商务广告的翻译在国内外的商品推广中起着至关重要的作用，成功的商务广告翻译会给企业带来巨大的经济效益。研究生态翻译理论在商务广告中的运用可以为今后的商务广告翻译提供参考。

（一）广告的内涵

在经济高速发展的今天，广告不但渗透在人类经济生活的方方面面，而且在很大程度上支配着人们的消费观念和消费方式，同时也影响着人的自然观、社会观、生活观、价值观。“广告”一词起源于拉丁语 adverture，意为“大喊大叫以吸引或诱导人们注意”，在 1300—1475 年的中古英语时期演变成为英语的 advertise，意为“引起人们注意，告知某人某事”。在汉语中，“广告”字面的含义为“广而告之”，这与英语广告的本意极为接近。可见，中外早期对广告的定义均包含了引起公众注意的意思。随着广告产业的发展，广告的传播方式也在不断发展，各种形式的广告主要通过听觉、视觉手段向大众进行传播，旨在扩大某种产品、服务或者思想的影响力，宣传相关信息，让更多的消费者和大众接受这种产品、服务或者思想。

（二）广告翻译的前期研究

从文献检索看，以“广告翻译”为关键词检索出的文献项有数百篇，这些文章研究的内容是杂合性的，包括狭义的广告语（词）、商标和广告语篇；以“广告语”或“广告词”检索的文献项却只有数十篇。若将那些篇幅短小、视角或方法雷同、内容重复、译例缺乏新意、评说点到为止而缺乏创意的经验之谈的文章除外，那么，有关广告语（词）翻译理论与实践相结合、具有创意的研究文献则寥寥无几。从理论视角分析，这些研究文献中比较集中的是“目的论”“功能观”“文化框架”“美学修辞”“认知语境”“接受美学”“生态翻译”“互文性”“语用学”“创意学”，等等；在翻译方法对策上，这些文章介绍的比较集中的是直译、意译、音译、编译、变译、归化、异化、译创等。如李祥德提出四字广告词组汉译英时可采用三种方法——直译、意译和修辞译法；有的文章则在目的论的指导下讨论广告词翻译，提出以目的语语言为导向，应注重目的消费者的词汇特色、句法特征、文体特征。

从经验交流看，有些研究或对广告语翻译中的一些问题进行了经验总结，或从不同的理论视角做出了理据性说明，这些研究对广告语的翻译实践无疑具有积极的指导意义。但是，相当一部分文献只是为了概括分类而分类，或只是套用某个理论概念来标新立异，实际上并不能说明广告语翻译的本质问题，或提供具有价值的方法论原则。有些研究在直译、意译、语义翻译、异化翻译、对等翻译等概念下归纳出广告语翻译的实例，并没有提供任何有新意的说明，只是分类概括而已。示例如下：

其一，直译：

（1）Challenge the Limits.

挑战极限。（SAMSUNG 三星）

（2）Hand in Hand,Future in Your Hand.

伴你同行，齐握未来。（太平人寿）

（3）Life is journey.Travel it well.

人生如旅程，应尽情游历。（United Airline 联合航空）

（4）What can be imagined,can be realized.

只要有梦想，万事可成真。（香港电讯）

其二，意译（或归化）：

（1）The color of success.

让你的业务充满色彩。（Minolta 复印机）

（2）Every time a good time.

秒秒钟钟欢聚欢笑。（麦当劳）

（3）We can provide the service above and beyond the call of duty.

殷勤有加，风雨不改。（UPS 快递）

对于研究者来说，若简单地用“直译”或“意译”等概念去套用实例，既不对原广告语的语言特点和所推介的产品或服务特色做出关联性辨析，也不根据产品和服务特点对现有的译文做出任何创译性完善，没有做到追求形式与内容的统一，以求实现广告语翻译的最佳社会效应，那么这种分类概括是没有理论和方法论价值的，也不具有实践指导意义。

如有关麦当劳广告语的译文在所有文献中都受到充分肯定，但是如何翻译 every time 和 a good time？应根据麦当劳快餐连锁店的服务特色和质量来进行意译。上述译文将 every time 译为“秒秒钟钟”的译法在汉语中显得生僻；将 a good time 译为“欢聚欢笑”，只是突出一种热闹场面，对于一家主打西方异域饮食文化特色的快餐连锁店来说，此译法并没有体现出环境特色以及消费者独特的体验感。中国消费者光顾麦当劳这家体现西方异域文化的饮食连锁店实际上最主要的是想获得一种体验。麦当劳的特色正如《广州日报》一位记者所写：“去麦当劳吃什么？有人总结说，吃档次、吃快捷、吃高雅、吃洁净、吃时髦、吃氛围……结果吃了半天，还没吃饱肚子。”故人们可将该广告语译为：

Every time a good time.

每次光临，惬意欢畅。

中文的“惬意欢畅”的英文意思是“feeling pleasantly satisfied and thoroughly delighted”（给人一种极度愉悦和满足感），这就能够将光顾麦当劳的消费者们对消费环境与服务质量由衷地感到极度愉悦和满足的心境突显出来。

对于UPS快递广告语“We can provide the service above and beyond the call of duty.”，可以直译为：“我们愿意提供高于或超出责任感的服务。”此译语在语义和词义上均属忠实、对等的翻译。然而，对于一家快递公司而言，译文没有突显广告语中揭示其服务特色的关键词service和duty。被广泛使用的译文是：“殷勤有加，风雨不改。”对于快递公司而言，“殷勤有加，风雨不改”，难道不正是所谓“高于或超出责任感的服务”的写照吗？这种翻译传达给消费者一种温暖的情感体验。

现有的有关广告语翻译技法的归纳概括大多数雷同，并且是在一些比较空泛的理论视角之下的主观印象式的讨论。首先交代或介绍了特定的理论概念后，便转入具体的广告语实例的讨论，很少见到富于创见或颇有新意的论述，或研究者自己能提出别具一格的创译。如不少用翻译生态学来解释广告语翻译的文章就落入了这种窠臼。胡庚申将生态学的一系列观点和概念引入了翻译研究，对翻译实质、翻译过程、翻译原则、翻译方法等问题给予了解释，认为翻译是“译者适应翻译生态环境的选择活动”，并提出了“译者中心”论。曾萌芽在探讨生态翻译学视角下的广告翻译时，认为译者不论采取何种翻译方法，都必须多维度地适应特定的翻译生态环境，采取灵活多变的翻译方法，并真正地做到三维转换，才有可能产生整合适应度最高的译文。这种看似具有“新意”的广告语翻译三维观，实质上就是“语言维”“文化维”和“交际维”。若将三个“维”字去掉，就剩下“语言”“文化”和“交际”三个被无数相关研究文章反复使用的普通概念，而“生态翻译学”宛如一顶大帽子，套在了“语言维”“文化维”和“交际维”之上。

（三）广告翻译的三维度适应

以生态翻译学为理论视域，以广告文体的翻译为例，分别从交际维度、语言维度、文化维度三个层面探究广告翻译，要求译者不但要通晓英汉语言体系差异、中西文化差异，还要结合译者所处翻译生态环境中的超语言因素来考察翻译活动，从而实现广告翻译的整合性生态研究。

1.语言维度

商务广告语言的表现要求如下所述。

（1）新奇性：鲜明突出。指宣传主题的鲜明突出、广告宣传对象主要特色和个性的鲜明突出，以及商品宣传方法的鲜明突出。这种新奇性的语言既吸引了客户的眼球，又有助于意义的传达。

（2）简洁性：简明通俗。指广告语言的运用要简洁、精练，并令人读后过目不忘。广告语言中经常带有can't、could't、won't、wouldn't、don't、you'll和hat's等口语化的表达法。

由于广告语言具有新奇性和简洁性的特点，在广告语的翻译中，译者必须根据源语和目的语的语言习惯进行一定适应性的调整，使译文适应整个翻译生态。在广告语英译中的过程中，需要考虑中文用语的修辞习惯。中文广告语中常用比喻、拟人、夸张、反语、仿拟、反复、排比等方式，以及四字词汇。例如，著名的珠宝De Bierres的广告：

原文：A diamond lasts forever.

译文：钻石恒久远，一颗永流传。

实际上，上面这则例子中译者如果将原文直接译为“钻石恒久远”，已经能够准确地表达原文的意思了。但是译者最后还是根据目的语中广告语的语言习惯，增加了“一颗永流传”，将英语广告语译成对仗的形式。这种形式更加符合中文广告语的语言习惯，同时这种诗般的语言也给产品添加了几分诗意。

又如一个国外杂技团的广告语：

原文：Exciting and Breathing,Colorful and Beautiful.

译文：技艺惊人、扣人心弦，节目丰富、表演精彩。

该广告的原文用了四个形容词来描述杂技团的表演，如果译者不注意目的语读者的语言习惯，简单地将原文意思解释成“一场让人兴奋、（急促）呼吸的，丰富、精彩的杂技表演”，想必没有多少中国观众会对这样的表演有很高的期望值。因此，译者必须考虑整体翻译生态中的中国读者的文化背景和语言环境，考虑广告语一般运用较多的修辞手法，如四字格。所以，在翻译中，译者考虑到整体翻译生态，从语言维度的层面进行了相关的调整，分别将英语广告语中四个形容词翻译成：Exciting——技艺惊人；Breathing——扣人心弦；Colorful——节目丰富；Beautiful——表演精彩。

2.文化维度

在翻译过程中，译者需要关照的不仅仅是语言层面的因素，还有文化层面的因素。好的译者首先应该是文化人，对文化差异具有一定的敏感性，并深入了解不同文化的差异，能适当地处理好两种文化维度的翻译问题。

例如，在英美文化中，individualist 和 personalized 这些体现个性、主见的词汇出现在广告中常常受到目标读者的青睐；而在中国文化中常常将这些词汇与个人主义、损人利己联系起来。因此，译者在翻译如下文吉利剃须刀的广告时，应该跳出文本的局限，将广告置于整体的翻译生态下来考量，特别是原文所处的文化环境和目标语读者所处的文化环境。译者需要根据整体的翻译生态，做出适应性的选择，将原文恰如其分地用目标语读者所能接受的方式进行转化，既能体现英语文化中重视个体个性的一面，又能使文字符合中国读者的文化背景，做到“合而不同”。

吉利剃须刀广告原文：All these sensor technologies combine to give your individual face a personalized shave-the closest, smoothest, safest, most comfortable. The best shave a man can get.

译文：所有这些感应技术给您的脸部提供了最具个性化的剃须刀——最妥帖、最滑爽、最舒适。男人所能得到的最好的剃须刀。

在文化信息的处理上，“合而不同”正符合了中国生态思想中的“和合”“和实生物，同则不继”。这种译文的处理方式，体现了生态视域下翻译策略的开放性和圆融性。译文中既保持了原文的异质元素，又保证了目标语文化中的可接受度。在吉利剃须刀的广告中，译者将“to give your individual face a personalized shave”翻译成“给您的脸部提供了最具个性化的剃须刀”。用“个性”二字来翻译 individual 不仅保留了英语文化中的异质化的重要元素，还结合了产品的特性和消费者的期待。

可见，译者在翻译上则广告语的过程中，充分考虑了文化维度的因素，并结合产品待征、消费者心理等因素，进行了适应性的调整，最后使译文能在目标语文化下达到“合而不同”的效果，既体现了源语文化的要素，又能在目标语文化中体现一种和谐性。

3.交际维度

从交际维度来看，一般商业广告文本重在宣传某种产品的特点，吸引顾客，从而引发顾客消费的行动。换句话说，广告文本具有很强的信息性和鼓动性。

例如，麦斯威尔咖啡的广告语“Good to the last drop”，原意突出这个品牌的咖啡味道非常好，即使是最后一滴也值得品尝。译者在翻译时，采用了汉语常用的四字格，译成了“滴滴香浓，意犹未尽”。译句在原文意思的基础上，又增加了“意犹未尽”，很好地营造了咖啡时刻的美感和意境。这归功于译者对广告语言和意境的整体性把握，使二者在中文译文中体现了整体的统一性，从而让人印象深刻，激起顾客购买的欲望。

再如下面这则拍卖广告：

原文：OUCH!

It Hurts!

Not You!

译文：忍痛拍卖！

（价格）让我心痛……

让你心动！

原文的交际目的是向读者表明在这次贱价拍卖中，卖方几乎无利可图，甚至可能血本无归，这是买家的好机会。语气词“OUCH!”生动而传神，与动词 hurt 相呼应。从交际层面来看，可稍作修改，译成：“忍痛拍卖！（价格）让我心痛……让你心动！”译文用“忍痛拍卖”将语气词“OUCH”中的意味恰如其分地概括了出来，从交际的层面来看能更明确地提示读者广告语的所指。此外，后面的部分“让我心痛……让你心动！”从语言形式看非常整齐，利于排版，适合视觉传播；从读音看“痛”和“动”二字是押韵的，读来简短有力，朗朗上口，适合听觉传播。在这个广告的翻译过程中，可以发现译者在重点关注广告交际功能的同时，充分考虑到文本以外的因素，如广告的交际渠道、广告的交际效果和阅读者或听众在接触广告时非充分注意的状态特点，同时兼顾广告文本的语义、语音、语言形式，最终使译文达到多维度的高度整合。

总之，广告文本是一种非常特殊的语言，广告文本的翻译不仅需要考虑文本的上下文（context），还需要考虑文本以外的种种因素，如文化因素、社会因素。因此，广告翻译中运用生态学的视角，将广告部分的翻译从语言、文化、交际三种维度层面进行适应性调整，给广告翻译带来了新的启示。

二、商标翻译

商标就是商品的标记或记号，有的由文字单独构成，有的由图形单独构成，有的由图形和文字组合构成。在国际化趋势下，好的商标能够帮助产品更加有效地占有国外市场。国内已经有学者对商标翻译的问题进行了一系列的研究。在语言特点方面，朱凡等指出商标除一般语言符号意义外，还有显著性、专用性、联想性。在翻译技巧层面，陈振东等将商标翻译方法总结为意译、音意合译、形译、缩写等；彭石玉等就翻译策略提出“商标翻译需要一种既可存留个体特点，又可形成整体文化优势的翻译转化策略”。商标翻译涉及语言、地域文化、消费心理和审美价值等诸多因素，许多学者分别从不同的角度（如功能理论、对等理论、符号学、经济语言学、接受美学）进行研究。

总之，目前国内商标翻译研究已较成熟，但范例老化、缺乏深层次及多角度的探讨，而生态翻译正好为商标的翻译提供了非常实用的理论和实践指导。下面将利用生态翻译理论对商标的翻译实践进行阐述。

（一）立体、圆融

商标翻译是一项立体化的工作，涉及商标翻译中的音、形、义、交际、文化各个层面，同时也需要考虑目标语市场下的文化、历史和习俗。商标的翻译不仅是语言转换的过程，还是商务英语翻译生态中各种因素相互联系、相互制约、相互作用的结果。

同时，商标翻译又是一项需要关注多个交叉学科、力求圆融的翻译工作。“圆融”一词，最早是佛教用语，此处借用这个词意在破除偏见、解放思想，力求相关学科之间实现圆满融通，达到商标翻译的效果最大化，实现商标翻译生态中的融合。

（二）立体：商标翻译的文化、交际维度

1. 文化维度

商标翻译中不乏一些文化词（culture-loaded words），在翻译这些词汇的时候，译者必须具有一定的文化意识和调研精神。首先，译者必须熟知源语和目的语两

种文化，对文化差异有充分的认识。例如，国内一些产品品牌喜欢用“金鸡”作为商标，如金鸡鞋油、金鸡闹钟，其中金鸡牌闹钟最初的译文是Gold Cock。而在英语文化中，“cock”一词可以指人身体中的某个器官，不适合用于商标翻译，因此建议改译为Gold Rooster。此外，白象电池原译文为White Elephant，但是在英语文化中曾经有关于White Elephant的负面故事。故事讲的是很久以前有人为了讨好国王，特地送给国王一只白象，可是白象不但没什么用处，每天还需要吃大量的东西。慢慢地，White Elephant被用来指大而无用的东西。因此，这个词用在商标的翻译中是不合适的，消费者肯定不希望自己买的电池和白象一样大而无用，所以译成White Elephant容易给顾客带来负面的联想，建议译为Elephant即可。

商标翻译不乏优秀翻译案例，译者在翻译这些商标的时候充分关照了两种语言中的文化因素。例如，著名国际品牌Coca Cola的翻译，译者立足中国市场的特点，迎合消费者喜欢喜庆的心理，将原文译成“可口可乐”。同样，饮料Seven Up如果直接按照字面进行翻译，就不能把蕴含在数字“七”中的文化因素翻译出来。“七”在英语文化中是一个幸运的数字，译者在翻译时选取了中国文化中相应的字“喜”来表述，这样既符合中国消费者喜欢喜庆吉利的特点，又能够将源语的文化有效传达。又如，中国本土的运动品牌“红双喜”，“红色”在英语文化中表示愤怒与血腥，如果按照原文进行翻译，很可能无法引起消费者的购买兴趣。译者根据具体情况在翻译时做了减译的处理，最后译成Double Happiness。这种减译的处理没有减少原来中文的文化意义，而且使译文更加简洁明了，方便记忆和传播。

2.交际维度

从交际维度来看，商标的基本交际功能是区别同类商品，向顾客提供公司和产品的相关信息。在商标翻译的过程中，交际维度的功能与广告极其相似，能够起到呼唤作用，引起消费者的消费行动。在商标的翻译中，交际维度的功能是非常重要的，因此译者在翻译过程中应该采用较好的策略，在保证交际维度功能优先的同时，兼顾语言维度和文化维度的因素。例如，韩国餐具品牌Lock&Lock，产品的特征就在于能够锁紧容器口，食物和饮料不容易流出，这也是产品吸引顾客之处。译者翻译时为了突出产品的优点和特点，特地选择了“扣”这个字，表现容器容易锁紧的特点。此外，“乐扣”在发音上也与原文相近，起到了很好的交际效果。通过这种方式，译者很好地将产品的优点译出，从而促进购买者的购买行为。

（三）圆融：商标翻译的跨学科性

商标是一种特殊的语言符号，是商品显著特征的浓缩，是商品文化的核心部分，是企业参与国际竞争的有力武器。它既是标识，又是诱饵，最终目的是要招揽顾客，出售商品。因此，商标翻译既要符合设计学的审美标准，也要和法律政策、营销学息息相关。好的商标翻译可以给企业带来巨大的财富；反之，糟糕的商标翻译能让企业损失惨重。所以企业的生死存亡与商标翻译息息相关。

1. 设计学

众所周知，商标中英文译名常常是伴随包装和图形出现的。消费者在仔细阅读商标之前捕捉到的是由品牌和包装共同呈现的整体。在翻译时非常专业地考虑到排版和设计，对译者来说是比较困难的。在翻译过程中，译者应保持与设计方的沟通。最理想的情况是，译者能提高自己的综合素养，成为具有一定翻译能力和设计品鉴能力的综合型人才。例如，上海家化旗下的日化品牌“美加净”的原译文为MAXIM，后来译文改为MAXAM，新的译文从设计的角度来看，体现出一种均衡、对称的美，与整体包装也很和谐，体现了译者对整体翻译生态的跨学科的适应。

2. 法律政策

法律因素和政策因素也是商标翻译考虑中必不可少的。在美国，美国专利及商标局（PTO）负责联邦政府的商标注册。收到注册申请后，该机构会对申请注册的商标进行审核，审查其是否与他人先前取得的合法性权利相冲突。在我国，虽然没有专门的商标审查机构，但商标注册也要考虑申请注册的标志是否与他人先前取得的合法性权利相冲突的审查标准。可见，无论是商标的中译英还是英译中，都受到目标市场国家的相关法律和法规的制约。因此，译者在翻译时，可以参考工商机构的相关信息，查询是否有重复现象。如果不把法律政策考虑在内、不考虑重复现象，译者将商标译得再完美也很难出现在市场上。

3. 营销学

商标的翻译与营销行为紧密联系，人们应注意从营销学的角度观察商标翻译的现象。一些商标的历史变更证明，能从营销角度考虑商标翻译问题的译文，常常能在翻译生态中“适者生存”。例如，在1992年以前，BMW汽车在国内市场的译文不是“宝马”，而是根据德语Baverische Motoren Werke的读音，直接翻译成“巴依尔”。1992年以后，BMW的商标译名从“巴依尔”改成了“宝马”，采用了自由译法，这个品牌立即受到了中国消费者的广泛关注，销售量也大幅度地提升。选用“宝马”二字非常符合中国市场的文化背景和消费者心理，唐代诗人韦应物《长安道》诗中有“宝马横来下建章，香车却转避驰道”一句，“宝马香车”也是大众熟知的成语。译者将 BMW 商标名改为“宝马”，真可谓是神来之笔：第一，结合宝马车的定位和特色，突出了宝马车系高贵豪华的风格气质；第二，又考虑到目标语读者的文化历史语境，与中国的传统称谓浑然一体；第三，还兼顾了原文的语音和形式，译文形式与原文同样简洁，“宝马”二字拼音的首字母又正好同 BMW 的前两个字母一样。最重要的是从营销学的角度来看，译名非常符合消费者的口味。更名之后，宝马品牌在中国市场的消费者接受度大大提高，此译名一直沿用至今。

译文的变更，一方面从商标的角度验证了生态翻译理论的适应性对于译文来说十分重要，另一方面也为译者带来了启示：译者作为翻译生态中的主体因素，必须发挥主观能动性，根据翻译生态中两种不同语言所处的历史、文化、社会、消费者心理等因素，对译文进行适应性调整，这样才能译出符合消费者心理、适应时代和整体翻译生态的译文，从而产生较好的经济效益。

此外，如果译者的母语和主要生活环境在源语环境下，在翻译商标时势必产生一些译者无法估计或者把握的情况，借用营销学的做法开展切实的市场调研和消费者调研是译者进行“事先预防”的极好方法。例如，吕和发等在《商务翻译与调研》一文中对市场调研进行了详细的阐述。

三、商务英语文本翻译中的生态语境

语境（context）通常是指本文中的上下文。奈达和泰博曾使用术语“语境一致”（contextual consistency），这一概念是与“词语一致”（verbal consistency）相对的，即在翻译某个源语词项时，在接受语中采用最符合语境的表达方式，而不在所有语境里采用同一表达方式。此后，学者们对语境的研究也随着时间的推移而延展。胡壮麟提出“进行多元化的语境研究”，即从一元语言语境上下文，经由二元化一语言语境和非语言语境，到三元化一语言语境、物理语境和共享知识，走向多元化一世界知识、集体知识、特定知识、参与者、正式程度及媒体等的趋势。何兆熊、蒋艳梅提出“语境的动态研究”，即将语境置于发展变化的语言交际过程中进行研究。而在商务英语翻译生态整体、动态、联系的思考方式下，某一商务英语翻译项目所处的语境是一种关注时空、纵横的四维立体的语境，笔者试称其为“生态语境”。生态语境不但包含同一时间内诸多因素组合成的多元化语境，而且是根据时空变化而变化的动态语境。在生态语境指导下，译者应试图走进语境，即“入境”，并试图站在作者、读者和委托者的立场上看待译文，即“处境”。

（一）商务英语翻译应关照生态语境

在商务英语翻译中，译者首先应该“入境”，即关注商务英语翻译项目所处的生态语境，关注生态语境中的各种因素。例如，杭州著名景点胡雪岩故居中一建筑名为“影怜院”，原译为 Shadow Loving Garden。笔者认为，翻译此类文本的译者首先应该“入境”，真正走进“影怜院”所处的翻译生态语境之中，详细了解其相关信息，而不是单看字面意思就马上给出译文。中国清末红顶商人胡雪岩的故居位于杭州市河坊街、大井巷历史文化保护区东部，建于清同治十一年（1872 年），建筑面积 5800 多平方米。胡雪岩故居从外部建筑到室内家具陈设，用料之考究，堪称清末中国巨商第一宅。通过实地考察以及相关文献阅读，可以发现从这一建筑本身功能和格局来看，“影怜院”并不像字面上说的是个“院子”，而是一个接待客人的“厅”，周边确实有院子，但主建筑应该是厅。此外，建筑内有当时从欧洲进口的两面落地大镜子和从日本进口的水晶大吊灯，胡雪岩接待外国友人跳舞时，舞姿翩翩、银镜照影，故称“影怜院”。译者“入境”后便很容易发现原文中的“影”指的是“镜子里面的影子”，而“院”则实际为“厅”，因此笔者认为 Reflection Loving Hall 这一译文更加合理。此处的翻译生态语境包含了“影怜院”的背景、物理环境、历史等，译者在对此类文本翻译时，需先“入境”。译者翻译时先“入境”，不仅体现了译者用科学的、整体的、关联的生态视角看待翻译任务和对生态语境的重视，还体现了译者的责任心和翻译经验。

（二）商务英语翻译应关照读者处境

商务英语翻译中也应关照读者的处境，即读者的背景知识、语言、理念和情感等，这样才能使作者视域、译者视域、读者视域融合，达到和谐统一的境界。

关照读者的处境，首先需要分析潜在读者群，站在对方的立场上来进行考虑。例如，国内某银行的开户申请书将“姓名”这一项译为 English Name，译文看似很为读者考虑——银行要求目标读者即申请者填写的内容肯定不是中文名，而应该是英文名，那就译成 English Name。如果译者站在读者处境思考，在国内银行申请开户的外籍人士不仅有来自英语国家的读者，还有来自德国、意大利、日本等国家的读者，那这些读者也应该填英文名吗？这个例子足以证明译者在进行商务英语翻译时，处境思考非常重要。

关照读者的处境，需关照目标读者所处的物理环境，如笔者于2008年夏收集的浙江省温州市雁荡山的一则公示语“山崖低矮，请当心”（The mountain is low,please take care.）。这则公示语是置于凸出的山体上，由于此处游客很容易碰头，为了提醒游客注意旅游安全，景区管理处特设此公示语。译者在景区另一处山体凸出和容易碰头的地方，还收集到“小心碰头”（Be careful）的公示语。且不论两则公示语译文的用词和语法，译者先来关注目标读者所处的物理环境：读者看到公示语，做出保护性的反应所允许的时间相当短，因此译文句子不宜过长，译文应该简洁明了，不能拐弯抹角，否则读者还没反应过来就已经撞上去了。鉴于这种目标读者所处的物理环境的特殊性，笔者建议将原文中对读者没有用的信息进行删除。原文只是译文的一个信息来源，译者不可能像原文作者那样提供同样数量或同样性质的信息。警示类的信息中，作者最重要的是发出警示，而对读者来说最重要的是以最短的时间、最简洁的方式理解警示的危险所在。因此，译语中那些不符合关联度原则的次要信息可能不但没有交际价值，反而会影响交际。在本句的翻译中，“The mountain is low”显然属于冗余信息。实际上，简单的“Mind Your Head”就能起到提醒作用，更能体现译者对读者物理环境的关照。

关照读者的处境，还需关照读者所处的文化背景。鉴于目标读者、译者和作者文化背景有别，为了使翻译生态中作者—译者—读者三方之间的信息流通畅，译者必须考虑到目标读者的文化背景，并为其做处境的适应性的调整。有时，原文对源语特有的文化现象缺乏必要的注释，目标语读者就会觉得费解。在翻译过程中，译者常常需要通过注释的方法来弥补译文读者所缺乏的共享信息或文化背景知识，否则译文读者对源语特有的文化现象就无法理解。

生态语境为商务英语翻译实践提供关注时空、纵横的四维立体的语境，整体、联系和平衡的视角。译者不仅要“入境”，关注翻译生态的种种关系和变化，还要关注读者的“处境”，重点分析潜在读者群、读者所处的物理环境、人际关系和文化背景、思维方式等。“入境”和“处境”能够帮助译者在商务英语翻译中更好地适应整体翻译生态，达到共存、和谐、统一的状态。

第八章

科技文体的生态翻译

科技应用文体的翻译领域较为宽广，有关科学著作、论文研究、实验报告和方案、各类科技情报和文字资料、科技实用手段的结构说明和操作说明等方面的资料均属科技文体。科技文体着重记载、解说科技事实、知识，具有独特的语言特色和行文风格。常见的科技文类包括科学普及读物、产品规格书、操作程序指引、说明书、教科书、科学报告等。由于英汉两种语言体系之间在语言、文化、交际意图、语用功能等方面存在很大差异，因此在翻译科技文献时译者有必要了解两种语言的构句特点、文化差异并具备跨文化转换意识，根据科技文体的基本特征和翻译要求，在翻译生态环境中做出选择性适应与适应性选择，从语言、文化、交际等多元维度对翻译活动进行考察，力求获得整合适应选择度最高的译文。

第一节　英汉语言对比差异与科技英语翻译

语言是思维的符号，是文化的载体，是人类进行交际的基本工具。世界上的语言既存在共同点又有各自的差异性，从语言的起源和产生的规律来说，英汉两种语言都具有人类语言的共同特征；从语言与逻辑思维的关系来说，英汉两种语言的语序都符合人类逻辑思维的自然顺序；从语言的基本类型来说，英汉两种语言基本同属分析性语言，其词形的变化都比较少。但在语系的分属上和文化方面，英汉两种语言又存在较大差异，英语和汉语在语源上分属不同的语系：汉语属于汉藏语系（汉台小语系），而英语属于印欧语系（西日耳曼小语群）；而且由于历史发展和思维模式的差异，英汉两种语言在文化方面也存在很大差异，具体来说主要表现为词义方面的文化差异、语法层面的文化差异以及语篇的文化差异。

一、在表达方式和语言习惯上存在着差异

就科技文体而言，英语与汉语在表意的手段上有很大差异，如汉语一般采用形容词作定语来修饰中心名词，而英语不仅仅使用形容词作前置定语，还可采用不定式作定语、现在分词作定语、过去分词作定语等后置修饰语形式对中心词进行修饰和限定。例如，radio telescopes to be used，modified processing，data to be checked，confusing signals，applied voltage。这些表达形式不仅起到名词修饰语的作用，而且包含时态和语态等含义，如不定式结构作定语可表将来时、过去分词作定语可表被动关系、现在分词作定语可表主动进行体。

二、在词义的塑性上的差异

汉语和英语虽属不同语系，却都拥有丰富的词汇量。汉字的表意能力及组合能力很强，英语从拉丁语、古法语及其他语言中吸收了大量的词汇，它们都是词汇量非常丰富的语言，有着大量的对应词语。这是汉英翻译的语言基础。这类英汉词语多为专有名词、术语或普通名词，其数量极为有限。而有些英汉语词语在词义上只是部分对应。它们的意义范围有广狭之分、抽象与具体之分、一般与个别之分。例如，body 在一般语境中译为"身体"，而在科技文体中则译为"物体"；matter 在一般语境下译为"问题、事情"，而在科技语境下则译为"物质"；productivity 在一般语境下译为"生产力"，而在科技语境下则译为"能产性"；setting 一词的塑性更强，通常情况下译为"场合、背景"，而在科技文体的语境中，其含义得到拓展和延伸，如 the setting of a jewel 译为"镶嵌珠宝的底座"，setting chamber 译为"沉淀室"，setting accelerator 译为"促凝剂"，setting accuracy 译为"定位，调整、对准、瞄准精度"，setting dies 译为"可调冲模"，setting gauge 译为"定位（量）规，校正（量）规"，setting mark 译为"定位符号分度线"，在句子"This machine has two settings: fast and slow."中，settings 是指"可调速度"，因此该句可译为："这种机器有两种可调的速度：快速和慢速。"由此可见，在科技语境中，英语较之汉语具有更强的塑性。

三、在词类使用的习惯上的差异

英语和汉语的词类都比较丰富，划分类别也大致相同，如两种语言都有名词、动词、

形容词、副词这些实义词，也包括介词、连词、感叹词、数词、量词（英语中为单位词）、代词等；英语属于屈折语，即词的时态、语态、数的变化、级别的变化等都要通过在词首或词尾添加前缀或后缀等方式进行构词，以完成特定的语法功能或句法功能，如形容词变比较级或最高级需在词尾加 -r 或 -est、名词变复数需在词尾加 -s 或 -es、动词变过去式需在词尾加 ed，而汉语则无此屈折变化，亦不可以通过在词尾添加词缀等方式进行构词，而需通过追加定语、状语或其他修饰成分来实现词类的转换。

在词类规则方面，英语和汉语也存在差异，英汉两种语言在词的分类方面不同，词的兼类情况不同，词类的句法功能也不同。如表示“惊吓”，从汉语角度来看这个词归属形容词类，而英语中可衍生出不同的词性，其用法也灵活多变，如在句子“I got a fright.”中为名词用法，在“She frightened me.”中属于动词用法，在“It was a frightful lightning.”中是形容词用法，而在句子“It was frightfully dangerous.”中则是副词用法；“惊吓”一词由词根 fright 衍生出不同的词性和用法，如动词 frighten、形容词 frightful 和副词 frightfully。再来看汉语的词类变化和构句特点：“俭朴的生活陪伴了他一生。”“当地人俭朴地生活着。”“俭朴是劳动人民的美德。”“提倡俭朴，反对浪费。”以上四个句子中，“俭朴”一词的词性发生了变化，但该词的词形本身不发生变化，而是借助于语境和助词（如“的”“地”）实现词性的转变，行使句子功能。

在科技文体中，词类的转换也非常常见。例如，“电子计算机的控制单元使机器按人的意志运转。”在这个句子中，“电子计算机的控制单元”构成句子的主语，而“电子计算机的”作定语修饰“控制单元”，汉语的定语原则上是前置的，而译成英文后，“The control unit of an electronic computer causes the machine to operate according to man's wish.”，主语部分则表达为“the control unit of an electronic computer”，of 短语部分作后置定语来修饰核心词 the control unit，可见英汉语言在定语表达方式上存在差异。此外，还可以通过现在分词作后置定语、过去分词作后置定语以及不定式结构作后置定语等方式对中心词进行修饰。

在科技文体中，英语与汉语在代词的使用问题上也存在差异。例如，“As soon as a positive charge approaches an electron, it combines with the latter.”，译文为：“正电荷一接触到电子，便马上与其结合。”在代词的使用方面，英语习惯于在首次提及事物时使用其名词形式，而在下文中再次提及时往往使用代词形式；在汉语中为了构句需要，往往再次提及该事物时将指代省略，采用意合的构句方式，使语言凝练顺达。再如，“Different metals differ in their conductivity.”，译文为：“不同的金属具有不同的导电性。”虽说原句理解为“不同的金属在导电性能方面存在差异”在汉语中也行得通，但转换为英语表述时，代词 their 就不可以省略了。

四、在定语的构成及其置式问题上的差异

前文提到过，英语和汉语在定语表述方面也存在差异。在汉语中，定语成分一般由形容词充当，而在英语中，能够充当定语成分的词汇或表达方式特别多，如名词可以作定语修饰中心词，形容词、数词、现在分词、过去分词、介词短语、不定式结构甚至从句（如定语从句）都可以用作定语来修饰中心词，而且这些成分在修饰位置上也比较灵活，可以放在被修饰词前面，也可以后置。相对而言，汉语的定语成分在构成及置式方面缺少灵活性。例如，“The overhead wires hang from huge porcelain insulators,which are concertina-shaped in order to reduce the effects of dirt and damp in causing leakage of electric current.”，可译为：“架空输电线悬挂在为防止泄漏的影响而做成手风琴形状的巨大瓷质绝缘子上。”也可译为：“架空输电线悬挂在巨大瓷质绝缘子上，绝缘子为手风琴形，以减少脏污和湿气对其造成电流泄漏的影响。”无论哪种译法，都可以发现，汉语的定语成分无论有多少，一般是采用前置方式进行修饰，而英语的定语位置则比较灵活，例句中将繁多的名词修饰成分通过“which are concertina-shaped in order to reduce the effects of dirt and damp in causing leakage of electric current”这个非限定性定语从句进行综合，对中心词（即先行词）加以修饰，使得句子主干尤为分明。

五、在复句结构方面的差异

英语复合句分为并列复合句和主从复合句两种。汉语复句主要分为联合复句、偏正复句、多重复句和紧缩复句四种。汉语中没有相当于英语中带名词性从句、定语从句、时间状语从句、地点状语从句和方式状语从句等这样一类从句的复句。在科技文体中，复句出现的频率也比较高，往往对读者和译者造成理解上的困难，因此有必要

掌握复句的分析方法，在必要的情况下先对句子进行逻辑分析，厘清句子的主要信息和次要信息，做好逻辑分析之后，再进行翻译。

例如，“It is rather for us to be here dedicated to the great task remaining before us-that from these honored dead we take increased devotion to that cause for which they gave the last full measure of devotion-that we here highly resolve that these dead shall not have died in vain-that this nation, under God, shall have a new birth of freedom-and government of the people, by the people, for the people, shall not perish from the earth.”。

在这个长复杂句中，第一个分句，即“It is rather for us to be here dedicated to the great task remaining before us”，为句子的主干，破折号后面紧跟四个同位语从句，即“that from these honored dead we take increased devotion...”“that we here highly resolve that...”“that this nation, under God, shall have a new birth...”“and government of the people, by the people, for the people, shall not perish...”，而第一个和第二个同位语从句内部又包含嵌套关系，即定语从句“...that cause for which they gave the last full measure of devotion...”和宾语从句“...resolve that these dead shall not have died in vain...”，经过对原句的语法结构进行逻辑分析和梳理，源语作者的表达意图便跃然纸上，译者不必费周折就可以将原句的逻辑关系厘清理顺，也为译文的质量提供保障。

第二节 科技文体的基本特征

科技英语与非科技英语文体（如散文、诗歌、小说、游记、影视作品、新闻）相比，具有专业术语多、复杂长句多、被动句式多、词性转移多、非谓语动词多、专业性强等特点。总体来看，科技文体具有无人称句式多（impersonal）、语气正式（formal in mode of speech）、陈述客观准确（objective and accurate in statement）、语言规范（standard in language）、文体质朴（undecorated in stylistics）、逻辑性强（strict in Logic）、专业术语性强（concentrated in technical terms）等几方面的基本特征。

一、大量使用专业术语

科技文体中经常出现晦涩难懂的科技专业术语，而这些术语往往在文本中起到核心词的作用，一旦不理解或是误解极易造成科技文献阅读的受阻甚至失败。在科技翻译过程中，专业术语也起到举足轻重的作用，正确理解并解释这些术语有助于译者翻译活动的顺利进行。科技词汇主要由三种基本类型组成，一是通用科技术语，即被赋予新义的常用词汇，如carrier一词的基本意思是由cary＋er构成的，表示“搬运工”，但在科技文体语境下，可以表示军事上的“航母”、计算机方面的“媒体”、机床方面的“刀架”、航空航天领域的“载波”、医学领域的“带菌体”、无线电领域的“运载火箭”、半导体领域的“载流子”等；二是纯科技术语，即由希腊语、拉丁语等外来语借用或演变而来的专业词汇，如photo-synthesis（光合作用）、epinephrine（肾上腺素）、seismograph（地震仪）；三是衍生科技术语，即随着社会经济的发展而衍生出来的新造词，如hydrodynamics（流体动力学或水动力学）、anticatalyst（反催化剂）、semiconductor（半导体）。例如，“Parts may also be joined by welding, brazing or clipping together.”这个科技文体的句子虽短，但包含了四个专业术语，分别是parts、welding、brazing、clipping。这四个名词（动名词）构成源语的生态语境，如将这四个词拆开来看，可直接译为“部分”“焊接”“制铜”和“剪切”，它们之间的语义是孤立的，没有必然的逻辑联系，但如果放到一起综合考察，会发现这四个词其实提供了一种科技文体的语境，因此应将该句译为：“可以用熔焊、铜焊或者剪切的方式将零部件连接起来。”这样一来，语义就更加明晰了，易于读者理解。

二、频繁使用复合词与缩略词

在科技文献中，容易出现大量复合词与缩略词，这是科技文体的一大词汇特点，而且复合词已从过去的双词组合发展到多词组合。例如，full-enclosed 全封闭的（双词合成形容词）、feed-back 反馈（双词合成名词）、work-harden 加工硬化（双词合成词）、criss-cross 交叉着（双词合成副词）、on-and-off-the-road 路面越野两用的（多词合成形容词）、anti-amoured--fighting-vehicle-missile 反装甲车导弹（多词合成名词）、radiophotography 无线电传真（无连字符复合词）、colorimeter 色度计（无连字符复合词）；而缩略词趋向于任意构词。某些情况下，一篇科技文体的文章中，其作者往往可就该文中使用频繁的术语进行缩略，构成临时性缩略词，这给翻译工作带来一定的困难。有裁减式缩略词，如 maths（mathematics）数学、lab（laboratory）实验室、ft（foot/feet）英尺、cpd（compound）化合物；有用首字母组成的缩略词，如 FM（frequency modulation）调频、P.S.I.（pounds per square inch）磅/英寸、SCR（silicon controlled rectifier）可控硅整流器；有混成法构成的缩略词，如 TELESAT（telecommunication satellite）通信卫星；等等。

根据上述的科技文章的构词特点，在翻译过程中就要注意各种不同的翻译技巧与方法。这就要求译者了解科技文本的生态环境，尤其是文本内部的语言环境和上下文语篇语境，以此进行揣摩和推敲，必要时要借助专门的科技术语词典进行翻译。

三、频繁使用非谓语动词

科技文体的基本特征之一是非谓语动词使用较多，因为科技文体要求行文简练、结构紧凑，为此常用分词短语代替定语从句或状语从句。例如，“ ‘Fasteners’ is a general term including such widely separated and varied materials as nails, screws, nuts and bolts, locknuts and washers, retaining rings, rivets, and adhesives, etc.”，译文为：“‘结合件’是一个通用术语，它包括这样一些有很大区别的多种多样的部件，如钉子、螺钉、螺帽和螺栓、缩紧螺栓和垫圈、护环、铆钉和黏合剂等。”此处 is 用的是现在时态，直译成“是”，非谓语动词 including 分词作修饰成分，修饰 term，此类例子在做英译汉的时候比比皆是。

此外，还使用分词独立结构代替状语从句或并列分句，使用不定式短语代替各种从句，使用“介词＋动名词短语”代替定语从句或状语从句。例如，“A direct current is a current flowing always in the same direction.”，译文为：“直流电是一种总是沿同一方向流动的电流。”句中使用现在分词短语“flowing aways in the same direction”来修饰 current（电流）。“A body can move uniformly and in a straight line, there being no cause to change that motion.",译文为:"如果没有改变物体运动的原因，那么物体将做匀速直线运动。"该句使用了"there being no cause to change that motion"这一存在句式的独立主格结构形式来修饰body（物体），使句子结构得以简化，主次分明。"Vibrating objects produce sound waves, each vibration producing one sound wave.",译文为:"振动着的物体产生声波，每一次振动产生一个声波。"这句中同样使用"each vibration producing one sound wave"这一无谓语动词的独立主格结构进行修饰，因此这种简化句子结构，浓缩句式表达，使句子体现出科技文体严谨的构句特点，令读者印象深刻。

四、大量使用名词化结构

科技英语文体的另一大特点就是大量使用名词化短语，《当代英语语法》在论述科技英语时提出，大量使用名词化结构（nominalization）是科技英语的特点之一。因为科技文体要求行文简洁、表达客观、内容确切、信息量大，强调存在的事实而非某一行为。例如，"Television is the transmission and reception of images of moving objects by radio waves.",译为:"电视通过无线电波发射和接收活动物体的图像。"该句中使用名词化结构"the transmission and reception of moving objects by radio waves"以强调客观事实，而谓语动词则着重其发射和接收的能力。再如，"Archimedes firs discovered the principle of displacement of water by solid bodies.",译为:"阿基米德最先发现固体排水的原理。"句中"of displacement of water by solid bodies"系"to displace water by solid bodies"的名词化表达结构，一方面简化了同位语从句，另一方面突出强调displacement这一事实。又如，"The rotation of the earth on its own axis causes the change from day to night.",译为:"地球绕轴自转，引起昼夜的变化。"译文使用了"the earth rotates"的名词化结构"the rotation of the earth on its own axis",使复合句简化成简单句，而且使表达的概念更加确切严密。

再来看一则例子，"If you use firebricks round the walls of the boiler, the heat loss can be considerably reduced.",译为:"炉壁采用耐火砖可大大降

低热耗。”同样地，原文使用名词化短语“the heat loss”来表达动宾结构“lose heat”的含义，使句子结构表达严谨凝练。

五、无人称句式较多

英语的科技文体中无人称句式使用较多，这主要是由于科技文章做描述和讨论的是科学发现和科技事实，无人称句式的大量使用凸显出科学研究不以人的意志为转移的客观性和科学性。但无人称结构的使用并非绝对的，如科学家一般不说“We call these supports bearing”，而是说“These supports are called bearings”。再如，“It seems that these two branches of science are mutually dependent and interacting.”，可译为：“看来这两个科学分支是相互依存、相互作用的。”该句使用it作形式主语，突出句子表达的是主题而非施事主体，符合科技文体强调客观性的文体特点。

六、广泛使用被动语句

科技人员在从事研究和解决科技问题时重视事物本身的客观规律、事实、方法、性能和特征，在讨论科技问题时力求客观公正而准确的陈述，因此在科技文献中通常以非人称的语气做客观的叙述，从而较多使用被动句。科技文章侧重叙事推理，强调客观准确，根据英国利兹大学约翰·斯威尔斯的统计，科技英语中的谓语至少三分之一是被动语态；第一、第二人称使用过多，会造成主观臆断的印象，因此尽量使用第三人称叙述，采用被动语态。例如，“Attention must be paid to the working temperature of the machine.”，可以译为：“应当注意机器的工作温度。”而很少表达为“You must pay attention to the working temperature of the machine.”，译作：“你们必须注意机器的工作温度。”

虽然主语可以为泛指人称代词，如we、you，但绝大多数情况下会避免使用类似的人称主语而采用物称或话题主语。如“Electrical energy can be stored in two metal plates separated by an insulating medium.Such a device is called a capacitor,or a condenser,and its ability to store electrical energy capacitance.It is measured in farads.”，其译文为：“电能可储存在由一绝缘介质隔开的两块金属极板内。这样的装置称之为电容器，其储存电能的能力称为

电容。电容的测量单位是法拉。”这一段短文中各句的主语分别为“electrical energy”“such a device”“its ability to store electrical energy”和代词 it（指代 capacitance），这些主语均包含较多的信息，并且处于句首的位置，非常醒目。四个主语完全不同，避免了单调重复，前后连贯，自然流畅，足见被动结构可达到简洁客观的表达效果。全句使用被动语态的表达方式对“电能”这一科技术语进行界定，译文突出该概念的严谨性与客观性。

此外，如前所述，科技文章将主要信息前置，放在主语部分，这也是广泛使用被动态的主要原因。例如，“The length of the polymer chain is specified by the number of repeat units in the chain. This is called the degree of polymerization. Unlike many products whose structure and reactions were well known before their industrial application, some polymers were produced on an industrial scale long before their chemistry or physics was studied.”，这段话中连续使用“the length of the polymer chain is specified”“this is called”“structure and reactions were well known”“some polymers were produced”“their chemistry or physics was studied”五处被动语态，突出陈述客体的地位，使表述科学客观。

七、经常使用非限定动词

由于科技文章要求行文简练、结构紧凑，为此往往使用分词短语代替定语从句或状语从句；使用分词独立结构代替状语从句或并列分句；使用不定式短语代替各种从句；使用介词＋动名词短语代替定语从句或状语从句。这样可缩短句子，又比较醒目。例如，“Radiating from the earth, heat causes air currents to rise.”，译为：“热量由地球辐射出来时，使得气流上升。”现在分词短语 radiating from 用作状语修饰整个句子，使句子结构严谨，突显出科技文体的基本特点。

八、习惯使用后置定语

科技文章的常用句子结构形式有：介词短语后置、形容词及形容词短语后置、副词后置、定语从句后置。例如，“In small and medium-sized companies, the safety manager and the safety representative often have other duties besides their health and safety tasks.”，用介词短语“besides their health and safety tasks”作后置定语限定和修饰duties，避免了使用分句造成的句式结构拖沓繁杂和主次不分明。再如，“The efforts necessary to assure that sufficient emphasis is placed on system safety are often organized into formal programs.”，该句中使用形容词短语“necessary to assure + that宾语从句”的后置结构使整个句子表达科学严谨、逻辑性强。

九、复杂长句使用较多

为了表达一个复杂概念，使之逻辑严密，科技文章中常常出现许多长句。例如，“One comprehensive definition for an organizational culture has been presented by Schein who has said that organizational culture is ‘a pattern of basic assumptions-invented，discovered，or developed by a given group as it learns to cope with its problems of external adaptation and interal integration-that has worked well enough to be considered valid and，therefore，to be taught to new members as the correct way to perceive，think，and feel in relation to those problems’.”。整个句子的主干其实非常简单，即“one comprehensive definition has been presented”这一被动结构，而句子的详细内容则通过各种形式和手段加以整合，如使用介词for、by、of、with、in；关系代词who、that、as；分词invented、discovered、developed；不定式结构to cope with、to perceive、think、and feel；等等，使得该长句内容完整翔实，表述准确严谨。

再如，“Configurational isomerism is then due to the presence in the molecule of one or more dissymmetric centers，in the simplest case asymmetric carbon atoms，each of which can have (R) and (S) absolute configuration;and，or，to the presence of double blonds which can the presence of double blonds which can give cis-and trans geometrical isomers.”。这个长句的表达特点依然是将句子的主干信息置于句首，即“onfigurational isomerism is then due to the presence”，其他的次要信息通过which引导的定语从句等进行附加，使整个句子表达非常严谨，逻辑清晰，主

次分明。

十、常使用省略句式

科技文体中复杂句式较多，根据从句类型划分，可分为状语从句、主语从句、定语从句、表语从句、同位语从句等；根据句子的复杂程度划分，可分为并列句、复杂句以及并列复合句等。某些情况下，在并列复合句中，各句里的相同成分，如主语、谓语或宾语，均可予以省略。例如，“Low density polyethylene has a crystallinity range of 65 percent,and high density polyethylene of 85 percent.”。显然，and 之后的并列部分省略了“has a crystallinity range”，完整句子应为“Low density polyethylene has a crystallinity range of 65 percent,and high density polyethylene has a crystallinity range of 85 percent.”。

在科技文体翻译中，定语从句中也常常出现省略句式。由关联词 which 或 that 引导的定语从句，通常可将关联词和从句谓语中的助动词（当从句被动语态时）省略，只留下作定语用的分词短语，如“Vinyl resins cover a broad group of materials derived from the ‘vinyl’radical.”，既可以将“derived from the ‘vinyl’ radical”这个成分理解为过去分词作后置定语修饰中心词 materials，也可理解为省略句“Vinyl resins cover a broad group of materials（that are）derived from the ‘vinyl’radical.”。在科技文体的其他特定句型中，省略句式也较为常见，如“The smaller the particles（are）,the more freely do they move.”。在这个固定句型“越……越……”结构中，前半部分比较结构省略了谓语动词 are。在一些固定的省略句式中，有如 As described above（如前所述），If possible（如可能的话），As indicated in Fig.I（如图 I 所示），If required（需要时，如果需要的话），As noted later（如后所述，从下文可以看出），When in use（在使用时，当工作时），As previously mentioned（前已提及），When necessary（当必要时，如有必要），When needed（如果需要的话），As shown in table X（如表 X 所示）。可见，省略句式的大量使用使得科技文体结构严谨、概念清晰、表述准确、逻辑性强，在翻译科技文献时，译者也要充分考虑到科技文体的这一特点，采用适当的翻译策略对译文的语言进行斟酌和省略，使译文（尤其是汉译英时）符合科技文体的生态语境和表达习惯。

十一、句子结构严谨合理

英语科技文体要求客观性、准确性和严密性，既满足语法修辞的要求，又符合逻辑和客观实际。具体根据句子中表达的概念分别采用主从结构和平行结构。对于两个以上的不同概念或不同等重要的诸多个成分，有必要对句子进行逻辑分析，厘清句子的主次信息，将重要成分作为主句而其他成分作为修饰，使用主从结构进行构句。例如，“The crude petroleum oil obtained from well consists of a mixture of hydro-carbons each of which is a chemical compound of carbon and hydrogen.”，或表述为“The crude petroleum oil obtained from well consists of hydro-carbons and each of these is a chemical compound of carbon and hydrogen.”。

第三节 生态翻译学视域下科技文体翻译的三维转换

由于英汉两种语言系统的差异，其信息传递模式不相同，行文习惯和行文语序的侧重点也存在很大差异。各种语言的差异虽然客观存在，但译者应充分发挥主体性和能动性，以积极的态度去适应科技文体的生态语言环境，进行适应性选择与选择性适应。在翻译过程中，译者要从语言维度、文化维度以及交际维度等多元化视角完整地转换与传递原文的内容及其交际含义，通过对源语语序、词汇、句式等进行适当调整，使译文符合目的语的表达习惯、通顺明确、符合科技文体的基本特征，从而得到整合适应选择度最高的译文。

一、科技文体翻译在语言维度上的适应性选择转换

按照信息论的观点，翻译的本质就是通过语种转换把一种语言的言语所承载的信息转移到另一种语言的言语当中，用该种语言表达出来以传递给目标语言读者的过程，是把一种语言的言语转换成另一种语言的言语的活动。译文对原文信息的包

含程度称之为译文信息与原作信息的等价性，简称“信息等价性”（information equivalency）。译文使目标语言读者获得原作信息的程度称之为译文的信息的传递性，简称“信息传递性”（information transitivity）。因此，翻译活动的首要任务是完成语言文字符号层面的信息转换。根据生态翻译学理论，译者应在语言维度上关注两种语言符号间的信息转换，并做出适应性选择与选择性适应。例如，“In some automated plants electronic computers control the entire production line.”，即可按照文本层面的信息对等进行直译，译为：“在一些自动化工厂，电子计算机控制整个生产线。”

再如，“The present ‘packing density’ of 2.5 million bits of information per square inch can be increased in the future.”，也可以采用直译的方法进行翻译。

在数的表达方面，也要注意英语、汉语在单复数概念及数的特指与泛指方面的差异。比如，当英语可数名词复数或不可数名词表示泛指或一类时，译者应视上下文而采取适当的翻译方法，确保语言维度上信息的对等。例如，“They will mix freely with other organic compounds and are often soluble in organic solvents.”。这一句子中 organic solvents 的泛指意义最好译出，原句应译为：“它们能与其他有机化合物自由混合并溶于多种有机溶剂中。”

详文的信息等价性和信息传递性反映了翻译的本质。在翻译过程中，一方面要求译文与原文的信息具有等价性，即保证信息的等价转化；另一方面要求译文具有较强的信息传递性。信息等价性和信息传递性是翻译的二元基本标准。

二、科技文体翻译在文化维度上的适应性选择转换

语言是文化的载体，亦是文化的重要组成部分和表现形式，而文化又是语言赖以存在的基础，因此在翻译过程中，既要强调语言对翻译活动的重要依托作用，又要意识到文化对翻译活动的重要制约作用。在翻译过程中，由于源语与译语之间在语言特征和文化背景方面的差异，译者在翻译活动中不仅要了解源语的语音、语法、构句特点等，而且应深入发掘语言背后的文化内涵，对源语生态环境做出适应性选择，选择性适应源语的词汇内涵、文化背景、生态语境、思想观念、思维方式及语言习惯等因素，并在翻译策略、翻译标准等方面做出适应性选择。

由于各国的地域文化、语言环境及思维方式等差异，在科技翻译中译者也要充分考虑中西方价值观念、生活情趣等因素对翻译的制约作用，在词汇选择和构句模式方面既要符合科技文体的基本特征，又要考虑到文化差异因素，尽可能协调好二者之间的关系，使语言与文化因素相伴相生，成为推动翻译发展的促进因素。译者在创造或翻译汉语科技术语时，不可生搬硬套英语中科技术语的结构意义，还应考虑汉语的语言文化习惯，如术语 dot-character nonimpact printing technique，如果按照英语构词顺序和思维习惯译为“点阵字符非击打式印刷技术”，就不符合中国人的理解习惯和思维习惯，因此翻译时可对次序进行适当调整，译为“非击打式点阵字符印刷技术”更为通顺；类似例子还有 diesel-electric locomotive 应译为“电力传动内燃机车”而非“传动电力内燃机车”，decision tree classifier 应译为“树形判断分类法”而非“判断树形分类法”，iron and steel 应译为“钢铁”而不说成“铁钢”，zinc-lead battery 应译为“铅锌蓄电池”而非“锌铅蓄电池”，等等。再如，日常生活中某些常用词用在不同的科技文体中，其翻译方法也应参考文体风格和生态语境，考虑文化差异和表达习惯差异等因素，对常用词汇赋予其不同的意义。如在化学领域表示化学反应所使用的特定词汇：

combine 化合

break down 分解

decompose 分解

dissociate 离解

neutralize 中和

replace 取代

oxidize 氧化

reduce 还原

表达化学反应常用的一般性动词有 react（reaction）、obtain、form、convert、produce、give、yield 等。句子有“Acids react with certain metals to produce hydrogen.”（酸与某些金属起反应产生氢气）；“Silver hydroxide is easy to break down into the oxide and water.”（氢氧化银容易分解为氧化物和水）；等等。再如，“The homologs of benzene are those containing an alkyl group or alkyl groups in place of one more hydrogen atoms.”，句中包

含化学领域的专业术语，如 homologs（同系物）、alkyl（烷基），如果直译为“苯的同系物就是那些被一个或多个烷基取代一个或多个氢原子所形成的产物”，读者会明显感觉句子表述不清、语义模糊，亦不符合科技文体表述精准、严谨的文体风格，考虑到汉语注重意合的表达习惯，可将句子进行修改和调整，译为：“苯的同系物是那些苯环上含有取代一个氢的单烷基或取代多个氢的多烷基的物质。”此句译文通过明确修饰关系达到最高的整合适应选择度，因此更易为目的语文化的读者所接受。

汉英词语间的差异带着浓厚的文化特征，出现了多义词、歧义词、双关语、同义词、反义词、词汇空缺等常见而难以翻译的语言现象。有些英汉词语在概念意义上是对应的，但在内涵意义上却不对应，而另一些汉英词语在词义上是完全不对应的，即出现词义空缺现象。这种不对应现象给汉英翻译造成一定的难度，需通过适当的翻译技巧加以克服。英语中的多义词现象远多于汉语，这一点在科技文体中也有体现，以 matrix 一词为例，其词典释义包括：（1）（生物形成生长的）母体，母体组织：【解】子宫。（2）发源地，策源地。（3）【生】细胞间质，基质。（4）【矿】母岩，杂矿石，基岩;【地质】脉石，填质;（岩石中化石等的）痕印。(5)【治】(合金的）基体。(6)【刷】纸型，字模。（7）唱片模子。（8）【数】阵，矩阵，真值表，母式，【无】矩阵变换电路；【语】主句、独立句。因此给翻译活动造成极大困难，译者若只知其一，不知其二，那么在翻译过程中容易出现误译或死译现象。如“Rome was the matrix of Western civilization.”，如果望文生义，容易直译为“罗马是西方文明的矩阵”，读者必然一头雾水；而如果译者考虑到文化背景和历史渊源，就很容易获得正确的译文，该句应译为：“罗马是西方文明之母。”

再来看 matrix 一词在其他语境中的翻译处理方法：

absorption matrix 投入矩阵

accounting matrix 会计矩阵

1-adic matrix 1 进（矩）阵

adjacency matrix 邻接矩阵

adjoint matrix 伴随（矩）阵

admittance matrix 导纳矩阵

aggregation matrix 集结矩阵

almost triangular matrix 准三角形矩阵

alpha matrix of the sum of squares 平方和矩阵

alternate matrix 交错（矩）阵

amplification matrix 放大矩阵

anti-Hermitian matrix 反埃尔米特矩阵

anti-symmetric matrix 反对（矩）阵

associate matrix 共轭转（矩）阵

associated matrix 相伴（矩）阵

augmented matrix 增广矩阵

autocorrelation matrix 自相关矩阵

auxiliary matrix 辅助矩阵

band matrix 带状矩阵

basic generated matrix 基本生成矩阵

basis matrix 基矩阵

behavioural matrix 行为矩阵

bidiagonal matrix 两对角线矩阵

binary matrix 二元矩阵

binder matrix 结合混合料

black matrix 黑色矩阵，黑底

block circulant matrix 分组循环矩阵

bone matrix 骨基质

bordered symmetric matrix 加边对称矩阵

bounded matrix 有界矩阵

branch elastance matrix 分支倒电容矩阵

branch inductance matrix 分支电感矩阵

branch operator matrix 分支算子矩阵

brief-value matrix（心理学的）信念价值方阵

canonical matrix 典型矩阵，正则矩阵，典型阵，正则阵

casting matrix 浇铸基体

cell matrix 细胞基质

channel matrix 信道矩阵

characteristic matrix 特征矩阵，本征矩阵

check matrix 复核表

chroma-key matrix 色度键矩阵

chromosome matrix 染色体基质

circuit matrix 环道阵

circulant matrix 轮换矩阵

citation matrix（图书）引文源

classical canonical matrix 经典标准矩阵

clay matrix（出版）泥版

cocycle matrix 余圈矩阵

coefficient matrix 系数矩阵

coherence matrix 相干矩阵

cold plastic matrix 冷塑性基料（常温溶解型基料）

collision matrix 碰撞矩阵

colour matrix 彩色矩阵

column matrix 列矩阵

community matrix 社团（与当地学校）协作式

commutator matrix 换位矩阵

companion matrix 相伴（矩）阵，友（矩）阵

completely unimodular matrix 完全幺模矩阵

complex matrix 复矩阵

complex conjugate matrix 复共轭（矩）阵

complex orthogonal matrix 复正交矩阵

composing machine matrix 铸排机字模

composite matrix 合成（矩）阵

compound matrix 复合矩阵

computing matrix 计算矩阵

conformable matrix 可相乘矩阵

congruent matrix 相合矩阵

connection matrix 联络矩阵

consistently ordered matrix 相容次序（矩）阵

constant-sum matrix【统计】常数总额矩阵

constraint matrix 约束矩阵

control matrix 控制矩阵

controllability matrix 可控性矩阵

copper-rich matrix 富铜基体

core matrix 磁心矩阵

correlation matrix 相关系数矩阵，相关矩阵

cost matrix 价值矩阵

coupled matrix 耦合矩阵

covarian matrix 协度矩阵

covariance matrix 协方差矩阵

cross-bar addressed dot matrix 正交线寻址点矩阵

cross-products matrix 交叉乘积矩阵

current steering diode matrix 电流导引二极管矩阵

cut matrix 雕刻字模

cut set matrix 割集矩

cycle matrix 圈矩阵

cyclic matrix 循环（矩）阵

cytoplasmic matrix 细胞质基质

damping[damped] matrix 阻尼矩阵

data responsibility matrix【信息】数据可靠性真值表

decision matrix 抉择矩阵

decoder[decoding] matrix 译码矩阵

deformation matrix 形变矩阵

degenerate matrix 退化矩阵

由此可见科技翻译之难。俗话说：“隔行如隔山。”对于“外行”的翻译研究者

和读者来说，如果不了解相关领域的专业术语、语言特点以及文化背景等生态环境因子，就很难对科技文体的翻译生态环境做出选择性适应和适应性选择，就很难在浩瀚的语言信息空间找到与源语相匹配的信息转换符号，很难筛选出合适的译文。因此译者必须提高自身的文化素养和语言基本功，深入了解源语与译语的语言特点、表达习惯、文化背景和生态翻译环境，正视不同民族语言文化间的差异，努力矫正文化错位现象，努力填补文化空缺现象，以使源语与译文达到最高契合度。

三、科技文体翻译在交际维度上的适应性选择转换

语言是交际的工具，在翻译过程中，译者不但要关注语言文本层面的信息转换，而且要将文化因素和交际目的因素考虑在内。翻译过程中源语交际意图的适应性选择转换是指关注原文文本的交际意图是否能够在译文中得以体现，不论是科技文体还是法律文体、旅游文体等，在实现语言的交际目的过程中没起多少作用甚至导致翻译受阻的语言信息都应进行适当的调整或处理。译者要注重交际维度上源语信息量的调整和处理，力求使读者以最小的阅读努力获得最大化的信息量，领会语言交流的最终目的。

例如，“The KODAK fiche reader 321A is easy to operate, versatile, compact and has a pleasing modern style.”。这是一则柯达胶片的广告说明书，在科技文体的生态语境中，显然 reader 不再表示“读者”而是指“阅读器”之意。该句如果仅从语言维度进行考察，其直译译文为“柯达牌缩微阅读器 321A 很容易操作，多才多艺，紧凑型，并具有漂亮的、现代的款式”，译文中信息杂糅，指代模糊，语义不明。因此必须从多元维度的视角进行考察，从语言差异、思维方式差异、表达习惯差异以及交际意图等层面对原译文进行推敲和改译。考虑到该文本的交际目的是介绍柯达新款胶片阅读器的一系列功能以及科技说明文体语言力求简洁、凝练、客观的文体特点，并且结合汉语具备意合的表达优势和惯用四字格的行文习惯，将原译改为：“柯达 321A 型缩微胶片阅读器操作简便，功能齐全，结构紧凑，造型美观。”这样一来，译文朗朗上口，很容易打动消费者，具备很强的呼唤功能，实现了源语的交际目的。

再如，“Don’t remove any parts or components from the equipment unless it is authorized.”。该句是英语中典型的 not...unless... 句型结构，一般译为“除非

……否则……”，因此原句可译为：“除非被授权（获得批准），否则不可以拆除该设备的零部件。”不过，译文貌似合理，中国读者却会觉得表达很别扭。考虑到源语是一句否定意义的祈使句，表示命令或禁止的含义，为实现源语的这一交际目的，译者需要在交际维度上对译文及其生态翻译环境做出适应性选择。因此将原译文改为“不得随意拆卸设备零件”更为通顺达意，亦是译者在交际维度上做出适应性选择的最佳译文。

第九章

新闻文体的生态翻译

随着经济全球化和文化全球化进程的不断深入，人类信息的传播与交流变得越来越重要。新闻翻译作为各国之间信息交流与文化传播的重要媒介，其作用不容小觑，新闻翻译也一度成为翻译研究领域的热点。新闻承载的信息量大、信息面广，涉及政治、经济、社会、语言、文化、历史等各个领域，涉及人类交际的各个方面，因此对译者的文化素养和语言能力提出更高的要求。这要求译者能考虑相关诸要素，充分发挥译者的主体作用，对文本进行适应与选择，从而增加目的语文本的可信度。为此，译者需要担起双重身份，对源语文本进行拆解并进行重组或改写，从而形成新的目的语文本。

第一节　新闻文体翻译对译者的基本要求

所谓新闻是指“新近发生的事实的报道”(陆定一《我们对于新闻学的基本观点》)，而正在发生的或将要发生的事实也是新闻特别是广播电视新闻报道的对象。新闻英语指英文报刊上常见的各类文章，体裁多样，包括新闻报道、新闻特写、广告、公报、文艺作品、述评、访谈、学术介绍和争鸣等，题材广泛，内容包罗万象。由于这类文本体裁多样、涉及面广，所以没有统一的新闻文体模式。例如，消息类和通讯类的新闻体文本就有明显区别。后者主要采用散文体形式，翻译时可运用跟散文翻译相类似的方法；而前者则要求具有快速、新颖、简洁和翔实等特点，因此新闻翻译与其他应用文体一样，对译者的文化素养、英汉语言能力及翻译技能提出了更高的要求。

一、译者应充分了解新闻文体的基本特点

随着国际交流的日益频繁，新闻翻译显得越来越重要。新闻是用不同语言书写的，

而语言是文化的载体，文化又根植于某种特定的自然、历史和社会环境，是生态环境的重要组成要素，因此新闻翻译要求译者应具备生态意识和跨文化交际意识，充分调动自己对异文化的敏感性，才能使译语读者不仅能获得源语新闻记者所报道的信息，而且还能获得与源语新闻读者大致相同的教育或启迪、审美享受或文学享受。由于中西方文化背景、思维方式和语言表达习惯的差异，其语言表达方式也存在着巨大的差异。在从事新闻翻译时，译者除了要熟悉译入语和译出语的语言特点外，还应具备生态意识，加强自身跨文化意识的培养，在翻译过程中充分考虑译者、源语、译语以及受众群体之间的生态关联及相互作用，用生态论的“整体观”“系统观”和“发展观”来审视人类的翻译活动，使新闻翻译的译文更具生命力和新闻价值。

二、译者应具备充分的跨文化交际意识和语言转换意识

“新闻翻译是把一种文字写成的新闻用另一种语言表达出来，经过再次传播，使译语读者不仅能获得源语新闻记者所报道的信息，而且还能获得与源语新闻读者大致相同的教育或启迪，获得与源语新闻读者大致相同的信息享受或文学享受。”①要实现这一目标，新闻译者不仅要掌握两种语言，熟悉译入语和译出语的语言特点，而且还要了解语言当中的社会文化，因为语言作为文化的载体，往往负载着一定的文化意蕴。正如王佐良教授在《翻译与文化繁荣》一文中所说：“就是两种文化的不同。在一种文化里头有一些不言而喻的东西，在另外一种文化里却要费很大力气加以解释。”②因此，译者要具有强烈的跨文化意识，做“一个真正意义上的文化人”③。所谓做“文化人”，就是要尽可能多地了解源语民族的文化，不仅精通其语言，还应熟悉其政治、经济、历史、风俗习惯、情感生活、哲学思想、科技成就等。文化差异会对新闻翻译产生重大的影响，直接关系到新闻翻译的质量和信息的传递。新闻具有时时更新的特点，相应的新闻翻译活动也必将非常频繁，因此培养加强新闻翻译人员的跨文化意识已成为当务之急。

跨文化意识的培养主要从以下几个方面着手：

---

①刘其中．新闻翻译教程 [M]. 北京：中国人民大学出版社，2004.

②王佐良．翻译与文化繁荣 [A]// 郭建中．文化与翻译．北京：中国对外翻译出版公司，1999.

③王佐良．翻译：思考与试笔 [M]. 北京：外语教学与研究出版社，1989.

首先，译者应了解词汇的背景知识，在直译无法实现源语与译语完全对等的情况下，按照词汇的文化史源含义进行翻译推敲。词汇作为语言的重要组成部分，具有很强的文化符号特质，宗教、历史、习俗、典故等无不凝结着各民族的审美心理和文化特征。例如，white feather 在西方文化中并非指洁白的羽毛，而是指战场上临阵脱逃的懦夫，如果译者不了解这一文化差异，必然会因理解上的失误造成翻译的失误。

其次，译者应充分了解各民族文化的内涵，通过“借义法”弥补本民族文化的缺失，丰富本民族文化的内容。例如，awl（猫头鹰）一词无论是在中国文化中还是在英美国家文化中普遍带有不吉祥之意，因其常常在半夜发出凄惨的叫声并能“预测”病人的死亡而被人们视为“死亡之鸟”，但并不是全球都如此。如果译者仅从中国文化的视角来解读猫头鹰一词，在翻译过程中必然会造成很多费解或误解，因为在其他国家如日本，猫头鹰被视为福鸟；在小说《哈利·波特》中，猎头鹰因能记住复杂的魔法咒语而受到魔法师的青睐，成为魔法师的信使；在希腊神话中，猫头鹰成了智慧女神雅典娜的圣鸟，被视为智慧的象征。如此丰富的词汇内涵对于翻译活动中的译者来说势必造成很大困难，因此译者有必要在翻译实践中积累一些本民族语言文化中不具备的词汇内涵，以便在翻译过程中得心应手。

最后，译者应注意特定民族文化赋予词汇的外延意义，避免词汇连错位现象。在翻译实践中，译者往往会遇到以下情况：源语中某些词汇在语义或语用方面只是部分与译语等值，简单的对等翻译容易造成语义或语用失误。例如，在中国文化中 East Wind 喻指有利的形势或条件，如人们所熟知的成语“万事俱备，只欠东风”——在中国文化中，人们常以 East Wind 命名货轮或船只，寓意航行一帆风顺，因为受中国所处的地理位置影响，东风 East Wind 代表复苏万物的春风，而西风 West Wind 则是冬天吹的凛冽寒风；而在西方国家如英国，诗人雪莱歌颂的却是 West Wind，因为从欧洲大陆北部吹来的 East Wind 是阴冷的寒风，而 West Wind 才是温暖的春风。因此，在翻译过程中，译者应充分了解词汇的多元文化内涵，不能只知其一，不知其二，既要了解词汇的多民族文化共性，又要了解其特定民族文化的个性，在翻译过程中根据各民族的地域、历史、宗教、思维、审美等文化差异进行跨文化交际意识的转换，才能使译文符合译语的生态语言环境，具备更强的生命力。

三、译者应加强中西方文化素养

中华文明源远流长，文化博大精深，译者在从事新闻翻译过程中应有意识地加强对中国文化的深入了解，在熟知中华民族的文化的同时学习西方文化，多研读对中国有深远影响的国学书籍，并且把中西方两种文化加以对比，以更好地传播中国文化。除了《英美概况》《英美文学史》《欧洲文化入门》等课程，新闻翻译人员还应学习《圣经》和《古希腊罗马神话》方面的课程，加强政治、文学、历史、哲学和宗教文化方面的学习。此外还须了解国内外政治、经济、科技、文化等热点问题，关注欧美主要新闻媒体，关心时政要闻，养成每日读报、听新闻的习惯，为游刃有余地从事新闻翻译工作打下坚实基础，使自身无论在语言层面、文化层面还是跨文化交际层面对译文的处理都能够得心应手。

第二节　新闻文体的基本特征

一、新闻文体的词汇特征

（一）语言简洁明晰

英语新闻语言在词语表达上力求简洁明晰，语意清新，用词生动，表达客观，常用谚语、成语和典故以及比喻等修辞手法引人注目，耐人寻味。新闻报道常使用某些词汇来表达事实和事件，因此这些词汇经过长期使用后逐渐取得与新闻报道相联系的特殊意义，具有特定的新闻色彩，成为新闻体词语（journalistic words）。新闻体词语常带有新闻文体的特色，在特定的上下文限制下，具有其特定的含义。新闻报道要吸引尽可能多的读者，因此用词又力求新奇。例如，horror 一词是新闻标题中的常用词，用以表示“不幸事故和暴力行动”。再如，nadir 常指“两国关系的最低点”。此外，新闻报道中还有一些约定俗成的套语，如“according to sources concerned”（据有关方面报道），“cited as saying”（援引……的话）。

（二）常使用“新词”和“小词”

新闻报道涉及社会政治生活、金融商业活动、军事冲突、科技发展、外交往来、文化体育动态以及宗教、法律、家庭等各个方面，因此新闻报道用词范围广，“新词”和“小词”层出不穷。小词（midget words）即简短词，一般为单音节词。小词的广泛使用一是由于报纸篇幅有限，用小词可以免于移行或占用过多篇幅；二是由于小词的词义范畴很宽，一般比较生动鲜活。新闻英语称这类词为synonyms of all work（万能同义词），如back（支持）、ban（禁止）、curb（控制）。为了表达需要和追求新奇，新闻报道常常使用“临时造词/生造词”，即临时创造或拼凑起来的词或词组，具有鲜明的新闻特色和时代特征。例如，Euromart（European market 欧洲市场）、Reaganomics（Reagan-economics 里根经济）、Ameritocracy（American-aristocracy 美国寡头政治统治）、haves and have-nots（富人和穷人）。

（三）大量使用缩略语

新闻英语中大量使用缩略语，主要是为了节省时间和篇幅。比如，WB（world bank 世界银行）、ASP（American selling price 美国销售价）、biz（business 商业）。如果不了解新闻英语的这些文体特点和构词特点，就容易在翻译中造成误解和误译。

为了唤起读者的亲切感（sense of togetherness），英语新闻文体大量借用体育、军事、商业、科技、文学、娱乐业等方面的专业词汇或外来词。例如，schmuck（蠢货，源于意大利语）；macho（有男子气概的，源于墨西哥语）；the odds（可能性，高尔夫用语）；showdown（摊牌，赌博用语）；package deal（一揽子买卖）；dark horse（出人意料的获胜者，赛马用语）；throw somebody a curve ball（虚晃一招、行骗）；get to first base（取得初步成功，棒球用语）；throw the sponge（认输或投降）；play for high stakes（下大赌注）；hit the Jack-pot（获得大笔赌注、取得巨大成功等）。

新闻词汇还有一大特点即“旧瓶装新酒”，将常见词赋予新意，进行词义的转变。例如，upper（a stimulant drug 一剂麻醉药）、umbrella（a nuclear umbrella 核保护伞）、throwaway（wasteful 浪费成风的）、streetwalk（to walk without an effort as if window shopping in the street 毫不费力地走过场，原指“妓女，沿街卖笑”）。

以上新闻英语诸例中词汇的文化内涵对于新闻翻译中信息功能的传递起至关重要的桥梁作用，因此译者必须深入了解新闻文体的语言特点和文体特点，以便能够准确把握这些文化信息负载词的内涵，使之更好地服务于译者的翻译活动。

二、新闻文体的句法特征

新闻英语不但词汇特色鲜明，其语法、句法以及章法也有其自身的特色。新闻文体一般采用平素易懂的语句，近于谈话体、口语化的行文语言。就新闻报道的标题而言，英语新闻标题一般使用完整的句子（包括各类从句、祈使句、疑问句），或使用名词、名词短语、单词的首字母、缩略语、介词短语等；其谓语动词多使用一般现在时代替过去时、动词不定式代替将来时；非谓语动词多用动名词、动词不定式、分词等。

（一）较多使用省略句和扩展的简单句

由于报刊篇幅有限，新闻文体在语法方面一个重要特点是句型的高度扩展，结构严谨，将丰富的信息压缩在有限的篇幅中。简单句有助于清楚地叙述事件的发生发展过程，可突出显示事件发生发展过程的层次感。常见的方法有使用同位语、介词短语、分词短语等语言成分扩展简单句。有时还较多地使用插入语代替从句，从而简化句子结构。在新闻标题中很多部分被省略，如冠词、介词、联系动词、连词、代词。例如，"Lewis,Xie Voted World Top Two（Lewis and Xie Jun were voted world's top two athletes）"。这则新闻标题将连词 and、谓语动词 were、名词所有格 's 以及被修饰的中心词 athletes 等统统省略，突显出新闻文体言简意赅、醒目并吸引读者眼球的表达效果，但译者及读者可通过常识、文化背景和语境等因素对新闻内容加以把握，从而获得正确的理解。

（二）经常使用复合性短语代替从句

为使句式简练，新闻报道常采取用连字符构成复合性短语做前置定语，来代替定语从句，使句子化繁为简，达到醒目的表达效果。例如，on-site-service（现场服务）、most-favored-nation treat-ment（最惠国待遇）。

（三）被动语态使用频繁

由于新闻报道中最受读者关注的往往是动作执行者或受动者，因此被动语态的使用较为频繁，但在翻译过程中要灵活处理，尤其在英译汉过程中应予以充分考虑，将汉语的表达习惯译为主动语态。下面结合一则新闻报道中的语句进行分析："More than 50 million acres of farmland have been submerged and grain store damaged.Thousands of peasants have been shown on television trying to save their grain by loading sacks into boats or trying to move them to higher ground.”。该报道中连续使用三处被动语态：“farmland have been submerged”“grain store（have been）damaged”和“thousands of peasants have been shown on television”，凸显出灾害的受害者，使报道重点突出，主次分明。该报道可译为：“五千多万亩粮田被淹，很多粮仓被毁。电视屏幕上，成千上万的农民在设法抢救粮食。他们或把麻袋装的粮食运到船上，或把它们转移到高处。”翻译时注意将句中“thousands of peasants have been shown”译成主动语态更符合汉语表达习惯。

（四）使用一般现在时和现在进行时

新闻文体在时态方面多使用一般现在时和现在进行时。由于新闻报道强调及时性和客观性，因此报道中多使用一般现在时或现在进行时，这两种时态给人展示事件正在进行的效果，给人以真实感和现实感。例如，“A Ground War Begins”（一场地面战打响了），“Deposits，Loans Rising in HK”（存贷款项在港回升）。甚至在 said、told、reported、added 等动词过去时后面的 that 宾语从句中，过去时也常常为现在时态所替代。再来看下面几则新闻标题翻译的例子：在“French Culture Is In The Doldrums”（法国文化颓然不振）中，谓语动词 Is 使用了一般现在时；在“Husband And Wife Team Unlocks New Gene Secrets”（夫妻联手解开新的基因奥秘）中，谓语动词 Unlocks 为一般现在时：在“*The Departed* Lands Best Picture Oscar”（《无间行者》获第 79 届奥斯卡最佳影片奖）中，谓语动词 Lands 使用了一般现在时；等等。

第三节　跨文化交际意识培养与新闻翻译

对于新闻译者而言，其在翻译时必须具备很强的跨文化意识，并对文化差异有高度的敏感性，才能使译语读者不仅能获得源语新闻记者所报道的信息，而且还能获得与源语新闻读者大致相同的教育或启迪，获得与源语新闻读者大致相同的信息享受或文学享受。文化差异主要表现在文化沉积、认知体系、思维方式三个方面。文化沉积主要指的是各民族语言在长期使用过程中产生的大量的俗语、典故、格言等，以及当代社会的政治、经济、科技、文化等各个领域每天都在产生的大量的新观念、新词汇，它们蕴涵着丰富的文化内涵，带有浓厚的色彩。如果对文化沉积没有相应的认识和了解，将会影响其正确的翻译。

下面列举几个例子。

（1）原文：I do not have a crystal ball. I cannot predict how long it will take.

译文：我没有水晶球。我无法预计它会持续多久[①]。

这是一个不了解crystal ball（水晶球）文化内涵引起误译的例子，译文使读者一头雾水。译者显然缺乏跨文化意识。原新闻背景：一位参与斡旋斯里兰卡政府和泰米尔猛虎组织间紧张局势的挪威官员称，斯里兰卡政府与泰米尔猛虎组织达成一致意见，同意在泰国曼谷举行谈判，旨在结束斯里兰卡长达19年的内乱，但目前还不确定会谈将持续多久。报道中这位官员说了“I do not have a crystal ball. I cannot predict how long it will take.”，其中的crystal ball指的是水晶球，在西方文化中，水晶球是占卜者借以预见未来的工具。可将其改译为：“我不能预见将来的情况，所以不清楚会谈将持续多久。”

（2）原文：The New Whiz Kids（Times Aug. 31, 1987）

译文：官员自命不凡 越战一塌糊涂

这是个新闻标题，其中Whiz Kids是政治领域中出现的词汇，指在约翰·肯尼迪执政时他任命的一批年轻有为、才智出众但往往缺乏实际经验的官员。文章写时正值美国发动的越南战争战况恶劣，这里用的Whiz Kids，就有很强的文化背景，讽刺意味明显，英美读者读后必会会心一笑，而中国读者可就一头雾水。

对于此类内容，翻译时意译更好。

美国《时代》周刊曾把尼克松访华说成是“Nixon's Odyssey to China”，Odyssey（《奥德赛》）是西方读者熟悉的神话典故，原为古希腊诗人荷马的一部英雄史诗，描写奥德修斯在古城特洛伊陷落后所经历的一段漫长而艰难的历程，这里用来喻指中美关系正常化的一段漫长过程，不能不说意味深长。

如果我们不了解《奥德赛》这一故事，不知道该词在这是“漫长历程”之意，就

---

①田月梅. 信息化环境下翻译中的文化差异和跨文化意识培养研究 [J]. 教育教学论坛，2017（19）.

难以理解“Nixon’s Odyssey to China”的真正含义。

认知差异主要是指每个民族在价值取向、宗教信仰、审美观念等方面的不同，面对相同的感知对象会有不同的理解和联想。如果新闻中涉及动物方面的内容，译者要多加注意，因为东西方文化中动物的联想含义是不同的。如前面章节提到的中国的龙，西方原来认为是可怕的怪物；而英语中的狮子很多时候相当于汉语中虎的形象。思维差异是指不同的民族有不同的思维方式、思维特征、思维风格等。由于思维方式的差异，英汉两种语言在语序安排上多有不同。汉语句子语序以逻辑为序，往往先因后果，先假设后推论，先叙事后表态，先说以前发生的事，再说最近发生的事，而英语则不同。例如下面新闻导语的翻译：

原文：Pakistani forces battled Taliban fighters on Monday as the militants denounced the army and government as U.S. stooges and said a peace pact would end unless the government halted its offensive.（Reuters May 4, 2009）

译文：由于武装分子指责军队和政府为美国的走狗，并称政府不停止进攻则终止和平协定，巴基斯坦安全部队周一（五月四日）发起对塔利班武装分子的打击行动。

这则新闻导语，英语导语是先果后因，翻译成汉语时，应遵从汉语的逻辑顺序，因此译文是先因后果。

第四节　生态翻译学三维转换视域下的新闻翻译

胡庚申教授的生态翻译学为新闻翻译提供了更为系统和科学的研究视角。生态翻译学视域下的新闻翻译强调译者在翻译过程中的主体作用，强调译者对文本进行适应性选择。该理论以达尔文的生物进化论中的“适应与选择”作为研究基础，以期从崭新的视角来研究翻译现象和翻译活动，从而对翻译实践起到指导作用。通过对新闻案例的分析来解读译者在新闻翻译生态环境的诸要素之间进行适应与选择的过程，详细论述汉英新闻翻译生态的多层面因素及其与译者的关系，从而发挥译者的中心作用；基于生态翻译学的新闻翻译力求在整个新闻文本的信息处理和目的语读者的期待值之间达到最大的平衡，使译者主体性作用最大化。译者将充分考虑二者的各自特性、目的语读者群体的接受程度和新闻翻译生态环境诸要素等综合因素，通过充当语言学家、跨文化交流专家及交际专家的角色来进行翻译策略的筛选，诸如编译法、改写法、省略法、增译法，采取最佳的翻译策略对新闻翻译进行解读，以期获得理想的翻译效果和有效的新闻传播。生态翻译学能引起更多的关注及深入的研究和探讨，从而更进一步推动该新兴理论的发展。

新闻文体作为一种根植于社会生活、反映生活并服务于大众的应用文体，按照事件的性质，新闻可分为“硬新闻”（hard news）和“软新闻”（soft news）两大类。硬新闻也就是“纯新闻消息报道”，指题材严肃、具有一定时效性的客观事实报道；软新闻是指情感味浓、写作方法诙谐、轻松幽默的社会新闻，不注重时效性。

一、语言维度新闻英语翻译的适应性选择转换

新闻文体的翻译主要包括新闻标题的翻译、导语的翻译、新闻报道的翻译、新闻特写的翻译和新闻评论的翻译。新闻体裁的多样性决定了新闻翻译要根据不同的内容和体裁选择不同的语言表达手段，做到文体适切。由于新闻体裁的文体特征，新闻报道大多采用倒金字塔结构（inverted pyramid）对事件进行陈述或翻译，往往把最重要的信息内容放在新闻报道的最前面，随后按重要性递减的顺序依次陈述其他内容。其优点在于能迅速地把最新鲜、最及时、最重要的事实和信息以开门见山的方式传递给读者，满足读者的好奇心与新鲜感，使读者一目了然，节省时间，提高阅读效率。一般来说，通常将新闻五大要素（5W）放在第一段，采用缩略句式进行报道。例如，“温家宝总理将出访亚洲四国并出席亚太经济组织会议”可译为“Premier Plans Asia Trip”；“为中国的改革开放事业做出贡献，数十位外国专家获得友谊奖”可译为“Foreign Experts Awarded Medals”；“为方便台湾记者来祖国大陆采访，国务院台办颁布新规定”可译为“Journalists from Chinese Taiwan to Benefit from New Rules”；“美国航天史上最大悲剧‘挑战者’号航天飞机空中爆炸”可译为“Challenger Explosion Brings Grief Worldwide”。同样，英文新闻标题或报道的翻译也要根据新闻语体的基本特征和构句特点，适当采用变通的翻译方法进行处理。例如，“Divorce New York Style（NYT）”译为“纽约式离语”；“Cabinet Papers Leak Inquiry （*Guardian*）” 译为“内阁文件泄密事件调查工作”；

“Corruption Reports Against Police Rise（NYT）”，译为“指控警方受贿呼声四起”；“The rod comes back （*Newsweek*）”译为“英国小学中体罚之风又起”；“GOP Shakedown Cruise（*Newsweek*）”译为“共和党的（竞选）试航（揭开序幕）”；等等。以上各例充分体现了省略句式在翻译新闻标题中的重要构句作用。

由于中英标题风格各异，在翻译过程中，译者应适当照顾英文标题的特点；为了达意，汉语标题中的修辞手法有时要做出牺牲，其语言结构有时要打破重组，以契合英文标题的习惯特征。

二、文化维度新闻英语翻译的适应性选择转换

新闻翻译不可随心所欲，主观臆断，脱离原意；也不可拘泥于原文语言形式，还必须考虑到新闻文体的基本特征及其语境制约因素，如新闻词汇的文化背景、新闻事件的历史内涵、政治因素、宗教因素、大众审美、心理因素，要从原文各个组成部分之间的相互联系以及原文与其生态环境各因子之间的相互联系去理解原文，才能将新闻题材的文体译好，确保目标读者接收到正确的信息传递。

例如，“Reagan's more-guns-less-butter budget（*The New York Times*）”这则新闻标题可译为“里根预算：多一些枪炮，少一点黄油”。这一译文不仅在语言上保留了源语的原汁原味，而且充分体现了中西方文化的差异性，如用 guns 来指代“军事（开支）”，我国伟人毛泽东主席在指挥八路军作战时提出了“枪杆子里面出政权”的号召，因此在中西方文化语境下，用 guns 指代军事，对于中西方读者来说都很容易接受；俗话说“民以食为天”，要搞好军事等，必须解决好人民的“吃饭（温饱）”问题，butter（黄油）在西方文化中则是“粮食、食物”的代名词，西方人最常吃的一道早餐就是 bread and butter，因此上下文中，用 butter 指代“食物（开销）”再恰当不过——虽然 butter 是西方人常见的事物，对于中国老百姓来说 oil（豆油）更为亲切一些，然而考虑到上下文语境的需要，译者保留了源语文化的特质，采用直译的方式进行处理，保留了原文的异国情调，也能实现很好的信息传递效果，并能引起中西方读者的心理共鸣。同样，“Russian Reform—Old Wine in New Bottle”这则新闻标题译为“俄罗斯改革——新瓶装旧酒”更符合西方读者的审美需求和审美心理，因为 Wine 是西方饮食文化的重要组成部分，而中国代之以“茶”；如果考虑到目标读者群体为中国读者，则译为“俄罗斯改革——换汤不换药”更符合中国读者的

表达习惯和审美情趣，使中国读者一目了然。

再如，“A Tale of Two Debtors”这则新闻标题是《经济学家》2000年1月22日版封面文章的题目。作者巧妙地借用英国著名文学家查尔斯·狄更斯的代表作《双城记》的标题，在翻译的时候，可用“两个欠债国的故事”，使文章显得幽默，更有文学底蕴和文化内涵。“Britannia Rues the Waves”这个标题是套用或改写英国海军军歌*Rule, Britannia*中的叠句“Britannia rules the waves”（不列颠统治海洋），将rules（统治）改为rues（悲悼），意在讽刺日益衰落的英国航运业。从英语角度来看，这是一个非常成功的仿拟（parody）修辞手法，因为Rules与Rues读音几乎一样，意义却相去万里，所以不难想象富有幽默感的英国人看了标题会有何种感受。同样，“To Save or Not to Save”这个标题显然借用了莎士比亚《哈姆雷特》中的名句“To be or not to be”，如果读者不了解中西方文化差异，不了解莎士比亚的文学作品，就不能领会该句的深层含义和理解新闻标题的内涵，也就无法领会到作者用典（allusion）的巧妙之处。

以上例子的巧妙翻译离不开译者自身的文化素养、翻译功底以及翻译过程中对译文文化空缺的巧妙增补。因此，新闻翻译不能仅仅局限于语言的文字和概念维度的翻译，还需考虑到源语与译语的文化差异性以及语言的文化内涵，只有体现出英汉语言文化的不同，才能跨越文化的差异与障碍，达到沟通交际的目的。

三、交际维度新闻英语翻译的适应性选择转换

新闻翻译中如果出现国人可能不太熟悉的有关信息、文化背景知识以及不符合国内读者阅读习惯的表达方式，译者要揣摩源语作者的表达意图进行必要的变通，该删则删，该增则增，使新闻语言的翻译达到及时有效传递新闻资讯的交际目的。正如刘宓庆先生在《文体与翻译》中说的：“即使是明白、易懂的新闻标题，我们在汉译时也常需加上逻辑主语，或电讯中有关的人的国籍、事件发生的地点等，总之必须增补介绍性、注释性词语以利中国读者的理解，避免读者产生误会。”例如，在“Florida Court Oks Proposed Office Smoking Ban”这则新闻标题中，谓语动词使用了oks的一般现在时形式，属于词类的转换用法，但如果将其直译为“是的”，新闻标题就会表达不畅。因此译者应分析新闻语言的表达意图进行转译，译为“佛罗里达州法院通过办公室禁止吸烟提案”，这样既符合源语要表达的意图，又符合译语的表达习惯，

读起来更通顺地道。再如，“Pioneer Colleges Face Axe”这则标题中axe一词本义为“斧头”，如果译者不了解这一词语的文化内涵以及作者的交际目的，就容易望文生义，理解为“一些实验院校面对斧子”，这种奇怪的翻译只会让读者摸不着头脑，不知其所云；因此必须充分了解axe一词的文化内涵以及与face搭配使用生成的新的词汇意义。由于英语中get the axe表示“解雇”的意思，因此经推敲上下文语境和源语交际意图，将其译为“一些实验学院面临裁削”更易被读者接受。由于汉语的行文讲究对仗和押韵，因此在新闻英语翻译过程中，译者也要适当考虑汉语的表达习惯和行文习惯，适当采用增补信息的方式处理译文，使之更好地发挥交际和信息传递功能。例如，“Tourism Up and Violence Down, Jamaica Says”译为“牙买加称，旅游业蒸蒸日上，暴力犯罪日益减少”。这里源语中借助up和down两个介词完成述谓功能，不能简单译为“上”和“下”，而应通过理解源语的表达意图，将介词词类转化为动词，且应考虑译语的翻译生态环境和目的语读者的行文表达习惯，译成合仄押韵的“旅游业蒸蒸日上，暴力犯罪日益减少”，使译文更容易被大众所理解和接受，可谓是翻译整合适应度最高的译文。

译者在交际维度的选择性适应和适应性选择还体现在某些修辞手法的运用方面，通过这些修辞手法的灵活运用，有效化解译语语言匮乏或语塞的尴尬，合理弥补翻译空缺现象，使译文顺利完成源语作者的表达意图，实现译文的交际目的。例如，将“Some Street Lamps in Wuchang Blinded”，译为“武昌部分路段路灯‘失明’”；将“Both Ends of Films to be Short-ended”，译为“片头片尾该‘减肥’”；将“Public Transport Signpost Gives Wrong Directions”，译为“公交站牌‘说胡话’”。以上例子通过拟人化的修辞手法进行翻译，既使译文生动形象，又符合目的语读者的审美习惯和表达习惯，收到一箭双雕的表达效果。再来看一则新闻标题——“Town Head in Columbia Killed”，意思是“哥伦比亚小镇镇长遇害”，这样翻译未尝不可，但如果考虑到新闻文体标新立异、吸引读者眼球这一交际目的，不妨适当使用修辞手法进行改译，如汉语讲究押韵和音节对仗，可将其译为“哥国镇长不好当，当着当着就挨枪”，这样通过信息增补的方法使译文逻辑合理、节奏明快、合仄押韵、朗朗上口，虽在文本层面脱离了原文的形式，但达到了原文的交际目的，可称得上是比较好的译文。再如，“Soccer Fans in Senegal Can't Afford World Cup Tickets”，字面意思是“塞内加尔球迷支付不起世界杯的足球票”，如果直译也行得通，但如果仔细研究afford一词，可以发现该词除表达“买得起、支付得起”外，还有“承受得住考验或压力”之意，因此可译为“塞国球迷‘看不起’世界杯”，“看不起”一词加了引号，收到一语双关的修辞效果，一方面是实指用法，指世界杯足球门票太贵，塞内加尔普通球迷苦于“囊中羞涩”，难以支付得起；另一方面是喻指用法，“看不起”还有“瞧不起、蔑视”的意思，暗指塞内加尔球员战绩不佳，令国人失望之意。

下面再来看一则有关天气预报的报道：

UK Outlook

There will be a change to cooler weather. Monday will be cloudy with some rain in the North and the West but sunshine and showers elsewhere. As a deep depression moves into northern Scotland on Tuesday rain will spread across all areas withs trengthening winds.

（*Sunday Express*, October 13, 1991）

乍一看，源语的标题表述不够明朗，outlook有“展望或景色”之意，“UK Outlook”直译为“展望英国”，如果脱离下文语境，读者可能猜测这是一篇有关英国未来经济或社会发展前景的报道，这种理解完全可以，但仔细阅读下文发现，出现大量有关天气变化的词汇，如cooler weather、cloudy、sunshine and showers、rain、strengthening winds，因此新闻标题译为“展望英国”不能实现原文的交际意图，必须进行改译，如果译为“英国天气预报”则更符合交际目的和文本生态语境。根据这一翻译要求，原文可译为：“本周内，天气将会变得更加凉爽。星期一，北部和西部地区阴间有雨，其他地区晴，有阵雨。星期二，随着一股较强的低气压进入苏格兰北部，全国各地将普遍降雨，风力渐强。”其中，“a deep depression moves into northern Scotland”中的depression一词也不可直译为“大萧条”或“情绪低落”，而应根据天气预报的表达意图和文体语境转译为“低气压”。

新闻标题通过运用各种修辞技巧，既有效地传递一些微妙的隐含信息，又使读者在义、音、形等方面得到美的享受。因此，在翻译时应尽可能地体现原文修辞特点，如双关、比喻、押韵，使译文和原文在修辞上基本吻合，从而让译文读者得到与原文读者近乎一样的感受。

综上所述，平易朴实、简单易懂、信息的真实性和准确性是应用文体创作和翻译的根本要求，也是新闻文体翻译的必然要求。译者在追求完美译文的过程中必须不断努力，充实自身的双语语言能力，提升自身的文化素养和文学积累，深入了解不同民族的文化传统、审美标准、思维方式、地域差异、生物种类和气候条件等生态环境诸因子，有必要对原文在语言、文化、交际这三大维度进行选择性适应与适应性选择，采用适当的翻译策略对原文进行适当地改写或变通，以便创造出多维度整合性选择程度最高的译文。

第十章

影视文体的生态翻译

在国际文化交流日益繁荣的今天，影视作品的文化传播功能不容忽视。尽管我国对进口影片仍有配额的限制，但国外影片特别是美国影片的不断引进使中国观众欣赏外国影视作品的机会也越来越多。然而，在我国，能看懂英文影视原作的人只占少数，这使影视翻译的作用显得尤为重要。本章以电影为主，对影视文体的生态翻译进行研究。

第一节 影视文体的概念及分类

钱绍昌曾说：“影视语言不同于书面文学语言的五个特点：聆听性，综合性，瞬间性，通俗性以及无注性。”以下主要从三个方面来解析影视文体。首先，瞬时性。电影的台词在电影播放中演员只演绎一遍，观众在观看电影画面的同时需要迅速地阅读字幕并聆听配音，而不能重复观看。对于字幕制作者来说，字幕的翻译应该做到译文简洁明了、一目了然。其次，通俗性。电影作为一种大众传播媒体，语言必须符合广大观众的欣赏水平，过于简单的内容会使观众感到无趣和乏味，过于深奥的内容会使观众感到枯燥难懂。最后，简洁性。电影台词大部分以对话的形式体现出来，台词中很多内容的翻译要符合口语对话简明扼要的特点。

《电影艺术词典》在“翻译片”的条目中指出，在翻译外国影视作品时有两种途径：一是“译配解说”，二是“译配字幕”。通常来说，影视翻译中最常见的两种策略就是配音（dubbing）和字幕翻译（subtitling）。从语言学的角度，字幕翻译可分为语内字幕（intra-lingual subtitling）和语际字幕（inter-lingual subtitling）。语内字幕翻译并不需要把一种语言转换成另一种语言，而是把话语转换成了文本，这样改变了说话的方式（mode），但语言并没有改变。有时也把这种字幕翻译称为“垂直字幕翻译”（vertical subtitling translation）。语际字幕翻译是在保留原声的情况下，把源语译为目的语，并将目的语同步地叠印在屏幕或图片下端的过程，有时也把这种字幕翻译称为“对角字幕翻译”（diagonal subtitling translation）。从字幕的内容上看，电影的字幕翻译因原文本的内容与性质不同，分为显性电影字幕翻译和隐性电影字幕翻译。显性字幕翻译主要指对原文本人物的话语、对白等的翻译；而隐性字幕翻译是指提示性内容的翻译，如对时间、地点、物品的一种解释说明性的翻译。

影视字幕翻译是明显不同于口译和笔译的翻译活动，其复杂性与源信息的多渠道传播有密切的关系。蒙娜·贝克曾经对影视作品这种复合体做还原分析，把其分解为四个信息道：第一，言语听觉信道，包括对话、背景语言、歌词等（The verbal auditory channel,which includes dialogue and background voices and maybe lyrics）；第二，非言语听觉信道，包括音乐、自然声响、音响等（The non-verbal auditory channel,which is made up of natural sound,sound effects,as well as music）；第三，言语视觉信道，包括添加的字幕标题以及画面上出现的书面符号（The verbal visual channel,comprising the sub-titles and any writing within the film, as for example,letters,posters,books,newspapers,graffiti,or advertisements）；第四，非言语视觉信道，即影片的画面构成及其播放流（The non-verbal visual channel,with include the composition of the image,camera positions and movement as well as the editing which controls the general flow and the mood of the move）。从语篇方式来看，字幕翻译主要是有口头向书面的转换，除了在以书面这种语篇方式表现口头言语交际上本身存在的限制外，还存在着传播载体的技术限制，主要为时间、空间以及语言形式等因素的制约。

第二节　影视文体的基本特征

一、影视文体的瞬时性特征

电影既有声音又有画面，是一种视觉与听觉结合的艺术形式。在观赏影视作品时，观众在接收视觉信息的同时接收听觉信息，而这些信息都是转瞬即逝的。影视作品中人物的对白是瞬时性的，没有重复，要求观众根据剧情发展和上下文情景进行一定程度的推测，且要求一遍就能听懂。因此，语言的通顺达意显得尤为重要，如英国电影《呼啸山庄》中有这样一个片段：

Isabella:It's a brother's duty,dear Edgar,to introduce his sister to some other type than fops and pale young poets.

Edgar:Oh,you want a dragon?

Isabella:Yes,I do.With a fiery mustache.

如果直译为：

依莎贝拉：这是一个哥哥的义务，亲爱的埃得加，你总不能把自己的妹妹介绍给那些花花公子或弱不禁风的年轻诗人吧。

埃得加：哦，你该不是想嫁一个龙骑兵吧？

依莎贝拉：是的，还长着火红的大胡子。

观众便会感到费解，因为在中国文化中，“龙”是吉祥的图腾，象征着“至高无上的权威”，我国古代皇帝披“龙袍”，中华儿女亦将自身比作“龙的传人”，可以说“龙”是神圣的象征。而在西方文化中，“龙”的意思是monster，是邪恶的化身。因此，如果将dragon翻译成“龙骑兵”，则会使中国观众费解，使他们产生错误联想，误认为“龙骑兵”就是“皇家骑兵”之意。考虑到语言的瞬时性特点，进行文化背景的注释显然不合适，译者不妨将该句意译为：“哦，你该不是想嫁给一个野蛮人吧？”这样观众便很容易接受和理解。

二、影视文体的口语化特征

不同于其他文学作品，影视作品的语言以口语而非书面语为主，鉴于观赏影视作品的群体广泛，年龄结构和学历水平不同，要求影视语言要通俗易懂，符合大众的文化期待和审美情趣，因此影视文体及其翻译具有通俗化和口语化的特点。如影片《蝙蝠侠》中的一段对白：

Batman:How much do you weight?

Vicky:About 120 pounds,I think.

Batman:Hold on.

Vicky:AAH! OOH!

可译为：

蝙蝠侠：多重？

维其：120 磅吧。

蝙蝠侠：抓紧。

维其：啊！噢！

可见，影视文体的语言以口语为主，简洁明了，通俗易懂，译文也相应具有很强的口语化特点。

三、译制片中口型的制约性特征

一部译制片的成功有多种因素，除了原剧本和演员的表演之外，剧本的翻译与配音演员的再表演起着重要的作用。电影译文除受制于文本因素、文化因素和交际因素，还要受到时间、演员口型、字幕字数等因素的严格限制，最重要的因素就是演员与译员的口型的制约性。一般来说，口型的制约与尊重表达习惯并不矛盾，一旦两者出现不可调和的矛盾，应遵守“放弃口型的吻合，尊重译文的表达习惯”的原则。以下是电影《飘》中的一段对白：

Mammy:You done had a baby,Miss Scarlett,and you ain't never goin' to be No 18 and a half inches again.Never.And there ain't nothing to do about it.

可译为：

奶妈：你生过孩子了，小姐，你永远也不能回到 18 寸半了！永——远！我——没——有——办——法！

译者在处理源语与译语时，充分考虑了文本的特殊生态语境和制约因子，既要确保文本层面任务表达意图的地道传达，同时要考虑人物对白的口型不能有太严重的违和感，因此巧妙地结合奶妈口型的开合程度，运用“——”这一符号来对口型，再结合配音演员生动的配音效果，巧妙解决了口型开合度和人物对话内容传达之间的矛盾，使演员、译者与配音演员的劳动完美结合，演绎出精彩的配音效果和深入人心的银幕形象。

四、影视文体的文化性特征

由于中西方语言文化背景的差异，英文影视作品中常常出现大量的典故、俚语、双关语等文化知识，这对译者的文化素养和翻译能力提出了挑战。译文如果不跳出语言层面的限制去挖掘语言背后隐藏的文化知识和文化内涵，译文的表现力就得不到认可，往往会让中国观众产生误解、曲解，进而降低译制片的艺术性和欣赏价值。因此，在翻译过程中，译者应具备基本的跨文化交际意识、语言文化差异意识及转换意识，对于普通观众能够理解的影视语言，可采取直译法，既能保持原文的特色，又能借鉴外来语言；对于观众不易理解的晦涩之处，则应挖掘语言背后的文化因素，采用意译、转换意象等方法将人物表达的基本意图和主要信息传递给观众。例如，美国电影《刺杀肯尼迪》中检察官吉姆·加里森在法庭上的一句台词“We've all become Hamlets in our country??”中的Hamlets一词文化内涵非常丰富。众所周知，哈姆雷特（Hamlet）是莎士比亚四大悲剧中的人物，鉴于他在中国几乎家喻户晓，因此在翻译时完全可以直译，以保留原句的异国情调。而在影片《阿甘正传》中，阿甘有这样一句独白：“From that day on, we were always together, Jenny and me like peas and carrots.”。译文为：“从那天起，我们总是在一起，形影不离。”这里，“like peas and carrots”很显然是明喻的修辞格，如果直译成“像豌豆和胡萝卜一样”容易给观众造成理解上的障碍和误会。我们都知道，在欧美国家，豌豆和胡萝卜经常搭配在一起做菜，原文用此形容两个人关系亲密无间、形影不离，也寓意故事的男女主人公过上了幸福的生活，因此在翻译过程中，译者使用意译法进行处理，使译文流畅，逻辑性强并易于观众理解和接受。

在影片《闻香识女人》中有这样一段对白：

Slade:So,what are you doing here,in this sparrow-fart town?

Charlie:I...I attend Bird.

译文为：

史雷德中校：那么，你到这个狗屁小镇来干什么？

查理：我……我来博德学院读书。

Sparrow-fart直译为“雀屁”，汉语中没有这样的表达方式。推敲人物对白的上下文语境不难发现，史雷德中校无非想表达小镇之渺小，有轻蔑和瞧不起之意。因为从语义层面理解，麻雀本身就是鸟类中最为普通和渺小的鸟，“麻雀屁”自然更是微不足道，而汉语中想要表达类似意思恰好有个类似的词，就是“狗屁”。这个词虽有不雅之嫌，但对于人物表达意图的传递和避免文化差异引起的理解偏误却是至关重要。因此在翻译时，译者进行了意象的转换，保留了原文的风格，表现了片中上校故作粗鲁无礼的态度。

有时由于文化的空缺，电影对白中常常出现不可译的现象，这时译者可采用不译（或零译）的方法，如在影片《神勇飞鹰》有这样一段对白：

Cynthia:We've checked you out,Timmy.Juvenile offender record as long as Constitution Avenue.

辛希亚：我们查过了，蒂米。你的犯罪记录有厚厚一大沓。

译文中 Constitution Avenue 指的是华盛顿市的一条大街，如果直译，不为中国观众所熟悉，但如果使用类比法意译为“中国的长安街”，又容易产生文化的错位。因此，不妨采用零译法进行处理，“as long as Constitution Avenue”无非是表达“犯罪记录特别多，卷宗长得像宪法大街”，因此意译为“犯罪记录有厚厚一大沓”最为通俗易懂。

五、影视文体的修辞特征

影视文体作为一种特殊文学体裁也具备独特的修辞特征，如常常使用仿拟修辞格。仿拟是一种巧妙、机智而有趣的修辞格，它有意仿照人们熟知的现成的语言材料，如成语、谚语、俚语，根据表达的需要临时创造出新的语、句、篇来，以使语言生动活泼，妙趣盎然。以英语为本族语的人们在日常交际口语中经常会熟练而自然地运用仿拟修辞格，这不仅能够增强语言的表现力，在许多时候更可以表达特殊的语用含意。例如，下面一段对白：

Father:I love you.

Mother:I love you too.

Father:And I hope there are 30 more.

Mother:Well,that makes one of us.

这段对白摘自美国电影《结婚证书》，是女主角莎蒂的父亲在其结婚三十周年庆祝宴会上和妻子的一段对白。某版本译文如下：

父亲：我爱你。

母亲：我也爱你。

父亲：我希望我们能再活三十年。

母亲：啊，我也是这么想的。

译文貌似顺达，也符合人物在结婚三十周年纪念日上真情告白的生态语境，但仔细推敲，观众便会发现对白与母亲说完这句话时全场宾客不约而同放声大笑这一语境之间的违和现象，难免产生疑问：“宾客为什么会放声大笑呢？”重新推敲人物对白不难发现，译文对莎蒂母亲所说的“that makes one of us”这句话理解有误。该句是由英语习语“that makes two of us”仿拟而来，意为“我也这么想”或“我也有同感”。该片此处当父亲说“And I hope there are 30 more.”时，母亲本应说“that makes two of us.”，但她却有意将 two 改成了 one，译成“那只是你的一厢情愿”，无非是跟父亲开了一个言不由衷的玩笑以调节晚会气氛而已，因此使得宾客哄堂大笑。从常识上分析，母亲也许不希望再活三十年看到自己老态龙钟的样子，因为对于女人来说衰老是一种巨大的痛苦和残忍的现实。因此，把“that makes one of us”译为“那只是你的一厢情愿”能更加准确地传达母亲的语用含义。

第三节　影视翻译的制约因素

影视翻译的制约因素有很多，主要包括：第一，空间因素。字幕翻译受空间的限制，具体指字幕的字数、行数、银幕的大小等方面。电影字幕翻译必须根据演员的口型和屏幕的规格大小决定字幕的行数和字号的大小。由于电影字幕与演员说话出现的时间是完全一致的，因此字幕的长短对观众欣赏影片有很大的影响。对字幕翻译者来说，字幕的翻译应该做到译文简洁明了，一目了然。第二，时间因素。影视字幕受时间因素的制约主要有两个方面，一是影视的声音或图像持续的时间；二是影片中画面持续的时间。电影中人物对话时间的长短与电影画面的停留时间是一样的。浏览字幕的时间会出现差距是由各种原因导致的，如观众理解能力差异、文化差异、知识面差异。这种种原因让观众在同一时间浏览同一行字幕时会读到不同的信息，产生不同的感受。这就要求影片字幕要恰到好处，而影视字幕的翻译亦如此，不能过长，也不能过短。译者必须选用常用词、常用字，用短小精悍、灵活多变的句式，在有限的时间和空间里实现信息的传递。译文和原文长度必须一样；译者须将每一句中文的字数译得和外文句子的音节数基本相同。例如，“He is a university student.”可译为“他如今在大学里念书”，“He came from D.P.R.K.”可译为“他是来自朝鲜的”。这样处理，使源语与译语保持字数、音节和格律的基本对等，更易于观众理解影片内容。

第四节 中西方文化思维差异与影视字幕翻译

翻译的本质主要涉及差异性问题——不同的思维方式、不同的行文习惯、不同的文化等，语言的独特性使然，正是由于语言之间存在着差异性，所以有时会出现一些不对等的现象。如美式英语中的“You can say it again.”译为“你的话对极了”或“说得好”，而并非“你可以再说一遍”；“You don't say.”表示“真的吗”或“是吗”，而不是“你不要说话”。这两个例子说明了语言的形式与内容之间出现了不对等现象，而这种现象更频繁地出现在电视剧或电影台词的翻译中。

由于中西方文化背景、思维方式和语言习惯的不同，其语言表达方式也存在着巨大的差异。因此，译者在了解了电影片名翻译的生态环境后，应仔细考究其所表达的含义，并根据译语读者的语言表达习惯，充分发挥自身的主导作用，适当地调整词汇，转换语言形式，从而避免直译后晦涩拗口，甚至造成观众误解。从中英文影片片名的语言层面看，两者都比较简短，名词或名词短语占主导地位，但同中又存异：英文电影以人名、地名、数字等局部细节命名的较多，表达直白；中文影片青睐四字格，顺口悦耳，以烘托影片主题为主。例如，影片*Sherlock Holmes*中文译名为《福尔摩斯》，而非《夏洛克·福尔摩斯》。虽然这位大侦探的姓福尔摩斯与名夏洛克都为大家所熟知，但最终译名选择了四个字的《福尔摩斯》，朗朗上口，简单明了。*My Fair Lady*被译成《窈窕淑女》、*Gong with the Wind*被译成《乱世佳人》等，短小精悍，深受中国观众的欢迎。又如，2021年奥斯卡最佳动画长片*Soul*，译成《心灵奇旅》既能体现影片内容，又符合中国观众的认知，如果就翻译成字面的“灵魂”，效果差很多：2022年奥斯卡最佳影片*Children of Deaf Adults* 译成《健听女孩》比字面“听障人士的孩子”更能体现影片主题和内容，且译成四字短小精悍，符合中国观众的语言习惯。此外，众多国外影片中文名称翻译堪称经典，列举一部分如下：

White Sister《空门遗恨》

Lady Hamilton《忠魂鹃血离恨天》

You Can't Take It with You《浮生若梦》

The Story of Louis Pasteur《万世流芳》

Lucky Lady《风云龙虎凤》

The Divine Lady《薄命花》

English Patient《英国病人》/《英伦情人》

The Third Man《第三者》/《第三个人》

The Day After Tomorrow《后天》/《末日浩劫》

The Godfather《教父》

The Wizard of OZ《奥兹国历险记》/《绿野仙踪》

Waterloo Bridge《魂断蓝桥》

Madison County Bridge《廊桥遗梦》

Pretty Woman《风月俏佳人》

Speed《生死时速》

The Net《网络情缘》

Flipped 《怦然心动》

Forrest Gump 《阿甘正传》

The Matrix 《黑客帝国》

中文的语言之美在诗词中往往能得到完美的体现，而结构上的对称和发音上的押韵也是诗词展现自身独特魅力的两个重要特征。例如，影片*Blcod and Sand*若直接译为《血与沙》，缺乏意象美，想必会让观众对其接受度和热情大大减少，而如果译成《碧血黄沙》这样的对称结构，便会增加中国观众对影片的期待。

第五节　影视台词翻译中的文化传递

由于中西方文化背景的差异，影视作品中包含大量的文化因素，如成语典故、民谚格言、双关语、歇后语。在翻译过程中，给译者带来很大阻碍。英语影视台词翻译中的文化传递主要包括两个方面：第一方面，即文化移植，任何影视的主题故事都是发生在具有一定文化底蕴的情节中，观众只有了解或理解其中的文化才能更好地理解影视的主题。台词的翻译不仅是语言本身意义的转换，更是两种不同语言所存在的文化之间的相互沟通和交流。第二方面，即文化转换，不同的语言是不同文化发展的产物，每种语言都反映其独特的文化底蕴，因此在翻译影视台词的过程中要在文化维度上对译文进一步衡量，对不同文化内容进行相应转换，使观众能够理解其语言背后的文化内涵，使译文适应影视语言生态环境而具有强大的生命力。

影视作品的台词和字幕蕴含丰富的文化知识，熟悉以英语为母语的国家的诸如历史、宗教、政治、地理、军事、外交、经济、文艺、科学、风土人情、民俗习惯这些方面的社会文化有助于译者正确理解原文，并完美地表达原作的思想内容和传递原作的文化信息，使译文被观众所理解和接受。例如，“It is a way, he says, of paying tribute to the rock ‘n’ roll era that had a huge impact on him as a child. So why did the idea come off the backburner and on to paper and then celluloid?Celebrity burn-out is the answer. Hollywood’s man with the golden touch had had a string of box-office success, from *Sleepless in Seattle* to *Toy Story* and *Apollo 13*, and had won Oscars two years in succession, for *Philadelphia* and then *Forrest Gump*.”。这段话中包含许多文化背景知识，如rock ‘n’ roll即rock and roll，该词于1951年因著名的电台音乐节目主持人艾伦·弗里德的首次使用而广泛流传，译为“摇滚乐”；backburner一词不可望文生义地理解为“背面燃烧器”，这会造成源语语义的阻塞，实际上该词的意思是“次要地位、一时不重要的地位”；而golden touch 不是“碰金子”而是“点金术”的意思；句中包含一系列影视作品专有名词，如*Sleepless in Seattle*, *Toy Story*, *Apollo 13*, *Philadelphia*, *Forrest Gump*均是电影片名，译者不但要意识到这些专有名词的含义，而且要掌握电影片名的翻译技巧，使用通俗而贴切的译名使读者更好地理解文本的内涵；而根据上下文语境，Oscar应为美国电影类奖项奥斯卡。译者如不了解这些词语的文化内涵，就很难将这段文字的信息进行恰当的翻译，也极易使读者产生误解。因此，要求译者要充分了解这些文化因素并在翻译过程中运用适当的翻译技巧和语言表达形式，将其译为：“他说这是颂扬那个给童年的他带来巨大影响的摇滚乐时代的一种方式。那么这个想法怎么会由一个不起眼的念头变成了文字，然后又变成了电影呢？答案是名人精疲力尽了。这位点石成金的好莱坞宠儿由《西雅图夜未眠》到《玩具故事》和《阿波罗 13 号》，获得了一连串的票房成功，并因《费城的故事》和随后的《阿甘正传》连续两年问鼎奥斯卡奖。”这样一来，便使源语中生僻晦涩的专有名词和影视术语有机融合到译语的生态语境中，从文化和交际的维度使这些生态因子更好地适应影视翻译的生态环境，使得译文明晰流畅，通俗易懂。

影视台词翻译是一件长期而且艰难的工作，想翻译好一部影视作品并非易事。要想成功地翻译好一部英文影视作品，要求译者不但要精通英汉两种语言并具备语言文化差异意识，而且要有足够深厚的中西方文化底蕴。译者需要处理好翻译中的文化现象，对所翻译的影视作品背景要有充分的了解，熟知一些方言、谚语、俚语等的表达，才能在翻译过程中得心应手，使这些文化背景因素成为辅助译者和观众理解影视作品源语思想内容和文化内涵的桥梁。

第六节　生态翻译学三维转换视域下的影视翻译

电影是继文学、音乐、舞蹈、戏剧、绘画、雕塑之后的第七艺术（夏衍）。在影视字幕翻译中，一方面必须尽量译介原文本文化的语言特色，吸纳译语的表达特点和表达习惯；另一方面又必须恪守本国文化的语言传统，用具有译语文化色彩的词语来翻译原文本，在翻译过程中要注重语言的艺术性，同时兼顾影视语言要素在文化维度和交际维度上的适应性选择转换。

一、语言维度上影视翻译的适应性选择转换

由于中西方文化背景、思维方式和语言习惯的不同，其语言表达方式也存在着巨大的差异。因此，译者在了解了电影片名翻译的生态环境后，应仔细考究其所表达的含义，并根据译语读者的语言表达习惯，充分发挥自身的主导作用，适当地调整词汇，转换语言形式，从而避免直译后晦涩拗口，甚至造成观众误解。

影视作品的字幕翻译必须考虑到观众语言水平的高低、所受教育程度的不一，必

须以目的语的观众为中心，采取正确的翻译策略。直译能吸收外来有益的新因素，能更加反映异国的事物及情调；意译则更能让译语观众接受。不论采用哪种翻译策略都要本着以观众为中心的基本原则。

从等效原则的角度看，译者应该把影响信息接收的各种语言和文化因素都放在考虑之列。英语重形合，汉语重意合。英汉语言的不同特征决定了字幕翻译经常涉及词类的转换，具体表现为两方面。

一方面，汉语善用动词，所以英译汉时，英语中的非谓语动词、名词、介词、形容词、副词有时需要进行词类转换，多用汉语的动词来表达，这样才符合汉语的行文习惯，让中国观众对影片的理解产生与源语观众相似的效果和共鸣。例如，影片《小鸡快跑》中，“Pushy Americans!Showing up late for every war!overpaid,oversexed and over here!”译为：“大老美最爱秀，每回战争都最后才来。又贪钱又好色，还跑到这儿来搅和！”在译文中，形容词 pushy、现在分词词组 showing up、过去分词 overpaid 和副词 over 都被处理成动词，增强汉语句子的表现力，使译文简明易懂。另一方面，影视翻译中还应注意抽象词与具体词之间的转换。中国人重直觉与具象而西方人重理性与逻辑，这一思维方式的差异导致语言的差异，中国人说话喜欢具体的表达方式，而西方人喜欢抽象的表达方式。所以在英译汉时，有时需要将英文中抽象的表达方式转换为汉语中具体的东西，才能让中国观众借助字幕，准确地理解影片的内容和感受语言的魅力。如《小鸡快跑》中，“Old stupid worthless creatures!”译为：“不会下蛋的东西！”崔迪太太咬牙切齿地咒骂那群母鸡是 worthless，按照语境，这一抽象词译成“不会下蛋”更为具体，且更符合汉语的表达习惯。

英语影视作品对白中还有一种很有趣的表达现象，就是把本来应该用于谈论人的修饰词语用以谈论物，或把用来修饰某物的成分去描写另一物。例如，“Why do you look at me with an air of surprised disapproval?”译为：“你干吗以不同意的样子看着我，显得那么吃惊？”在这句话里，从词语搭配上看 surprised 是修饰名词 disapproval 的，但实际上这是典型的转位修饰，surprised 不指 disapproval，而是 you。修饰词语的转位在影视作品对白中具有强烈的修辞效果。它以明快简洁而又活泼的词汇表达了细致微妙的思想感情，文体效果强烈而又出人意料，颇有四两拨千斤的作用。

二、文化维度上影视翻译的适应性选择转换

因影视作品的字幕翻译在时间和空间上的限制，原片中存在许多具有浓厚文化色彩的词语以及一些特殊的语言形式，因不同语言民族文化上的空缺和不可代替性，这些文化元素大大增加了影视作品字幕翻译的难度。影视翻译过程中，处理字幕翻译中的文化信息主要有三种原则：文化补偿（cultural compensation）原则、文化移植（cultural transplantation）原则和文化协调（cultural mediation）原则。文化补偿原则旨在保存和介绍异域的文化特色，使观众对不同语言和文化的作品有较为深入的了解。文化移植原则下，译者需舍去源语的文化特色，恪守译入语的行文规范和表达习惯，使字幕读起来比较地道和生动、更容易被观众理解和接受。文化协调原则下，译者应尽可能减少源语和译语中文化信息的丧失，通过协调转换减少跨文化交际的冲突。译者在处理字幕翻译中的文化信息时，须注意到这三和原则的运用，应与影视画面有机结合起来，充分发挥画面的说明性和解释性，达到文化交流的目的。

影视台词字幕主要有以下几大基本特征：瞬时性、通俗性、综合性、聆听性与无注性。在欣赏影视作品时，观众不仅接受视觉信号，还吸收听觉信息，而这些信息随着作品的播放是转瞬即逝的，即影视作品具备瞬时性的特点，这对观众提出很高的要求，尤其是在欣赏国外作品时，要求一遍听懂看懂，因此影视翻译对于外国观众至关重要。与大多数文学作品不同，影视作品主要通过字幕和人物对白传递影视信息，而且人物对白题材广泛，涉及生活的方方面面，诸如法律、政治、经济、文化、宗教、文学、艺术、体育、科技，因此具有综合性的特点，对于译者来说，造成很大困难。例如，“没来这之前，我遇到一个贵人，她送一坛酒给我，她说叫‘醉生梦死’，喝了之后，可以叫你忘掉已做过的任何事。”此句可译为“Someone I met recently gave me this bottle of wine.She said this wine is magic.One cup and you'll forget your past.”。其中，译者对“醉生梦死”这个成语进行化解，取其上下文语言环境中的意思而非字面意思进行意译，使得译文通俗易懂。

再如，“十五，有雨，土黄用时，曲星，宜沐浴，忌远行，冲龙煞北。”句子涉及中国古代的玄学以及占卜等文化知识，可译为“The 15th day of the seventh lunar month.Rain.According to the almanac,the Rain Star brings trouble.The Star of Talent presides.Time to cleanse.Avoid leaving home.Malignance in the North.”。

由于影视作品字幕翻译受时间和空间的限制，所以缩减法对于影视翻译非常重要。所谓缩减法，是指译者根据实际情况将一些无关紧要甚至多余的信息压缩、简化甚至删除，从而减少观众对信息的加工处理，达到言简意赅的表达效果。除删减不必要的信息外，使用信息浓缩度高的语言也是减少观众加工的有效方法。在某些情况下，译者还应对字幕对白按照意群或语法单位进行切分。例如，“刺客残剑，刺客飞雪，素来联手行刺”可译为“Flying Snow and Broken Sword have teamed up for assassination”。再如，《西雅图夜未眠》中的“They don't cover anything when they put it in the fridge. They just stick it in and leave it there till it walks out by itself.”。原译：“他们把东西放进冰箱时却不盖上，丢进去后就一直放到有东西从里面爬出来。”显然这句台词的翻译让人费解，观众不免会有这样的疑问：“是什么东西从里面爬出来呢？”这种译文不符合现实情况和人们的正常思维，因此必须进行改译，可译为：“男人最邋遢，东西放到生蛆。”这样的译文便符合电影的语言环境，观众就很容易理解了。

中文拥有四字格的语言表达优势，因此在字幕翻译中适当运用四字格是值得提倡的。“四字格有三大优点：从内容上讲，它言简意赅；从形式上讲，它整齐匀称；从语音上讲，它顺口悦耳。”（冯庆华，2002：112）例如，“I think it is hard winning a war with words,gentleman?”可以借用中国的成语对人物语言进行概括，译为：“各位，我认为纸上谈兵没有什么用。”

此外，字幕翻译中，如果字幕给出的信息不足，则会使观众搞不清楚影视内容。因此，在许多情况下，需要译者发挥其主动性和主体优势对语义进行增补，加入必要的文化背景信息，以使观众更好地理解作品的文化意蕴和主题。例如，电影《豪门恩怨》中有句台词“I'm her father.”被译为：“我是她爹。”这就更符合中国人对长辈的称谓，也使译语符合中国文化的生态语境，更易被中国观众所接受。再如，《上帝也疯狂（第三部）》中的台词“What's wrong with you?”可译为：“你有什么不妥？”影片《马戏团疑案》中的台词“You son of a bitch gone back on your words!”可译为：“你这畜生，说话放屁！”影片《浮华世家》中的台词“You wanted blood...and you got it.”可译为：“你不要太平，你如愿了。”电影《杰茜》中的台词“Memories are wonderful,and the good ones...stick to you like glue.”可译为：“回忆是美好的，（而）好的回忆……将伴你终身。”以上台词在翻译过程中既照顾到语义的对等又兼顾了汉语的表达习惯，使用了中国观众的习惯表达和惯用词语，如“如愿”“伴你终生”，使中国观众易于理解，增强影片的可观赏性和艺术性。

又如，影片《一见钟情》中的对白：

Stephania:Have dinner with me tonight.

Michael:All right. And tomorrow night...and every night...for the rest of your life.

译为：

丝黛芬妮：今晚陪我去吃饭。

迈克尔：好啊，只要你愿意，今生今世，天天一起吃。

将主人公的承诺“for the rest of your life”用中国人惯用的承诺“今生今世”来翻译，凸显出影片故事情节发展的高潮，深化了影片主题。在此片中还有“We were...in love. We used to meet in secret...It was like *Gone with the Wind*, but there was no tomorrow.”，句中提到了一部经典影片 *Gone with the Wind* 即《乱世佳人》（又译为《飘》），熟悉该影片的观众都知晓故事的结局，因此将这一专有名词及其文化背景内涵译为“分手、爱情烟消云散”更为合适，可将原句译为：“我们……相爱了，常常秘密幽会。可不久便分手了，一切烟消云散。”

三、交际维度上影视翻译的适应性选择转换

影视字幕翻译是指在保留影视原声的情况下将源语译为目的语而出现在屏幕下方的文字，影视语言以口语化为其主要特征，而语言的使用目的在于完成交际活动，因此影视作品字幕翻译不仅意味着两种语言符号的转换，也是一和文化内容转换成另一种文化内容的过程，并以实现一定的交际目的为宗旨。此外，字幕翻译必须在和源语话语大致相同的有限时间内完成信息传递，因此瞬时性是制约影视文体翻译及其交际目的的重要生态因子。生态翻译学要求译者在翻译过程中不但要遵循语言纬度的适应性选择，而且要发掘语言背后的文化现象及其内涵，进而实现影视文体翻译从人物到译者再到观众的信息传递和交际目的。

影视作品电影字幕翻译主要承载对白内容的翻译，台词的风格直接影响片中人物

形象的塑造，因此字幕翻译应根据不同类型的电影选择适合的语言风格，才能让译语观众对说话人的风格享有与源语观众相似的感受。对白语气的再现主要通过对词汇的翻译来实现，有时还须借助于特殊标点符号的使用。以美国影片《小鸡快跑》为例。首先，影片中外号的翻译生动地传达了角色说话时的语气。金洁在与洛奇争吵时将其叫作 fiyboy，译作“大情圣”，把她对洛奇的反感表现得非常明显。另外，有些词的翻译必须配合动作和声音的长度才能传达出当时的场景和语气。例如，当洛奇第一次被大炮射出误冲到崔迪养鸡场时，他飞在半空中口里喊着：“Freedom!”一头栽落在金洁面前还不忘做一个手势。翻译时加上破折号则把声音拉长“自——由——了——”，表达了洛奇的兴奋。

综上所述，影视作品对白的翻译不同于其他文学作品的翻译。在实际翻译中无法做到绝对的“忠实”。在翻译的过程中，除了要考虑影视作品的语言特殊性之外，还要考虑观众的因素。另外，每行字幕必须在屏幕上停留足够观众扫视的时间，时间的制约要求字幕译者必须要采用缩减的翻译策略。字幕翻译经历从口语到书面语的转换，语言必须通俗易懂兼具清晰简洁。字幕翻译既具有其独特性，同时也有其他领域的共性。在翻译过程中应该注重技巧的使用，遵守相关翻译原则。采取灵活多样的翻译方法，既要做到以“信”为本，又不盲目求“信”。要达到这种境界，还需要电影翻译者付出创造性的劳动。影视作品字幕翻译的核心要素是语际信息的传递与文化的转换，它受到多重因素的制约。译者应依据等效翻译原则，应用语气再现、词类转换、文化意象转换等基本技巧，才能保证字幕翻译的正确性与实用性。

第十一章

法律文体的生态翻译

相对于文学文体翻译而言，应用文体翻译更注重信息传递，实现诱导功能，具有很强的时效性、目的性和实用性。这些特征使应用翻译标准具有其明显个性。法律文体作为实用性非常强的应用文体，多涉及当事人的利害关系及重大司法问题，其行文要求措辞精准、逻辑严谨、语言规范、文体庄重等，法律词汇不容许歧义现象，严格要求表述及语义精准等，因此法律语言具有庄重、保守、复杂的行文特征。这些行文特征构成法律文体翻译的重要生态环境，译者作为翻译活动的主体，必须尊重并适应法律文本的生态环境，并在翻译过程中做出适应性选择及三元维度转换，才能使译文符合法律翻译的基本规范和要求，产生翻译整合适应选择度最高的译文。

第一节　法律文体的概念及基本特征

一、法律英语

法律英语（Legal English），在英语国家中被称为“Legal Language”或“Language of the Law”，即法律语言。英美法学界所公认的法律英语主要是指律师、法官、法学工作者所使用的习惯语言，它包括规范性法律文件用语以及法律工作者在执法过程中使用的一整套规范化的法律公务用语。法律英语一般可分为书面语和口语两种。通常所说的法律英语是指法律书面英语，即起草法律文件（法律、条约，协定、契约、合同、章程、条例、公证书，判决、招标书等）所使用的语言。由于法律文书通常用来规定人们的权利和义务，所表述的内容必须用词准确、结构严谨、逻辑严密、客观规范，法律英语有其与众不同的文体特点。

广义而言，法律文体通常包括宪法、法律、行政法规、条令、条例、条约、合同书、协议书、契约、遗嘱、文凭、各类证书、规程等。这些内容都以法律文书的形式固定下来，即以文字的形式固定下来。这类专用于法律文书的语言，具有一定的特点，所以称为“法律语言”。

二、法律文体的基本特征

严肃庄重的法律语言是各种文体中要求最严谨的一种，而英语中的法律法规在措辞方面十分考究：不用小词而用大词，不用短词而用长词，不用普通词而用特殊词，不用现代词而用古代词，不用本族语而用外来语。法律文体在用词方面具备遣词造句准确明了、经常使用专门的法律术语、用词庄重、多用大词等特点；在句法方面具有严谨、规范、紧凑、连贯性强、不松散等特点；在结构方面，法律文本有其自身的程式，不求标新立异，各国法律文件的格式统一，行文笔调一致，篇章结构有统一要求，尤其是同类文本的开头结尾部分几乎是一致的。

（一）法律文体翻译的词汇特征

法律文书的语言是强调指称功能的，即强调其外延性意义，因此具备语言表述明确、行文严谨、条理清晰、逻辑性强、格式规范等文体特点。由于英汉两种语言的结构方式和表达方式上的差别，翻译时既要注意保持原意又不能使译文过分艰涩难懂，要让译文明确，又合乎法律文本的规范，严谨而不死板。

由于法律文件主要是下命令及做出规定，因此法律文件的谓语动词结构比较简单，最常见的是“应该……”“可以……”“必须……”，一般采用英文中与之对应的，也是英文法律英语常用的谓语动词结构 should/shall/may＋do/have done/be done。

法律语言具有权威性的特点，它排斥语言表述或用词上的多义性与歧义性。一些日常生活中使用的普通用语在法律文体中具有更为明确的概念含义。例如，infant 本意指“婴幼儿”，而用在法律上则指 21 岁或 18 岁以下的人；demise 一词在日常英语中有许多意思，如“死亡、终止、失败、职位的丧失”，在法律上，它专指“财产的转让”，或称“让渡”“遗赠”，如指“死亡”亦是专指引起财产或权力转让的死亡。每一个法律术语只能表达一个特定的法律概念，法律术语的词义必须单一而固定，任何人在任何情况下必须对其有同一的解释。不仅法律专门术语要求词义单一，由民族共同语转化而来的法律词汇也必须表达单一的法律概念。有些民族共同语属于多义词，但是其中一个义项在法律语境中有特定的法律含义，这种法律词汇也被称为

“人工法律术语”。例如，assignment 在法律语境下表示“权利或财产的转让”，而不表示在日常用语中的“任务”的含义；deed 不是日常所说的“行为”，在法律语言中指的是“契约”。由此可见，一些常用词汇在法律语境下被赋予了特殊的含义，再来看表 11-1 几组例子。

表 11-1 常用词在一般文体与法律文体的对比

常用单词	一般文体含义	法律文体含义
action	行动	诉讼
alienation	疏远	转让
consideration	考虑	对价
counterpart	对方、对手	有同等效力的副本
satisfaction	满意	清偿、补偿
execution	执行	签署、签订

而一些表达基本意思的常用词在法律语境下应转换为特定的法律术语或习惯表达。例如表 11-2。

表 11-2 常用词在法律语境下的表达

日常用语词汇	法律文体词汇	日常用语词汇	法律文体词汇
make	render	work	function
want	need	place	locality
require	need	tell	acquaint
subject	topic	refer	advert
matter	question	by itself	in isolation
home	residence	consideration	factor
live	reside	show	evince
imagine,picture	visualize	give	denote
begin	commence	think	consider
wish	desire	begin	commence

马丁·朱斯根据语言使用的正式程度，认为语言可分为五种变体：庄重文体（the frozen style）、正式文体（the formal style）、商议文体（the consultative style）、随便文体（the casual style）和亲密文体（the intimate style），而法律英语属于这五种英语文体中最庄重的一种，即庄重文体。

法律英语在用词方面具备独特的文体特点，如大量使用法律专业术语、正式书面语及行业套话；经常使用古词语和外来词，以突显法律语言的庄严性；多用近义词和相关词语并列增强法律条文的严谨性；普遍使用命令词和情态动词，体现法律法规的权威性；名词重复频率高，代词使用频率低，以使法律条文表述精准、指代明确，避免产生歧义或纠纷。具体来说，法律英语词汇方面的特点主要表现为以下几点。

1. 大量使用法律专业术语

在法律英语中，在用词方面最体现其文体特点的是使用大量的词义精确的专业术语。例如，appeal（上诉），cause of action（案由），bail（保释），burden of proof（举证责任）。还有许多词在法律语境中的含义与在普通语境中的含义截然不同，掌握它们的用法对于翻译法律文件也至关重要。例如，action 的一般含义为“行动”，而在法律术语中的含义为“诉讼”；avoidance 的一般含义为“逃避”，而法律术语含义为“宣告无效”；save 的一般含义为“节省，救”，而法律术语含义为“除了”。

2. 使用正式的书面语

因为法律自身的客观公正性，法律英语在用词方面通常使用正式书面语，如表示“根据……”时用 in accordance with 代替 according to，表示“在……之后”时用 subsequent 代替 after，表示“与……一致”时用 in consistency with 代替 be consistent with，表示“遵守”时用 in compliance with 代替 comply with。还有 be deemed to，in question，in respect of，in case，be liable for，provided that，otherwise，in the event that 等书面语，体现出法律文体的庄严性。

3. 经常使用行业套话

行业套话的使用是很多专业英语的特色，法律英语也不例外，如“or any similar cause”（或任何类似条款），“without prejudice to”（在不损害／不违背……的原则下），“words in the singular include the plural and vice versa”（单数词包含其复数，反之亦然），“not to be considered as the starting of a new action”（不应视为提起新的诉讼），“both language versions shall be equally authentic”（两种文本具有同等效力）。

4. 大量使用古体词

古词语可以使法律公文更加简练、庄重和神圣，使法律语言具有很强的文体特色。这些古体词多为副词，而且多以复合型副词为主，主要由 here、there、where 加上 after、by、in、on、of、under、to、upon、with 等词构成。例如，以 here 开头的词有 hereupon（于是）、hereunder（下文）、hereto（至此）、hereof（在本文中）、herewith（与此一道）、herein（于此）、hereafter（今后）、hereat （由此）；以 there 开头的词有 thereupon（在其上）、thereunder（在其下）、thereto（此外）、thereof（由此）、therewith（随即）、therein（在那里）。这些词语常出现在法律条文中，而在其他英语领域中已很少出现。

5. 经常使用外来词

法律英语词汇在词源上大量收录采用了拉丁语、法语、德语和西班牙语中的法律词汇，如 inquria（不法行为），alias（别 / 假 / 化名），nota bene（注意，留心），vis a vis（面对面），estoppel（禁止翻供），force majeure（不可抗力），ad hoc（特别，临时），lex situs（物所在地法），plaintiff（原告），vice versa（反之亦然），prorate（按比例），prima facie（表面的，初步的），充分借鉴其他国家先进合理的法律法规，不断完善自身的法律体系，进而丰富了法律语言系统。

6. 常将类义词和近义词并用

法律专业术语中存在许多类义词，是因为法律所面向的是整个社会，其调整的对象是全体公民、法人、机关团体等各种各样的法律关系。而表示法律关系的概念必然有大有小，有属有种。在使用这些概念的过程中，为了明确其外延的范围，就要从不同的角度、不同的层次上根据其各自不同的属性进行门类的划分，然后用适当的词加以确定，以避免理解上的任意扩大或缩小，于是产生了不同层次上的属概念和种的概念，而表示这些概念的词语就是不同层次上的类义词。

在法律英语中，我们还常见到以下近义词并用的现象：rights and interests（权益），able and willing（能够并愿意），terms and conditions（条款），purchase and sell（购买和销售），by and between（由……并在……之间），and/or（和 / 或），cover and include（包括），complete and final understanding（全部和最终的理解），customs fees and duties（关税），losses and damages（损坏），covenants and agreement（契约和协议），null and void（无效），sign and issue（签发），等等。这种近义词汇并列使用的目的是追求词义的准确性和内容的完整性，体现出法律英语的复杂性和保守性，因此在使用和翻译过程中不能随意将其拆分。

7.普遍使用命令词和情态动词

由于法律文件的权威性和约束性，用词通常带命令语气。因此，在法律英语里，情态动词 shall、may、must、should、ought to 等频繁出现。通常，may 表示“可以做什么”（用于规定当事人的权利），shall 表示“什么时候应当做什么”（用于规定当事人的义务和责任），must 表示“必须做什么”（用于规定强制性义务），may not 或 shall not 表示“不得做什么”（用于规定禁止性义务）。在法律文体中，shall 一词具有特殊含义，表示“应当承担的责任和义务”，带有指令性和强制性，可以用于各种时态，充分体现了法律文件的权威性和约束性。should 在法律问题中，不表示法律义务，只表示一般义务或道义上的义务，一般译为“应该”或“应当”。例如，“如在解释上遇到分歧，应以英文本为准。”可以译为“In case of any divergence of interpretation, the English text shall prevail.”。又如，“合营企业的一切活动应遵守中华人民共和国法律、法令和有关条例规定。”可译为“All the activities of a joint venture shall comply with the provisions of the laws, decrees and pertinent regulations of the People's Republic of China.”。

再如，“本新区内外商投资企业生产的出口产品，除国家另有规定的产品之外，免征关税。”可译为“Export products manufactured by foreign invested enterprises in the New Area, except those under other existing regulations by the State, shall be exempted from Customs duty.”。

再来看一则英译汉的例子，“Unless it is legally or physically impossible, the contractor shall execute and complete the works and remedy the defects therein in strict accordance with the contract to the satisfaction of the engineer.”可译为：“除法律或外界条件不允许的情况之外，承包商应严格按合同施工和竣工，并改正工作中的任何缺陷，达到工程师满意的程度。”

8. 名词重复频率高，代词尽量少用

在普通英语中，为了使句子更加简洁或避免重复，经常用代词来代替前面出现过的名词。但法律英语正好相反，考虑到法律条文的严密性，为避免引起歧义，除用作形式主语、宾语的 it 以外，尽量用重复的名词，很少使用代词，尤其是指示代词和不定代词等。同时，在法律英语中较少使用形容词和副词对名词进行修饰，尽可能保证句子结构明晰，以免给双方当事人带来不必要的误解甚至产生纠纷。法律文体中代词的使用限制严格。在法律英语中，指人或物的词往往不使用代词，以避免代词指代不明而引起不同的理解与解释。例如，“The Author should bear the cost of any necessary fees for textual and illustrative permissions but the Publishers agree to pay such fees on the Author’s behalf up to an agreed maximum amount and may deduct the same from my sums that may become due to the Author under this Agreement.”。在该条款中，当事人 the Author 被重复三次而没有使用泛指人称代词 he 来代替，其目的显然是让表达更为精准和明确，避免使当事人产生误解。

（二）法律文体翻译的句法特征

法律英语的句法表达也体现出自身的特点，如常使用被动语态代替主动语态，体现法律不以人的意志为转移的客观性；大量使用名词化短语使句式表达更加凝练明晰；构句时结构复杂的长句使用居多、分词短语比较常见、时态和修辞手法比较单调等，充分体现出法律语言的严谨性和庄重性。从句式使用上来看，法律文体大都采用陈述句，很少使用疑问句、祈使句和感叹句。完整的长句的使用可以准确界定这种权利和义务关系，排除被曲解或误解的可能性。在句法方面，法律文体长句多，几十以至上百个字的长句司空见惯。为了使话语严谨，使用各种附加语、修饰语、说明语，以至句法成分前后编插、枝杈横生，句子结构膨胀，语法关系复杂。

1. 常见被动语态

为了突出法律的客观公正性，减少主观色彩，法律英语句子中大量使用被动句，这些被动句既可以翻译成带有“受、被、让、由”等表被动意义的汉语被动句，也可以用汉语中的主动句、无主句以及“是……的”结构的判断句等来表示，反之亦然。例如，“对储蓄存款利息所得征收个人所得税的开征时间和征收办法由国务院规定。”可翻译为“The commencement date for collecting individual income tax on proceeds from interests on savings and deposits, and the collection method shall be provided for by the State Council.”。例句中汉语带“由”的被动句翻译成了英语的被动语态。

2. 大量使用名词化短语

法律英语的另一个句法特征是经常使用名词化短语表达法律文体精细复杂的概念，翻译成汉语时可转换成主谓结构、动宾结构或短句，如“Any departure from the terms and conditions of the contract must be advised in writing”可翻译为“任何与合同条款相背离的地方，都应以书面形式通知”，译文中的名词 departure 不应直译为“离开”而应翻译成动词“与……相背离”。

3. 结构复杂的长句居多

为体现法律语言的严谨性和规范性，避免引起歧义，准确无误地表述各种法律文件，法律英语的句子结构通常比较复杂，长句较多，包含很多的从句和修饰成分，如定语从句、状语从句、分词、动名词、介词短语和不定式。翻译这种结构复杂的长句时，通常要对句子的语法结构进行分析，厘清脉络，然后按照主从关系进行翻译。一般来说，有两种方法：一种是基本上按英语原句的结构顺序翻译，另一种是按汉语的时间顺序和逻辑顺序进行翻译。

4. 分词短语比较常见

现在分词和过去分词短语在法律英语中很常见，一般充当定语和状语。翻译成汉语时，做后置定语的分词短语一般可译成前置定语，有时也可以译成补语或一个分句；充当状语的分词短语则经常译成状语从句，如“...the import and sales of the commodity *covered by this agreement*”和“of the goods *supplied by Party A under this agreement*”，这两个例句中斜体部分的过去分词短语都做后置定语分别修饰前面的名词，翻译成汉语的前置定语“本协议中的”和“甲方供应的”。

5. 时态和修辞手法比较单调

法律英语在时态的使用上通常采用一般现在时，用以阐明事实、确立规范、规定权利和义务等，有时也使用一般过去时、现在完成时和一般将来时。法律英语中虽然有时也使用一些修辞手法，如强调、重复、定义、列举和平行结构，但与文学语言等其他语言相比，修辞手法还是比较单调。

第二节 生态翻译视域下的法律文体翻译

众所周知，法律的内容和用语是十分严谨、规范、专业且逻辑性极强的。这是出于其功能需求和应用情况所决定的，因此进行法律文献方面的翻译活动时，应充分发挥译者的主体性，从法律问题的基本特征，如客观性、严谨性、专业性入手，对生态翻译环境进行适应并做出选择，充分考虑法律文本的语言因素、文化因素以及交际因素，在三重维度之间做出适应性选择转换，进而形成多维整合适应度最高的译文。生态翻译学的原则为“多维度适应与适应性选择”，其翻译方法概括为“三维转换”，即在翻译原则下，相对集中于语言维、文化维和交际维的适应性选择转换。

一、语言维度的适应性选择转换

（一）语言维度上法律文体翻译要忠实于原文

由于英语法律文书具有庄重、保守等特点，所以在翻译过程中要注意所使用的汉语的语体。首先应避免使用语义模糊、弹性较大的口语化的词汇；要选择庄重正式的汉语词汇。其次，可以酌情选用一些汉语文言连词及其他一些文言虚词。这样，才能尽量保持法律原文的韵味。

（二）法律文体翻译要遵循原文的固定程式

由于法律文书语言确凿、力避歧义的特点，所以法律文书往往需要法律专业人士实践、检验和改进，长期以来形成了固定的程式。在翻译过程中，译者必须了解法律文本的程式化特点，对生态语言环境进行适应性选择转换，使译语符合法律文体的表达习惯和约定俗成的格式，使译文表达更为专业和标准。

（三）法律文体翻译的用词要注意书面化的语体特点

随着社会的发展和历史的变迁，很多行之有效的法律条文都以书面语形式得以保留下来，因此法律文本多表现为书面语形式。在翻译法律文件时，一定要对法律文本理解透彻，掌握深层次的含义，才能从结构入手，进行分析和表达。语言是表达的关键，必须做到“信”，以维护法律文件的权威和尊严。

法律文书庄严、精练，其翻译也不同于一般行文的遣词造句，而应使用精密、明确的语言，尤其是一些法律术语的翻译，必须使用专门化的行业用语来阐述以保持和保证语言的一致性、精准性和专业性。每一个法律用词都有它特定的概念，其他词语不能代替使用。法律用词也来自生活，但它一旦进入法律范畴，作为术语出现时，只能保留它的一个义项。例如，remedy 意为“治疗、疗法、医药”，但在法律文书中，它表示“法律规定的，执行、保护、恢复权利的方法，或补救权利所受侵害的方法，包括支付损害赔偿金（compensation）、强制令（injunction）、依约履行的裁定（specific performance）、法院宣告（declaration）”。

因此，译者在进行法律文书翻译时应仔细考虑词语的常用意义和法律术语意义，充分考虑翻译的整体生态环境，对词语进行选择和调整。不同语系的语言在表达上差别很大，翻译时有章法可循，有规律可参，但句子的结构也不能完全拘泥于翻译理论。法律文书语言繁复，力求详尽而无遗漏。为避免分散句子产生歧义，法律文书多使用复杂的长句，即将相关内容全部安置在一个句子当中。

而法律文书中的“法制”翻译，就要求译者充分考虑翻译生态环境中的各个因子，确切表明其含义。如果是名词，表示“法制制度”，译者应将其翻译为 legal system；如果是动词，表示“严格执法”，应翻译为 rule of law。可见，译者不是被动地、机械地进行语言对应，而是充分发挥对原文的理解和沟通作用，发挥主体性积极参与译文的构建。

二、文化维度的适应性选择转换

文化维适应性选择转换要求译者在翻译过程中关注汉语文化和英语文化在性质和内容上存在的差异，关注语言所属的整个文化系统。法律文化即针对法律体系的公共知识、态度和行为模式，它是一般文化的组成部分，由多种叠加重合的文化构成，一部分具有地方性，一部分具有普遍性。弗里德曼曾经指出法律文化是一种令人眼花缭乱的陈列（a dizzy array of cultures）。正是这种纷繁复杂的多元观念使得法律文书翻译较之一般翻译更为艰难，译者在法律文书翻译中的主体性发挥更要考虑复杂的翻译生态环境。它不仅要求译者熟悉语言结构的异同，还要考虑法律文书的不同使用特征和社会文化规范，以及各种法律概念的外延与内涵，适应汉语和英语所呈现的翻译生态环境。不同的语言体系之所以能够翻译在于语言的共性，即其共同的“功能对应物”（functional equivalents），翻译的语言之所以有差异在于语言的个性，即语言的所指和内涵不同。

语言是文化的表现形式，法律文书也是法律文化的表现形式。各个国家之间的法律文化也同时具有共性和个性。结合法律文化和法律英语，法律文书翻译的功能对应物可分为“重叠对应”“零对应”和“间接对应”三种。

“重叠对应”指法律文书翻译中的功能对应物呈现出交叉对应的状态，即只有一部分甚至小部分出现重叠，翻译时需要认真考究具体的翻译生态环境因子，联系上下文进行分析和阐释。例如，“人治”和“法治”在英汉语言中的内涵意义呈现出交叉对应。中国深受孔孟之道的影响，伦理道德色彩非常明显，认同“人之初，性本善”，法律存在于传统的道德体系之内；西方国家坚持人性本恶，相信“原罪”（origin sin）的存在，认为人生而具有始祖犯罪所遗留的罪性与恶根，提倡法治，以维护道德人格和宗教制度，保护人民的权利并限制行政权。因此，在不同的语言体系中，人治和法治有不同的内涵和外延。但两者又有相同之处，都注重伦理道德与法律权威的关系，“人治”并非将个人专断与独裁置于法律之上，法律才具有凌驾一切的地位，各行政机关、法律制定者和执行者都必须遵守。因此，在翻译中，译者需根据生态环境因子，充分发挥其主体性，予以一定的“理念援助”，以恰当地表达相关概念。

“零对应”指法律文书翻译时找不到相互之间的功能对应物。英汉两大语系的产生和发展受地理、历史、政治、文化的影响而不同，一部分法律概念呈现出空缺的现象。同样的用语在不同意识形态的国家表达不同的含义。由于法律语言的庄严性、逻辑性和严密性等特点，以及法律文书翻译的准确性、规范性、权威性和合适性原则，法律文书翻译非常强调对原文的忠实。较之文学翻译而言，法律文书翻译给译者的主体性发挥空间很小，甚至有学者认为在此类翻译中译者是完全“隐身”的。根据沙尔切维奇的“法律翻译交际论”，法律翻译是一个发生在法律制定者、译者和法律适用者之间的交际过程。法律文书的翻译就是通过译者完成源语到译语的交际过程。译者处于中心地位并在各种因素交杂的环境中发挥主导作用，包括对原文的选择、翻译技巧的运用、对译文文化效用和对译语读者接受力的操控，做出选择性适应和适应性选择。

“间接对应”指法律文书翻译中同一概念的内涵和外延不尽相同，但又近似。汉语中的“法”表示“律”，表示“刑”。例如，《说文解字》有“法，刑也”；《尔雅·释诂》有“刑，法也”；商鞅变法将“法”改“律”，称之为“均布”。而西方文化中的“法”还含有“正义”“规律”之意，如droit，law of nature。由此可见，中文的“法”注重强制性的制裁和处罚，而英语中的“法”，更强调规律性和权力性。

三、交际维度的适应性选择转换

交际维的适应/选择要求译者在法律文书翻译过程中关注双语交际意图，观照英语读者的知识背景和接受能力，仔细斟酌英汉不同的思维模式和表达习惯，确保实现法律文书英译的交际意图。不同的法律之所以可以互译，其前提为不同法律的术语、概念和意识等之间存在功能对应物，这给法律文本翻译带来了可操控性。但是，法律文书必须准确、规范、权威，要求译者完整地传达原文的意义和思想。合格的文书翻译不可能字对字、句对句，译者遵循英汉语言习惯，在保证文书意思明确的前提下，还必须考虑读者的接受度，发挥其主体性，对文书进行一定的增补，进行词义扩张，采用描述性释义的方法，对“对等”的部分进行补偿，根据一定的上下文来调整和协助提高读者的接受度。

例如：

因债务人放弃其到期债权或者无偿转让财产，对债权人造成损害的，债权人可以请求人民法院撤销债务人的行为。

Where the obligor waived its creditor's right against a third person that was due or assigned its property without reward, thereby harming the obligee, the obligee may petition the People's Court for cancellation of the obligor's act.

译者基于自己的专业意识，在英译本中有意识地加入了“against a third person”这一层隐含义，对法律词汇的法律内涵进行了法律解释，既起到了明示的作用，确保了其精确性，避免了歧义性，又贴合了法律文本严谨的文本特征。

在法律文书翻译中，找寻功能对应物是十分必要的，它能在不同的法律系统中提供“理念援助”，可以在不同的背景和语境里，更加恰当地处理相关的概念。翻译是一种复杂的脑力劳动，译者在进行源语语言转换的同时，还需要更加关注该语言所属的整个生态系统，关注双语的内涵平衡，准确规范地做出转换，避免曲解原文。例如，beneficial interest的字面意思不难理解，表示“有益的权利”。但是，根据法律阐述，财产拥有权可以分为legal ownership（名）和beneficial ownership（实）两种，legal ownership表示“有名无实（拥有财产，但根据相关法律，只是名义上持有财产的代理物主）”，beneficial ownership表示“有实无名（实际拥有财产，但根据相关法律，物主为其他人员）”，因此翻译beneficial interest时，不可“化境”求神似，而应洞察法律概念的内涵和外延，遵循规范性原则，使用明确、准确的法律术语，译成“实益权利”才切实地考虑了接受者和原作者的利益，从而达到交际的目的。

法律文书翻译离不开法律的框架，但翻译的重点不在句式的转换而是法律的交流。较之文学翻译，法律文书翻译对译者的束缚较多，译者享有的创造性和自由度较小，但翻译终究还是以译者为主体的交际过程，译者主体性的发挥同样决定了翻译质量的高低。大多数法律文书译者既是法律方面的专家，又精通不同语言，他们并不是被动地履行翻译任务，而是在法律的框架内，积极参与与原文本的对话和沟通，并传递、共同起草文本信息。译者的主体性贯穿于翻译活动的整个过程，主要体现在语言、文化和交际三个维度，它们相互关联，不可分割。因此，在法律文书翻译时不能只考虑一个维度，而应将多维度有机结合，综合考虑，准确、规范、权威、合适地对翻译生态中的各种因子做出适应和选择，以求译者和译本获得生存的权利。

第三节　生态翻译视域下法律翻译的基本策略

一、在掌握翻译技巧的基础上做到广泛阅读

在翻译实践中，为提高翻译质量，使译文达到理想的翻译标准，译者必须学会灵活地运用各种翻译技巧，如词义的引申、词的增减、词的重复、词类转换、词序处理、语态的变换、分句和合句、长句和段落的翻译。但翻译技巧的掌握只是基础，更重要的是要熟悉国内外关于所需翻译领域的常识和发展态势。

由于法律英语翻译同时涉足三个领域，即法律学界、语言学界和翻译界，因此对翻译人员的要求十分苛刻。要成为一名合格的法律翻译人才，不仅需要有扎实的英语

基本功和各种翻译技巧，还要熟悉国内外大量的法律专业知识和常见案例。因此，经常阅读有关的最新的法律资料是做好法律翻译工作之关键。

二、在熟练掌握专业术语的基础上做到选词恰当

如上所述，翻译法律文件要掌握法律的专业知识，否则难以正确理解原文，也不能用地道的语言来表达原文的含义。而且，由于英语的特点为"一词多义"，译者在掌握一定的法律专业知识的基础上，还要熟练掌握常用的法律专业术语，在此基础上才能选用恰当的专业术语来表达译文。例如，omission 这个词的普通含义为"省略"，法律术语中的意思为"不作为"；execution 这个词的普通含义为"执行"，法律术语中的意思为"签订"。

此外，法律英语的同一术语在不同的法律领域里可能也会有不同的含义，需要在掌握其多种词义的基础上根据上下文来理解和翻译，如 dominion 这个词在民法中指"完全所有权"、在国际公法中则为"主权"。

三、在厘清句子结构的基础上注意文化差异

法律文本因其严谨性，多用结构很长的复杂句来表达特定的含义。因此，除主谓结构外，还有许多修饰成分，如从句、短语和独立结构。翻译时需先厘清句子结构，然后根据法律文本的特点进行翻译。但有时原文中看起来简单的句子，也可能因为文化背景的不同而导致翻译词不达意。从翻译学理论的角度可以发现，法律上的很多文句由于文化背景的巨大差异，而使得其中蕴含的意义在不同的民族之间有着天壤之别，如 solicitor 和 barrister 的翻译、libel 和 slander 的翻译。

四、在准确理解原文的基础上做到功能对等

法律文件通常具有法律效力，翻译时务必要忠实于原文，不能胡乱猜测，稍有差池，就有可能产生不良的后果。所以，在翻译法律文件时，要彻底弄清原文中法律术语的含义，透彻分析和把握上下文的逻辑关系。在正确理解原文含义的基础上，尽量使用在本国法律中与原词对等或接近对等的专门术语来翻译。法律翻译除要服从翻译的一般要求——语言功能的对等以外，还应照顾到法律功能的对等，就是源语和译入语在法律上所起的作用和效果的对等。对于无对等的翻译，对原词含义做正确理解后

可以将之译为非法律专业用语的中性词，以免与原有的术语发生混淆。

总之，要成为一名优秀的法律英语译者，首先需了解法律英语的文体特点，其次要掌握良好的翻译技巧和大量的专业术语，更重要的是要在准确理解原文的基础上厘清思路、选择恰当的词汇、关注文化差异，从而做到语言内容上的功能对等和法律意义上的功能对等。

第十二章

生态翻译学视角下的翻译腔问题

上海海事大学宋志平教授在《生态翻译学的伦理观及对翻译教学译文评判的启示》（2016）一文中指出：“任何译文都是特定翻译生态环境下的产物，所谓错误的译文只是说明译文与生态环境的不相适应。”以译者为主导的翻译活动必然具有创造性和人文性，其在特定翻译生态环境下创造出的译文，必然受到自身文化水平、学术素养、认知水平以及思维方式等主观因素的影响和制约，从而影响翻译的质量和水平。

第一节 翻译腔的概念、成因及表现

一、翻译腔的概念

在《翻译理论与实践》一书中，美国翻译理论家奈达首次将“翻译腔”（translationese）定义为“一种形式上的忠实结果导致不忠实于原文信息的内容和效果”。英国翻译理论家纽马克在其著作《翻译教程》中也论及了翻译腔这一特殊语言现象。翻译腔又称为翻译症，是指因译者缺乏中西方语言文化差异及转换意识，忽视了译语的行文习惯与表达规范，生搬硬套源语的句子结构或表达方式以及修辞手法，从而导致源语与译语信息的表层结构移植或机械转换，使生产出的译文土洋结合、不伦不类，难以打动译语读者并为其所接受。翻译腔通常是指某种由于明显依赖源语的语育特色而形成的目标语用法，也就是说，它并不会影响到读者对译文的理解，仅仅使其觉得不自然、费解甚至可笑而已。因此，翻译腔现象的实质是一种文本层面的语言杂合体或混合体，是一种物理层面的变化而非化学层面的变化，属于一种洋泾浜。

二、翻译腔的成因及表现

翻译腔在不同语境文化中衍生出不同的变体，如“新加坡英语”Singlish、“印度英语”Inglish 以及“中国式英语”（简称“中式英语”）Chinglish。Chinglish 成为中国学习者语言习得过程中的“头号杀手”，尤以初学者最为典型，突出反映在语言习得的终端环节，即语言输出环节，如翻译和写作方面，翻译腔现象可谓不一而足。“中国式英语”属于一种典型的翻译腔现象。例如，将看过的影视大片（block buster）译为 big movies，将服装等的最新款式（latest styles）译为 newest styles，将方便面（instant noodles）译为 convenient noodles，将洗手间（bathroom）译为 wash-hand room，想要表达“你身体非常好”（You are very healthy）结果却译为“Your body is very healthy”，想要表达“北京交通非常拥堵”（The traffic in Beijing is very heavy）结果却译为“Beijing's traffic is very crowded”。

通过以上分析可见，翻译腔的产生主要是由于英语学习者及翻译者对译入语民族的文化背景、风俗习惯、表达方式、思维模式、文化禁忌以及双方文化差异的认识不足，从而在翻译和表达中忽视词汇的丰富含义（翻译策略不当）、忽视译语文化生态环境（生硬翻译）、忽视译语行文习惯（选词或搭配不当）等。在英译汉过程中翻译腔主要表现为“欧化现象”，在汉译英过程中翻译腔主要表现为“中国式英语”。

翻译腔产生原因及主要表现如下。

（一）选词不慎

由于译者语言能力的差异，在翻译过程中容易忽视译入语的行文习惯和表达规范，或是由于英语阅读量、词汇量不足，导致词汇使用上的选词不当或错误搭配，产生翻译腔现象。例如，“我把笔落教室了”被翻译成“I forgot my pen in the classroom”。译文中使用 forgot 表示“落下”显然不可取，应该为 left，即译为“I left my pen in the classroom”。再如，“饮酒有害健康”被译成“Alcoholic drinks are harmful to your body”，译文中 body 使用不当，应改为 health，即译为“Alcoholic drinks are harmful to your health”，句子表达才算地道；表达“高速上我的车子爆胎了”时，中国英语学习者往往翻译为“My car tire was broken on the highway”，而地道表达英译为“I got a flat tire on the highway”。

（二）搭配不当

英汉两种语言体系在词法、句法以及语篇方面都有特定的语言搭配方式。比如，汉语中的成语搭配，英语中的动词搭配、词组固定搭配、介词搭配等，不熟悉或不了解英汉语言体系在表达方式及搭配方式上的差异便会在翻译过程中犯低级错误。例如，“学知识”应表达为acquire knowledge而不能说成learn knowledge，“种花养猫”应表达为grow flowers and keep cats而不能说成raise flowers and cats，“做饭”应表达为cook dinner或prepare dinner而不能说成make dinner，“便条上写着”应表达为the note reads而不能说成the note writes。

（三）句式冗长

英语属于形合语言，在表达习惯和构句方式上具备表达特点和独特的优势，可以依靠各种形合手段进行构句，如使用形容词、副词、代词、介词、并列连词、过去分词、现在分词、独立主格结构、关系代词将细琐的句子成分进行有机整合，从而搭建英语句子的合理框架；而汉语属于意合语言，在表达上不拘泥于形合手段如“和”“与”“或”，而是借助标点符号将小句连接起来，但不影响汉语句子完整意思的表达。因此，相对而言，汉译英的过程中，英语句子表达往往较长，这也使得一些英语初学者或英语水平较差的学习者在翻译句子时啰嗦起来没完，导致句子冗长，无法突出表达的重点。例如，“我们应进一步改善中美关系”常常被译为“We should further improve Sino-Us relations”。实际上，因为improve一词本身就含有“进一步提高或改善”之意，将译文中的further一词去掉，句子表达更凝练和地道。“这些做法必须严格禁止”被译为“Such practices must be firmly banned”，貌似没什么问题，但仔细推敲发现ban这个词本身就包含“严格禁止”之意，无需增加修饰语firmly，否则句子表达重复且啰嗦。在翻译“昨天我妈妈给我买东西”这句话时表达为“My mum went to the shops to buy things for me yesterday”，这是一句典型的“中国式英语”，只需用went shopping即可表示“went to the shops to buy things”之意。

（四）语法不当

中国英语学习者最常犯的翻译症错误就是语法基础不牢固导致的语法使用不当，常受汉语思维和语言表达模式的禁锢，在表达中出现“because...so”“Although...but”等连用的情况。

例如，“天色已晚，他们便回家了。”此句被习惯性翻译为“Because it was too late, so they had to go home.”。显然so在此处使用不当，与because表述重复。再如，“从山顶眺望，整个城市非常美。”被译为“Looking from the mountaintop, the city appears very beautiful.”。显然这句话出现了语法逻辑错误，既然主句主语是the city，那么就应该与“眺望”构成被动关系，因此该句应译为“Seen from the mountaintop, the city appears very beautiful.”。又如，“有二百多位嘉宾出席派对。”被译为“There are more than 200 guests took part in the party.”。此翻译虽然从文本层面与源语一一对应，但表达上显得蹩脚，原因在于there are的使用使句子出现双重主谓结构，不符合英语语法规范，因此是典型的“中式英语”句。

（五）文化差异

人类的生活及其行为活动总是在一定的自然环境与社会环境中发生并深受周围环境的影响，因此其思想意识、行为方式、思维方式、情感方式都必然打上民族文化的烙印。了解中西方文化差异并具备转换意识对于做好翻译至关重要。如在中国人眼中“龙”“虎”“凤”“喜鹊”“麒麟”等都是吉祥的图腾和权威的象征，但在西方文化中却不尽如此，例如中国人喜欢喜鹊而讨厌乌鸦，认为“喜鹊喳喳叫，喜事要登门”，而乌鸦的叫声意味着“丧事”或“霉运”要来临，然而喜鹊（magpie）在西方文化中却没有那么多积极意义，往往表示“说话喋喋不休”或“爱唠叨的人”。因此缺乏文化差异意识和跨文化交际意识容易导致翻译过程中翻译腔的产生。又如，成语“胆小如鼠”不能译为as timid as a mouse而应说成be chicken-hearted，“淋成落汤鸡”不应直译为as wet as a drowned chicken而应说成as wet as a drowned rat；“孩子不许看黄色书籍”不能译为“Children should not watch yellow books”，“看黄色书籍”应该说成read porn books，误译为yellow books显然是不了解文化差异导致望文生义。再如，中国人见面打招呼常问：“吃了吗？”“上哪儿去了？”这种情况下如果直译为“Have you eaten?”“Where have you been?”，显然西方人会觉得莫名其妙，难以理解说话者的意图。其实无非是日常见面打招呼的问候语。西方人见面打招呼一般用“How are you?”等，因此直接译为“How are you?”“How are you doing?”“How are things?”等更符合表达意图和表达习惯。

（六）思维模式差异

不同的民族，不仅有各自不相同的民族文化，而且还有彼此不同的思维方式、思维特征、思维风格等，这便是思维差异。英语属于印欧语系，汉语属于汉藏语系，英语表达属于直线型思维，而汉语属于曲线型思维，相对而言，汉语表达更为含蓄。在翻译中，如果译者忽视了英汉思维差异而形成的句式特点，译文就会冗长板结甚至让人费解。例如，“学得有趣，效率就会高；学得很苦，效率就低。”这句汉语如果按照汉语的思维和句式结构进行套译，就会译为“Learn with fun, efficiency will high, learn very drudgingly, efficiency will low.”。这样不符合英语词法、句法的结构。正确的译文应该是“Learning is more efficient when it is fun, less efficient when it is drudgery.”。又如，把“Mary didn't remember her mother who died when she was two years old.”译作：“玛丽不记得她那在她两岁时死去的母亲了。”这同样有悖于汉语表达方式，显得拖泥带水，逻辑不清，如果将其改译为：“玛丽两岁时丧母，所以不记得她。”这句子逻辑关系即刻明朗，读来顺口。再如，“墙上的钟走得不准。”这句也不能按照汉语思维直译为“The clock on the wall doesn't walk accurately.”，这样的表达显然不符合逻辑，如果改译为“The clock on the wall doesn't keep good time.”，更符合英语民族的思维方式和表达习惯，译文也因此更易被受众群体所接受。

第二节 翻译腔对汉语的影响

由于思维方式的差异，英汉两种语言在语言表达的先后顺序上有很大差异。汉语的句子表达以逻辑为序，往往先因后果，先假设后推论，先叙事后评论，时间顺序上由远及近，空间顺序上由上而下、由大到小，谈论问题由主及次，程度上由强到弱、由一般到具体。而英语则借助丰富的词形变化、形合手段和关联词语等，根据表达意图和句子结构的需要灵活安排，在叙事的顺序上往往先说最近发生的事，再说以前发生的事。翻译腔对汉语的影响主要有以下三个方面。

一、对汉语时间先后顺序的影响

汉语的语序大体上按照时间先后顺序，围绕事件本身的发展组织语言，而不是以人物为中心。汉语注重的是一件件事顺着时间顺序进行，而事件中的人物相对处于次要位置。而英语要求主谓在形式上需保持一致的关系，这与汉语有很大的不同。所以，如果一个英语长句子中包含多个动作，在译成汉语时，须将它们打散，按照时间顺序重新组织，若按照英语顺序汉译下来，便不符合汉语时间先后顺序，会对阅读和形成正确的汉语语感造成困难。

二、对汉语从上到下、从大到小、从整体到局部的空间顺序的影响

汉语的空间顺序符合人观察周围世界的逻辑顺序，从上到下，从大到小，从整体到局部。而以定语从句、状语从句为主的英语多是限制与修饰的关系，并不在意空间的上下、大小等顺序。

所以在翻译中，如果英语原文里有着大小不同的范围，在汉译时，若不按照汉语的空间顺序将其重新排列，亦容易出现翻译腔的问题而打乱汉语的空间顺序，影响其本身的通顺。

三、对汉语按照事物发展顺序的语序影响

汉语一般是按照事物的发展顺序组织语序，先因后果，先假设后推论，先条件后结果。所以，汉语的从句都是“从一主”结构，即表示原因、条件、假设等一律在前，表示结果的一律在后，只有把原因、条件等看作对情况的补充说明时，才将它置于句子的后半部分。而与汉语不同，英语的从句情况复杂，有的以“主一从”为主，有的以“从一主”为主，还有的是两者不分彼此。所以，在翻译的时候，如果照搬英语语序，就会造成汉语的事理顺序颠倒。

第三节 “中国式英语”的成因及表现

随着经济全球化与网络科技的发展与进步，中国的对外开放程度日益加深，中国

与国际的交流日益增多，越来越多的中国人加入外语学习中，特别是在2008年奥运会在中国北京盛大举行之后，学习英语的浪潮只增不减。

“中国式英语”即Chinglish，也叫“中式英语”，指带有中文词汇、语法、表达习惯的英语表达，意思是汉语与英语机械组合而成的混合语。在使用英语时，因受汉语思维方式或文化习俗的影响而拼造出的不符合英语表达习惯的、生搬硬套汉语规则和表达习惯且不符合英语交际规范与文化习惯的畸形英语，往往对英语国家的人来说是不可理喻或不可接受的。例如，a bed of roses 安逸的生活（非“玫瑰花圃”），goose flesh 鸡皮疙瘩（非“鹅肉”），eat crow 被迫出丑（非“吃乌鸦”），horse sense 基本常识（非“马的意识”），busybody 爱管闲事的人（非“大忙人”），confidence man 骗子（非“有信心之人”），brown study 沉思冥想（非“褐色的书房”），golden opinions 高度的评价（非“金色的观点”）。

在国内大学英语语言能力测试，专业四、八级考试及非专业四、六级考试中，翻译与写作部分得分率普遍不高，究其原因，正是学生的语言技能和文化素养不高导致在语言输出环节的写作与翻译题型中“表达不出来”“表达不地道”甚至“表达错误”，即出现“中国式英语”。中外学者通过比较中、英两种语言体系的结构特征和表达差异，发现在二语学习中，中国学习者学习英语与英语本族人学习英语的机理不同，中国学习者不容易摆脱母语语言表达习惯及其文化因素的干扰和限制，因此在表达中容易“重走老路”，回到母语的思维轨迹和表达习惯上来，造成英语表达上的英汉语混搭，出现不伦不类的“中国式英语”。例如，“My home has a dog.”（应表达为“We keep a dog at home.”），“If you don’t study hard, you would be backward.”（应表达为“If you don’t study hard, you would lag behind.”），“We played very happily last night.”（应表达为“We had a very good time last night.”），“My exam didn’t pass.”（应表达为“I didn’t pass the exam.”），“He remained alive after the car accident.”（应表达为“He survived the car accident.”），“I am determined to raise the level of my English knowledge.”（应表达为“I am determined to impove my English.”）。

一些学者认为，“中国式英语”是对标准英语的背离，是口头或书面表达得不地道的英语，不符合英语的行文规律和表达习惯，说者的思维方式、表达方法以及词汇的选择和搭配都是中国式的。它是死译、硬译、字对字翻译的结果。与传统英语不同的是，“中国式英语”是不规范的，有时晦涩难懂，甚至容易产生误解。因此语言学习者应从输出的语言中杜绝“中国式英语”，坚持使用标准英语。

语言迁移是语言习得中的重要认知因素，也是造成“中国式英语”的主要原因。比较英、汉两种语言，汉语为表意文字系统，英语属于字母文字系统。英语作为第二语言在许多方面都与汉语存在很大差异，如在语言结构、修辞方式、学习策略上均有不同，在英语翻译过程中汉语的思维方式不可避免地会体现出来，这就是汉语的负迁移。以上所说的“中国式英语”就是汉语负迁移的典型代表。汉语在英语习得中起到复杂而重要的作用，中国英语学习者在进行翻译活动时，不可避免地在大脑中唤起母语的系统资源，习惯性地按照汉语的构句特点和表达习惯逐字逐句地进行汉英翻译，有时译者容易倾向于用母语进行思考和解决交际中出现的问题。在翻译过程中，语际的迁移体现在不同层面，例如词汇、句法和句子结构。在英语学习中，其过渡语的形成和在翻译中经常出现的非标准的口语方言都是受到母语的干扰而形成的。由于学习者主要生活在母语语言环境中，缺乏相应的外语语言环境，语际的迁移便成为影响学习者和翻译者语言输出能力的重要因素。因此，译者应努力提高双语水平，充分了解中西方文化差异并具备语码转换意识，通过大量阅读外文资料和大量翻译练习来提升自身语言能力和文化素养，有效克服母语负迁移造成的翻译腔问题，逐渐消除“中国式英语”。

第四节 应用文体翻译中的翻译腔问题

随着经济全球化的推进，我国与国际社会在经济、技术、政治、法律、科学、教育等社会生活领域的交流与合作日趋频繁，各类应用文体的翻译在翻译实践中的比重越来越大，学术界对应用文体翻译的理论研究与批评也越来越多。

应用翻译是指应用文本或应用文体在两种语言之间的相互转换。应用翻译所涉及的文本包罗万象，主要包括时政、经济、科技、新闻、商贸、医药、旅游、广告、告示、公函以及其他应用性文体，其主要特点有实用性、专业性和商业性。应用翻译的目的是在目的语文化背景下实现应用文本在源语文化背景中的交际目的。应用文体翻译的过程不仅在语言层面的词、句、段以及篇章发生转换，而且包括文化背景、社会情境和人际因素的承载与传递。在应用翻译过程中，由于译者语言能力水平和文化素养的限制，译者往往只关注语言符号层面的信息转换，容易忽视应用文体的基本特征和文本生态环境，因此在翻译过程中容易受母语负迁移的影响产生翻译腔现象。

以广告文体翻译为例，马自达6的广告宣传语为“Harmony of style and performance set this new Mazda 6 apart. Quality are at the heart of every Mazda.”，如果按照汉语的表层意思可以直译为：“样式与表现的和谐将新款马自达6拆分，质量是每一款马自达的中心。”这种表达很显然是典型的“中国式英语”，虽然文本层面上每个词的词义都一一对应，但语义凌乱，表述不清，而且语体也不合乎广告语言的基本要求。众所周知，商品广告具备信息功能、表达功能、美感功能、推销功能等，广告语言属于呼唤型语言，其目的在唤起大众对商品的注意，吸引大众眼球并刺激大众产生消费行为，实现商品的销售，因此该句应改译为：“款式与性能的和谐统一，卓尔不群的典范之作，以质为本的核心理念，来自新款马自达6。”原句中set...apart并非表示“拆分”这一字面意思，而是引申为“使……脱颖而出”之意，因此经过修改和润色后的译文更符合广告语体的基本特征，读来朗朗上口，令消费者怦然心动。

此外，新闻文体翻译中也常常出现翻译腔现象。例如，“A potentially danger blunder by police and security authorities yesterday saw the First Lady mobbed by yelling demonstrators during a shopping mall walkabout.”。此处英语表达非常严谨，如果按照汉语思维进行直译——“昨天警方和安全部门潜在而危险的过失看见在一购物中心漫步的第一夫人被示威者包围”，显然表达混乱，主次不分，句意不明，严重违背了新闻语体严谨、客观、及时、简明等文体特征，从句法层面和语体层面均违背了汉语语言的表达习惯和新闻报道的基本特征，因此应改译为：“昨日，警方与安全部门一时疏忽，险酿祸端——元首夫人在一购物中心漫步时，示威者将其团团围住。”经过对源语逻辑关系的梳理，结合汉语的行文习惯和表达规范，译文逻辑分明，表述清晰，事件突出，更为符合源语的表达意图。

再如，法律文体的翻译，因法律文本是统治阶级意志的体现，具有鲜明的政治性、政策性、严肃性和权威性，因此法律法规的制定和翻译在遣词造句上应力求准确、正式、严谨，法律行文应条理清晰、逻辑性强、用词精准、客观公正，不容许句式拖沓或表述模糊，避免引起不必要的法律纠纷。但在法律文本翻译中，不少英语学习者或翻译人员对法律文献和中西方法律法规的了解甚少，对法律文体的基本特征和行文规范认识不足，因此极易出现翻译腔问题。例如，以下这则合同条款："Under a shipment contract, the risk passes when the goods are handed to the carrier. Under a destination contract, risk passes when the goods are placed at the buyer's disposal."。对于不了解法律术语和法律语境的翻译者来说，很容易按照母语的思维习惯进行直译，即译为："在运输合同下，当货物交给运输人时，危险过去了；在目的合同下，当货物交给买家处理时，危险过去了。"显然，这种译文属于汉语表达方式的生搬硬套，不了解 under 在法律语境下表示"根据、按照"，risk 在条款中指"（运输）风险"，而 pass 在条款中指"（风险）转移"，因此产出的译文拙劣生硬、晦涩难懂。应将以上条款改译为："船运合同中，货物一旦转入承运人之手，即发生风险转移；目的合同中，货物一旦交由买方支配，风险便发生转移。"修改后的译文用词精准、表述清晰、逻辑性强且符合法律合同文本语言庄重凝练的文体特征，因此是最佳译文。

第五节　生态翻译学视角下翻译腔的应对策略

清华大学著名教授胡庚申先生提出的"生态翻译学"是一种在翻译适应选择论基础上发展起来的全新翻译理论，该理论以生态学视角对翻译进行整体性研究，从生态学的系统论、整体论和发展观的视角透视人类的翻译活动，"是一个'翻译即适应与选择'的生态范式和研究领域"。根据生态翻译论，翻译活动实质就成为译者对翻译生态环境的适应性选择过程，且译者的行为要从三元维度加以考察，即语言维度、文化维度和交际维度，三维转换就是指语言维转换、文化维转换和交际维转换。具体而言，语言维转换就是指译者在翻译过程中对语言形式的适应选择转换，这种转换可以发生在翻译过程的不同阶段、不同层次和不同方面。文化维转换就是译者在翻译过程中关注源语与译语文化内涵的传递与阐释，关注双语文化在性质和内容上的差异，避免从译语文化视角出发曲解原文。交际维转换就是指译者在翻译过程中关注双语交际意图的适应选择转换，要求译者除语言符号层面的转换和文化内涵的传递之外，把重点放在交际的层面的翻译选择转换，侧重源语交际意图在译文中的再现。生态翻译论的三维转换原则为应用文体翻译过程中克服和检验翻译腔问题提供有效的参考。

一、语言维度上克服翻译腔问题

生态翻译学将整个翻译活动置于翻译生态系统之中，强调作为翻译活动主体的译者应充分发挥自身的能动性积极适应翻译生态环境，并在此过程中做出适应性选择。因此，译者不但要适应源语的生态环境，而且要适应译语生态环境，不但要在语言维度考察翻译活动和译品质量，而且要将译文置于文化环境和交际环境中去考察，即在三元维度上进行适应性选择和选择性适应。语言是翻译活动的载体，因此考察翻译活动的第一元维度即语言维度。

应用文体中包含许多固定的术语或搭配，同一词汇在不同语境下可能会衍生出不同的词义，而同一词汇的不同搭配也可能在不同语境下代表不同的含义，因此在翻译过程中，译者应具备丰富的词汇量、阅读量、双语表达与转换能力并熟悉各类应用文体的基本特征，以便在翻译过程中做到心中有数、得心应手。在英汉互译过程中，因缺乏中英双语差异及转换意识而造成的翻译腔问题比比皆是。例如，密码（password）被译成 secret code，长镜头（zoom lens）被译成 long lens，科技旅游（science-theme tours）被译成 technological tours，修建辐射型的道路（to build a road system with roads radiating out in several directions）被译成 to build a radioactive roads，隐形眼镜（contact lens）被译成 invisible glass，新闻自由（freedom of press）被译成 freedom of news，流动资金（working capital）被译成 flowing funds，不冻港（ice-free port）被译成 non-freezing port，保税区（free-trade zone/bonded zone）被译成 tax-protected zone，入境登记卡（disembarkation form）被译成 entry card，外向型产业（export-oriented manufacturing）被译成 outgoing industries。都是译者在语言层面望文生义、机械翻译造成的后果。在句子层面，类似的翻译腔问题也相当严重。例如，英语中某些表示禁止行为的公示语一般都采用固定的语法结构和句式进行翻译，常见 No parking，No fishing，No climbing 等，但某些公共场所“禁止拍照”（No photographs）的公示语却被译为“Don’t take pictures.”，“请勿吸烟”（No smoking）被译成了祈使句“Please don’t smoke.”——虽然从语法角度和语用学角度来看该表达采用祈使句式仍可行使禁止的语用功能，但违背了英语国家的表达习惯，因此仍属于翻译腔问题。此外，还有一些常见的“中国式英语”表达，如“他左腿跛了”应该表达为“He is lame in the left leg.”，而不能译成“His left leg is lame.”；“上海交通很拥挤”应译为“The traffic in Shanghai is heavy.”，若译成“Shanghai’s traffic is very crowded.”则显然不符合逻辑，因为表示交通繁忙要用 heavy，而表示人多拥挤才可用 crowded。又如，“中国西部的矿产很丰富。”这句话不能译为“The west of China’s minerals are rich.”，正确的译文应该是“The west of China is rich in minerals.”。同样，“新学期已经过去一个月了”不能说成“Our new term has passed done month.”，而应翻译成“It has been one month since the new term began.”。由此可见，英译汉过程中的“欧化现象”和汉译英时的“中式英语”是影响英语学习者和翻译工作者语言质量的瓶颈，必须从语言维度的词法、句法以及篇章结构角度入手，突破母语负迁移造成的表达惯性对翻译行为的影响，善于积累和总结英语语言的表达习惯和固定搭配，尽可能减少在翻译过程中出现翻译腔现象，以提升译文质量。

二、文化维度上克服翻译腔问题

语言是人类在社会生活中使用的交际工具，因此语言的内容和意义与社会文化息息相关。语言是翻译的载体，亦是文化的载体，以人类语言为载体的翻译活动必然与人类社会的文化有密不可分的联系。不同的历史时期、不同的社会制度及社会文化，对同一语言词汇赋予的意义也有所不同。例如，中国素有“茶叶之乡”的美誉，中国人喜欢饮茶并讲究“茶道”，茶因具有芳香适口、醒脑提神的特点，且有很高的药用价值和保健价值，深受中国人喜爱，但在我国，饮茶并不反映人的教养程度和社会地位；然而在英国，饮茶却是英国人绅士风度的重要标志之一，英国人饮茶不但讲究茶具器皿，而且非常讲究饮茶的程序，若颠倒了顺序则被视为缺乏教养和不具备绅士风度。不同民族、不同国籍和不同地域的人们的文化心理和审美感受受其生活习惯、生产方式以及生活环境的影响而产生差异。例如，沙漠地区的人们视骆驼为亲密的朋友和得力的助手，对骆驼有着深厚感情，常将美丽姑娘的眼睛比作“骆驼的眼睛”，而对于不了解沙漠文化的其他民族的人们来说，这种赞美似乎无法理解，如果用 camel's eyes 来形容我国南方美丽的姑娘，难免会引起误解甚至嘲笑。

在影视台词翻译中，文化差异也是决定影视作品质量的不容忽视的因素。例如，在影片《闻香识女人》中，有这样一段对白：

Slide:So,what are you doing here,in this sparrow-fart town?

Charlie:I...I attend Bird.

影片中的这组对白可译为：

史雷德中校：你到这麻雀屁小镇来干什么？

查理：我……我来博德学院读书。

源语中 sparrow-fart 一词如果直译，意思是“麻雀屁”，但对于中国观众来说，这个表达令人感觉莫名其妙，很难联想到“麻雀屁”跟“小镇”之间有什么样的关联，也就阻碍了观众对影视作品的理解，但如果考虑到中国的文化背景，就不难发现，汉语中有个非常生动的表示事物渺小或微不足道的词，即“狗屁”，将史雷德中校那句台词译为“你到这狗屁小镇来干什么？”中国观众便一目了然，采用这种文化词替换的方式对译文进行处理，既保留了原文的风貌和语体特点，又体现了人物性格化的原则，有效避免了直译和死译造成的翻译腔问题。

因此，译者在翻译过程中，有必要从文化维度上对译文加以推敲和衡量，使得源语文化与译语文化中特有的文化元素得到正确的理解和恰当的传递，避免因双语文化差异意识和转换意识的缺乏导致误译或错译，产生翻译腔现象。

三、交际维度上克服翻译腔问题

语言是被赋予特定意义的一系列社会符号，其产生的目的是交际，语言符号只有置于特定社会环境中并为人们所使用进而实现一定的交际目的才具有存在的价值，因此语言的最终目的也是交际，而以语言为载体的人类的翻译活动则是以实现跨文化交际为最终目的的交际行为。生态翻译学的三维转换原则要求译者不但要保证源语与译语在语言符号层面的对等，同时要考虑跨文化交际因素，即实现文化维度和交际维度的适应性选择转换。

以公示文体为例，从公示文体的语篇结构来看，词、句、段以及篇章等语言符号要素的整合往往并不是单纯依赖标点符号和语法规则实现的，大多数情况下是依靠受众在特定语境下，将这些语言要素经过整体认知和综合思考并领悟其内涵进行表达来实现的。公示语具有较强的规范性和标准性，且受时间和空间的限制，不便于读者详思细解，因此在对公示语进行翻译时，应注意保证其信息内容完整、保真，符合目标语表达习惯和目标语读者的思维方式。例如，“As a courtesy to the animals, please refrain from tapping on the glass.”，如果直译为“作为对动物的礼貌，请不要敲打玻璃”则不符合公示语的语体特点。公示语一般具有强制性和劝诫性，因此译为“爱护动物，请勿敲打玻璃！”更具有感染力。原文中的“As a courtesy to the animals”这一具有劝导性的拟人修辞，意译为“爱护动物”更为通俗易懂并更符合译语受众的表达习惯与审美心理。

再以旅游文体的翻译为例。汉语旅游文本包罗万象、覆盖面广，涉及建筑、艺术、宗教、山水、诗词歌赋等诸多领域，包含许多华丽辞藻，尤以四字格词居多，这些词句往往是为了音韵和谐和渲染气氛，并无多大实际意义，因此在翻译时应照顾到旅游文本的交际功能和目的功能适当调整措辞，将华丽的词句用明晓通达的语言重新进行表述，使译文符合英文的表达习惯，增强译文的可读性，也更利于外国游客和读者的理解和接受。如果遇到非常主观性的描述语言——“重峦叠嶂”“广袤无垠”“分外妖娆”“美不胜收”“争奇斗艳”“千姿百态”等，可根据文本的交际功能和交际意图对其进行改写，用更凝练和概括性的语言进行概括，以实现旅游文本的呼唤功能。

例如，“这儿的峡谷又是另一番景象：谷中急水奔流，穿峡而过，两岸树木葱茏，鲜花繁茂，碧草萋萋，活脱脱一幅生机盎然的天然风景画。各种奇峰异岭，令人感受各异，遐想万千。”句中出现很多汉语特有的四字格结构或成语表达，如果仅从语言维度进行考察，按照文本的字面意思进行直译，译文势必拖沓冗长，无法突出句子所要表达的主要信息，让读者费解。因此，不妨将“树木葱茏，鲜花繁茂，碧草萋萋”等主观性描述进行概括与改写，整个句子译为：“It is another gorge through which a rapid stream flows. Trees, flowers and grass, a picture of natural vitality, thrive on both banks. The weird peaks arouse disparate thoughts.”。这样一来，可实现句子的表达功能和交际功能，使读者对景点的特征一目了然。

旅游翻译应以旅游者为导向（tourist-oriented），让他们听懂、看懂、读懂。因此，在翻译过程中，译者应努力提高双语水平，加强英汉语言差异和转换意识，注重译文的呼唤功能和交际功能，充分发挥译语优势，推敲源语的语境因素，弄清原文的表达意图，注重读者反应，选择恰当的翻译策略，对源语文本进行逻辑分析与解构，充分发挥汉语重意合而英语重形合的表达优势，以创造出符合源语文本特征和译语表达习惯的地道译文。

第十三章 生态翻译学的发展走向与启迪

本章将进一步阐述生态翻译学话语体系的发展格局，列述生态翻译学的学术追求和学术发展，揭示生态翻译学发展走向的启示和意义，并对全球化视域下生态翻译学的国际化发展做出预测和展望。

第一节　生态翻译学的发展走向

作为从生态学视角对翻译进行的整体性研究，生态翻译学在21世纪第一个十年里，探索性地从“译学”“译论”“译本”三个层面，初步构建了生态翻译学宏观译学架构、中观译论体系、微观文本转换的“三位一体化”的研究格局。

一、宏观/中观/微观三层次的研究格局

（一）“译学”层次研究

宏观上，生态翻译学关注的是整体视野，讲求的是生态理性，致力于翻译生态系统的整体、关联、平衡、和谐。作为整体的翻译生态系统，其中的大多数元素形成了互利共存共生的关系，构成了一个互动共进、平衡稳定、富有活力的和谐整体。

从生态翻译学的视角观察，整体的翻译生态体系由“4+1”的主要生态子系统构成：翻译管理生态系统、翻译市场生态系统、翻译教育生态系统、翻译本体生态系统，并融入外围的生态环境之中。

翻译本体生态系统是整体的翻译生态体系得以维持或发展的核心；翻译教育生态系统是整体的翻译生态体系得以维持或发展的基础；翻译市场生态系统是整体的翻译生态体系得以维持或发展的平台；翻译管理生态系统则是整体的翻译生态体系

得以维持或发展的保障；每个单一的生态系统，又都无一例外地依托着外围的生态环境。从翻译本质和文化价值层面分析，除外围的翻译生态环境系统外，其余的线性排序由低到高为翻译管理生态系统—翻译市场生态系统—翻译教育生态系统—翻译本体生态系统。“4+1”生态子系统相互作用、相互影响，构成了翻译生态的有机整体。

此外，从翻译→语言→文化→人类社会/自然界的“关联序链”可以看出翻译活动与生物自然界之间的互联关系以及自然生态系统与人类社会系统互动互补的特征，也体现了人类认知视野扩展和理性进步的基本路径。以“关联序链”为线索，按图索骥地展开相关研究，并通过分项研究和相互照应，便有可能采用生态翻译学的研究路径对翻译本体生态系统乃至对整体的翻译学研究进行综观与整合。因此，从宏观角度看，生态翻译学是一个综观透视和整合一体的翻译研究范式。鉴于翻译生态是一个复杂的体系，为了保障和促进整个翻译生态体系健康、平稳地发展，生态翻译学关注各个子生态系统的协调与整合，以实现翻译生态资源的最大价值，促进翻译生态资源的优势互补，发挥翻译生态资源整体功效。

总之，生态翻译学的宏观研究侧重整体视野。视野源于高度，高度导致层级，层级形成系统，系统构成整体。生态翻译学理论体系的宏观生态理性特征贯穿于生态翻译学理论体系的上层、中层和下层，统领生态翻译学的宏观研究、中观研究和微观研究。因此，对于生态翻译学的中观和微观研究而言，其宏观定位就是旗帜和标志，也是生态翻译学研究的重要依据。

（二）“译论”层次研究

中观上，生态翻译学研究的侧重点在于本体认知，即翻译本体的系统理论。

生态翻译学将翻译活动视为一个由“译境+译本+译者”构成的翻译生态“共同体”。与这个共同体对应的翻译理论取向为“翻译即生态平衡”“翻译即文本移植”“翻译即适应/选择”。

翻译被定义为以译者为主导、以文本为依托、以跨文化信息转换为宗旨的译者适应翻译生态环境而对文本进行移植的选择活动。

翻译过程被理解为译者适应翻译生态环境和译者选择最终文本的交替循环过程，它是以译者为中心的。同时，译者和译品也回归了“适者生存”/“强者长存”特别是“译有所为”的原始动机。这表明，生态翻译学的中观研究基于并进一步完善了翻译适应选择论的本体认知。

生态翻译学是一个自成体系的翻译学说。它在生态整体主义指导下，隐喻人类普遍接受的“适者生存”“优胜劣汰”的基本原理，又以中国古代哲学中的“天人合一”“道法自然”“以人为本”“适中尚和”的经典智慧为依归，构建了整体的翻译生态体系，揭示了翻译生态理性，提出了生态翻译伦理，在此基础上，回答了翻译本体研究中“何为译”——翻译是译者适应翻译生态环境而对文本进行移植的选择活动，“谁在译”——译者中心、译者责任，“怎样译”——选择性适应 / 适应性选择以及“为何译”——“译有所为”等翻译学的根本问题。同时，生态翻译学还从生态理性视角对翻译原理、翻译过程、翻译标准、翻译策略、翻译方法和其他翻译现象以及整体翻译生态体系等做出了新的阐述。

总之，从功能角度看，中观研究既侧重生态翻译学对翻译本体的认识，又承上启下，它是沟通宏观研究与微观研究的纽带。对于生态翻译学的整体研究而言，中观研究以翻译适应选择论为核心，形成生态翻译学的“中坚”。

（三）“译本”层次研究

微观上，生态翻译学侧重于生态翻译学的基本理念对翻译文本的形成和译事实践的影响。翻译实践能够折射出翻译理念。译者选择什么样的翻译策略，采用什么样的翻译方法，也能反映出其对翻译本质和翻译标准的认识和理解。因此，对微观文本转换的研究、对生态翻译操作行为的解析也有助于对生态翻译学理论功能的认识和理解。生态翻译学的微观研究重在文本操作，既有翻译原则，又有翻译方法，还有译评标准，它是翻译理论的具体实施和体现。因此，从翻译理论的适用性和可操作性的角度看，微观研究的文本转换和译事实施也可以说是生态翻译学生存和发展的根基。

综上所述，翻译生态学的宏观研究侧重于交际、社会、体系问题，中观研究侧重于文化、跨学科、理论问题，微观研究侧重于语言转换和生态翻译策略与实践。宏观生态理念、中观适应选择、微观文本转换三个层次关联互动，和谐共生（见图 13-1）。

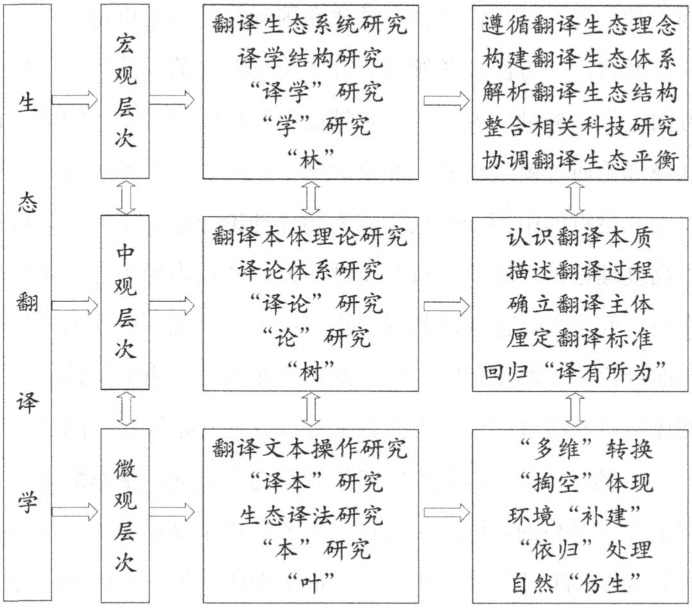

图 13-1　生态翻译学的三层次研究

生态翻译学的三层次研究表明生态翻译学的宏观译学、中观译论、微观译本的三位一体化发展格局已形成。缺失宏观研究，生态翻译学就缺失了整体的体系架构，可谓有失其“学”；消解中观研究，生态翻译学就消解了本体的系统理论，可谓有失其“论”；脱离微观操作，生态翻译学就脱离了译论的根基依托，可谓有失其“本”。

以上所勾勒的生态翻译学的三层次研究架构不仅能显示出其三层次研究的逻辑关系和内在联系，也有助于进一步了解生态翻译学研究的整体及发展，并奠定了构建生态翻译学话语体系的基础。

二、中西 / 古今 / 文理交叉融汇的三大学术追求

“中西合璧”“古今贯通”“文理交汇”可以说是任何领域的研究者都致力追求的目标和境界，当然也是生态翻译学研究的学术追求。事实上，在翻译适应选择论基础上发展起来的生态翻译学一直力求和坚持具有“中西合璧”“古今贯通”“文理交汇”的理论特征，致力于成为“文化转向”之后翻译学研究的一个新的研究范式。

（一）“中西合璧”的学术追求

“中西合璧”是中西文化交融的产物。中西交流的密切程度使“我中有你”和“你

中有我”成为一种必然。这种情形在全球化和国际化的今天更是如此。在这样的情势下，就学术研究而言，一方面，各领域研究中纯粹西方的或纯粹中国的已很难严格地区分；另一方面，许多领域研究中也越来越提倡和推崇中西兼容的研究视角和研究结果。例如，翻译理论研究就是这样。北京大学辜正坤教授在评述翻译理论著作时，曾将“以民族性为立足点的中西合璧性”作为翻译理论必须具备的三大特征之一（另外两个特征是“高度理论性”和“有机系统性”），并认为当务之急是要发挥中西译论优势互补的作用。西南大学孟凡君教授曾指出：“中国现代译学的发展趋势，必定是与中西文化全面合流的大潮相伴随的……既东西兼容，又阴阳同体。”

在生态翻译学研究的过程中，中西合璧可以说是其始终如一的学术追求。

一方面，生态翻译学的命题是由中国学者首先提出的，生态翻译学也是首先使用中国话语的叙事方式书写的，因此可以说，生态翻译学显示了浓重的中国情结。显而易见，尽管理论的抽象性和普遍性使其不具备明显的国别特征和特定的文化指向，但是理论家却有着他们各自的国籍和成长的文化环境。如同不少人文社科理论（“后殖民主义”“女性主义”等）都会不同程度地折射出各自文化背景和研究者主观印记一样，由中国学者创导的生态翻译学也必然会打上中国文化的烙印，体现着中国话语和思维方式。

另一方面，尽管生态翻译学显示了浓重的中国情结，但这并不表明它忽视或排斥西方学术思想和翻译理论。事实上，生态翻译学借鉴和吸收了西方现代翻译理论研究的精神和方法，该理论重要的哲学基础、当代生态学的理论特别是生态整体主义，均来自西方的科学思想。因此，生态翻译学研究在理论基础、研究方法等方面的“中外互见”和“东西交融”显得很自然。

此外，生态翻译学的奠基性研究——翻译适应选择论始于中国香港，香港是“中西交汇”之地；生态翻译学全面展开于中国澳门，澳门是“华洋融合”之城。这些并非巧合的现实促进了生态翻译学的产生和发展。

生态翻译学的提出和构建在一定意义上体现了中西合璧的特征。由此，我们也希望在翻译学研究领域里，生态翻译学研究能够成为中国话语与西方话语平等对话交流的话题和契机。

（二）“古今贯通”的学术追求

生态翻译学的产生和发展不是孤立的，它将中国传统生态智慧置于当代翻译理论研究的时空坐标中，追求传统哲学文化思想与现代翻译理念的联结。这种联结有着多方面的体现。

其一，生态翻译学研究体现了“现代性”，因为它是一种后现代语境下的翻译理论形态。生态翻译学既是一种跨学科的、多学科交叉的产物，又是当代翻译学理论研究的延伸与转型，反映了翻译学由传统单一学科视域转向当代跨学科整合一体的发展趋势。同时，生态翻译学又具有一定的“传统性”，因为华夏传统文化是生态翻译学的理论支点和思想依归。

其二，中国传统翻译中的“适应”思想与当代翻译适应选择论中“适应”“选择”理念一脉相承。研究表明，翻译讲求适应，自古有之。到了近代，马建忠有“译成之文适如其所译而止”之说。严复的翻译更是体现了适应与选择的思想——他适应当时当地的翻译生态环境，在翻译过程中运用了与翻译生态环境相适应的变通策略。中国自古以来翻译中的“适应”“选择”与生态翻译学的奠基性研究翻译适应选择论的基本理念一致。

其三，生态翻译学与西方古代的生态整体思想也颇为一致。在翻译适应选择论基础上发展起来的生态翻译学是从生态学视角对翻译进行的综合性研究。生态翻译学关注和强调的是翻译生态系统的整体性。这种生态整体观古已有之。古希腊的“万物是一”“存在的东西整个连续不断”等可谓生态整体主义的最早发端。

近现代学者关于整体、关联的研究和论述也从未间断，如法国著名科学家拉普拉斯指出天地间万事万物都有关联，自然界里的普遍规律好像一条长链，将貌似无关的现象联系在一起。美国生态学家巴里·康芒纳提出了四条生态学法则。

可以看出，古今中外关于适应、选择、生命、生态、生态系统等的思想具有一致性和继承性，体现了包括翻译学者在内的当代学人对古今贯通的学术追求。

（三）“文理交汇”的学术追求

众所周知，翻译学属于人文学科。生态翻译学是从生态学视角研究翻译的，因此尽管它具有交叉研究或跨学科研究的性质，但总体上属于人文科学研究。生态翻译学研究中“文”的部分就不在此赘述了。下面重点分析生态翻译学研究中“理”的特征。

第一，生态翻译学的翻译适应选择论借用了达尔文的“适应/选择”学说。

达尔文认为生物进化的原因是生物与环境之间的适应性的演进，因而他被称为“生态学的创导者”。他的《物种起源》被认为是“生态学的先驱著作”。而翻译适应选择论借用了人类普遍接受的“适者生存”的基本原理，以《物种起源》中的相关论述为例证，以生态翻译学的叙事方式，对翻译的本质、过程、标准、原则、方法以及翻译现象等做出新的描述和解释。

第二，归属于自然科学范畴的生态学又是生态翻译学的理论基础之一。生态学是奠基于整体主义的科学，其研究方法强调相互关联、相互作用的整体性。由于翻译过程中各种元素关联的重要性、各种知识交集的多样性以及多元化思维的整体性，所以我们可以依据整体、关联、平衡的生态学原理和机制考察翻译系统内部不同结构与周围翻译环境的相互关系。

事实上，几乎每个时代都有占有主导地位的自然科学理论，其作为新的方法论支配着普遍的社会思维方式。在当代，生态科学正是这样一门对社会产生广泛影响的学科，也是一门对人类生存、发展具有终极意义的学科。从这个意义上说，生态翻译学研究有着扎实的哲学基础和广阔的发展前景。

第三，上述自然科学的理念和方法又决定了生态翻译学研究中必然具有某种程度“理”的思维方式、研究方法及其语言描述。

在文学翻译批评中，综合人文学科与自然科学各种方法的综合性批评研究也是很常见的。在具体的翻译评论中，任何一种方法都不可能单独地有效地使用，而是必然体现为人文科学研究方法与自然科学研究方法的某种形态或程度的结合。在“后现代”之后的学术研究中，自然科学与人文社会科学沟通一致的趋势，已成为当代科学研究的重要特征之一。翻译学界早就有人呼吁进行跨学科研究，生态翻译学研究是“文理交汇”的，或许可以为翻译学内的跨学科研究提供方法上的参照和借鉴。

综上所述，生态翻译学研究在“中西合璧”“古今贯通”“文理交汇”的实践方面做了一些尝试。这些尝试是对中国翻译界和西方翻译界学术研究的沟通，贯通传统翻译思想和现当代翻译思想，突破人文社科与自然科学的研究界限，具有一定的促进意义和示范作用。生态翻译学研究在坚持“中西合璧”“古今贯通”“文理交汇”的学术追求方面或许能成为学术研究领域里可圈可点的案例之一。

三、实践性、开放性、普适性的“三性”范式特征

从生态视角对翻译进行综观审视的生态翻译学具有实践性、开放性和普适性的基本范式特征。生态翻译学在学术上追求理论与实践相结合，因此生态翻译学具有鲜明

的实践性。从它的前身翻译适应选择论在中国的扩散传播视角来看，实践性是它的精华所在。21世纪，它所宣扬的生态视角的翻译观、翻译生态环境的界定、翻译即适应与选择的理念、选择性适应与适应性选择的翻译方法以及整合适应选择度的翻译批评标准等得到越来越多的认同和接受，得到翻译界学人的关注和应用。生态翻译学的吸引力和生命力，不仅在于生态理念的先进性，还在于它的实践应用的效力。它是宏观的理论学说，正从理论走向实践，逐渐渗透到翻译研究的各个领域，成为越来越多的翻译学人的研究方向和研究选题。生态翻译学理论发展的方向是强化它的实践性的特点，加强它的实践应用，并在实践应用中推动生态翻译理论的不断发展和完善。

我们构建的是一种开放性的、整合性的生态翻译学。所谓开放，是指事物的“我方”与“他方”进行物质、能量、信息交换，以不断地壮大自己。这是生存规律，也是生态原则。我们把这个原则用于生态翻译学研究时，它是指虽然生态翻译学有自己的范式，但这个范式不是固定的，而是开放的，在吸收和包容外来文化和“他者”翻译理论过程中不断完善自己的范式。西方各种翻译理论派别的理论有许多精彩和合理之处，但是受时空、地域、文化、视野的限制，也都有不足或不能整体适用之处。因此，在阐释生态翻译学的基本理论时，我们一直把扬弃、整合与超越、传承与发展的基本原则作为构建生态翻译话语体系的指导原则。我们努力吸收各个翻译流派合理的思想内核，舍弃其偏颇部分；整合生态翻译学的理论共识，力求超越不同流派的局限；传承中西翻译学传统的智慧，把翻译研究作为发展生态翻译学的出发点和归宿。这是进行各种学派的理论整合，建构多元统一的理论范式。生态学是“元科学”，生态取向是一种综合学科取向，生态学作为一种方法论支配着普遍的社会思维方式，既是一门对社会产生广泛影响的学科，也是一门对人类生存、发展具有终极意义的学科。生态视角的翻译研究是生态理性关照下的翻译研究，或者说是运用生态哲学（如整体平衡原理、共生共存法则、多样统一规律）进行的翻译研究，是一种具有哲学意义和方法论意义的翻译研究。作为从生态视角审视翻译的普通理论，生态翻译学又是一种涉及“译学”“译论”“译本”的整合性研究，因此它的普适性将会越来越明显地显现出来。

四、立论、倡学、创派的三阶段发展历程

生态翻译学在21世纪初应运而生。从总体研究发展的视角来看，生态翻译学的探索研究可分为三个阶段：

第一阶段（2001—2004）可谓之探索“立论”阶段，以2001年在国际译联第三届亚洲翻译家论坛上发表《翻译适应选择论初探》和2004年正式出版《翻译适应选择论》为标志。该阶段界定为一种构建生态翻译学的“中观”及“微观”研究。

第二阶段（2005—2009）可谓之整合“倡学”阶段，以2006年在“翻译全球文化：走向跨学科的理论构建”国际会议上诠释生态翻译学和2008年发表《生态翻译学解读》专题论文为标志。该阶段的前期界定为一种生态视角下的翻译途径研究，后期试图展开翻译学的分支学科研究。

第三阶段（2010年以来）可谓之拓展“创派”阶段，以2010年创立“国际生态翻译学研究会”、2011年创办《生态翻译学学刊》、连年召开“国际生态翻译学研讨会”以及2013年《生态翻译学：建构与诠释》出版为标志。该阶段经历了在生态视角下的翻译途径研究和翻译学的分支学科研究之间徘徊之后，界定为一种生态翻译研究范式或翻译研究的生态范式、生态范式的翻译学研究。

第二节　生态翻译学研究的趋势与启示

由于生态翻译学强调环境（译境）、文本（译本）、翻译群落（译者）的有机整体，主张翻译生态系统的互动、平衡与和谐，追求生态美学和多样统一，所以生态翻译学的发展将有助于促动并引导翻译学研究多方面的嬗变。由于生态翻译学遵循生态理性，注重整体关联，讲求动态平衡，体现生态美学，观照翻译群落，倡导多样统一，所以翻译研究在以下几个方面的发展演变将成为一种趋势。

一、演变哲学理据

哲学是关于世界观、价值观、方法论的学说，是人们对自然知识和社会知识的概括和总结。它是在具体各门科学知识的基础上形成的，具有抽象性、反思性、普遍性的特点。

译论研究的历史表明，翻译理论总是构建在哲学思潮的基础上；译论的发展总是贯穿着哲学思想的影响和渗透。由于翻译哲学是从哲学的角度研究翻译的一般性质和状态，是用哲学思想研究人类翻译活动本质属性的翻译学高层理论，所以从哲学理据的视角解读翻译理论的嬗变和发展应该是一个有意义的切入点。

整个20世纪的哲学都得益于“语言学转向”，这种转向为我们从总体上把握西方哲学、在新的层面上实现东西方哲学对话与融合提供了思路。翻译理论的研究和发展与哲学的语言学转向关系十分密切。

20世纪中叶以来，国际翻译界产生了基于语文学、结构主义、解构主义、文化人类学以及生态整体主义的译论研究和译论体系。在译论研究和译论体系的各个发展阶段背后，都会有对译学理论研究具有认识论和方法论意义的哲学思想和理论基础。

当代翻译理论的哲学基础与译论取向如表13-1所示。

表13-1　当代翻译理论的哲学基础与译论取向

译论性质	哲学理据	译论取向
语言学	语言学、语义学	取向于语义等值
文艺学	文学、美学、语文学	取向于美学价值
文化学	文学、文化学、政治学	取向于接受文化
交际学	交际学、信息论	取向于交际效果
解构主义	解构主义、后现代性	原文取决于译文
多元系统	功能主义、系统论、形式主义	取向于文学系统
行动目的	行动目的论、功能主义、交际理论	取向于行动目的
生态翻译学	生态整体主义、东方生态智慧	取向于整体的翻译生态

由表13-1可以看出，从语言学到文学、文化学，再到信息论、生态整体主义等，翻译理论的哲学基础不断丰厚，哲学理据的概念外延逐步扩大，已由局部适用向普遍适用扩展。

以哲学认知的术语来表述，可以说翻译理论研究从自觉主义演变到结构主义，又从结构主义演变到多元主义。依据“关联序链”认知发展的道路，翻译理论研究将从多元主义演变到整体主义。上述判断还基于这样的发展：20世纪以来，在西方生态哲学与文学生态批评的影响下，在思想和哲学领域发生了由主客二分到主体间性转向、由人类中心到生态整体的转型。哲学理念的这种转向无疑会影响到翻译理论哲学基础的选择和取向。因此，从哲学理据的角度来看，翻译理论的哲学基础正由局部适用向普遍适用过渡，由单取向向整体取向演变。生态翻译学的产生和发展承载并昭示着上述理念，践行并引领着上述转变。

二、延展研究视域

就译论研究而言，哲学理据的演变必然会导致研究视域、研究趋向的变化。翻译研究趋向的变化，尤其是翻译研究视域的拓展，大体上体现在“温故”和“知新”两个方向上。所谓“温故”，是以译论发展史为依据看现在；所谓“知新”，是以“关联序链”为线索看未来。

对于“温故”，翻译界已有基本共识，即从“翻译自转”到“语言转向”，再从“语言转向”到“文化转向”。对于“知新”，或许人们较为关注。译论发展史已经证明了“翻译→语言→文化”议角转向，“翻译→语言→文化→人类社会→自然界”这样一个人类认知视野的逻辑序列也有可能预测其发展走向。依照“关联序链”所揭示的路径推演，译学研究视野延展的“生态转向”将是一种可能的选择。翻译研究实践也表明，每一次转向都为我们全面理解翻译、认识翻译提供了一种新的可能。

总之，基于“关联序链”上各个组成部分的交叉涵盖、关联互动、递进延展的关系，我们需要强调指出的是，研究视域的每一次新的拓展与原来的视域应当是一种蕴含和超越的关系，而不是割裂与抛离，更不是颠覆和取代。这一点对翻译研究的“转向”之说而言尤为重要。

由于生态学是奠基于整体主义的科学，对其他学科具有包容、统领的意义，是“元学科”，同时生态取向又是一种综合学科取向，其研究方法强调相互作用的整体性，所以从研究视域的角度来看，译论研究的视野与人类认知视野总体上是一致的，生态翻译学研究的视域超越了单一维度与工具理性，正在经历着由单一学科向跨学科整合一体延展。

三、转变研究范式

研究范式与理论体系密不可分，但前者概念的外延大于后者。鉴于翻译研究将从一个更为一体化的话语中大大获益，要使所有研究人员都认为，这个话语即使不是自己研究的中心，也是密切相关的，近年来，国内外翻译界已在更为一体化的话语研究方面做出努力。不少学者的研究涉及翻译研究多学科性、多元性、综合性、整体性，这些研究将不同模式、不同理论整合在一起，为翻译理论工作者提供了很好的理论参照系。

在中国，长期以来学术界提倡的是百花齐放、百家争鸣，强调的是中西合璧、古今贯通，追求的是多样统一、整合一体。综合比较百家之长，才能自出新意，自创新派。“多样”体现了理论的个性和差别，“统一”体现了理论的共性和整体联系。在这种“多样统一”的传统文化思想指导下形成的世界观、价值观和方法论必然会影响到中国的翻译理论研究。不同译论理念在形成和发展过程中相互借鉴、嫁接、适应、渗透、交锋、替代、演变，经过古今中外的比较与综合，又必然会向各具特色的趋同方向发展，并最终从大同小异走向整合一体，最终达到“天下大同”。

事实上，实现译学理论的整合，也成为中国翻译界学者的思考与实践。

作为翻译适应选择论的继续和发展，生态翻译学是从生态学视角对翻译进行整合的研究范式。该生态翻译范式对翻译研究进行的整合可以说是一种“多元一体式”的整合。生态翻译学提出了从翻译学、语言学、文化学、人类学和生态学等不同学科视角展开的相关研究，指出了不同学科视角的科际整合，并最终融入它们共同依托的生态系统，从而构成翻译生态系统的有机整体。此外，曾利沙进行了关于翻译理论体系的系统整合性研究。他认为，从国内外应用翻译理论现状看，亟须从多角度进行系统整合性研究，而系统整合性研究的关键在于建构出宏观—中观—微观层次上下贯通的应用逻辑范畴。王克非提出，翻译是跨语言、跨文化的整合，是内在、外在因素的整合，是宏观、中观、微观思维的整合，是原文、译者、译文的整合。

中外译论研究的发展表明，译论研究从语言学内的“自转”向跨学科“他者”的“公转”流变之后，正从纵向的自成体系走向横向的拓展融会，并出现“分化”与“综合”并存互进的态势。而从研究范式转型的角度来看，翻译研究经历了“直觉主义”和“结构主义”之后，目前正处于“多元主义”的发展阶段，并通过“整体主义”理念的传播与实践，最终向“多元一体”演变。生态翻译学作为一种翻译学研究的生态范式，正在引领着这一发展趋势。

四、跨越学科界限

20世纪杰出的科学家爱因斯坦曾指出：“只是在产生问题的架构内部进行思考，问题则不能得以解决。”这对自然科学研究和人文社会科学研究都是适用的。事实上，在“后现代”之后的学术研究中，自然科学与人文社会科学沟通一致的趋势已成为当代科学研究的重要特征。这一发展动向在翻译研究领域里亦然。范守义从数学领域内借用Meta理论分析翻译学中的问题，提出了自己的翻译学设想。“张力”这一概念来自物理学，指受到牵拉的物体中任一接口两侧存在的相互作用的拉力。李运兴提出了现代翻译研究中的“张力”问题，用“非线性”思想看待事物发展的复杂性。基于此，宋志平论述了翻译选择过程的非线性问题。孟凡君指出，西方文化时代的分野、文化思潮的勃兴、翻译研究的转向都与物理学的发展阶段存在着奇妙的对应。首先，传统物理学研究时期“不可再分的物质实体”的原子观既与实体主义的文化思潮相通，也与“就译论译”的翻译本体论研究相通。其次，现代物理学研究时期的亚原子理论和统一场理论既与结构主义的文化思潮相契，也与语言学转向后的翻译研究相合。最后，当代物理学研究时期的非统一场理论既与解构主义的文化思潮相应，也与文化转向后的翻译研究相关。可见，翻译研究道路的转向既是科学认知倾向在翻译研究领域中的必然反映，也是文化思潮的波荡在译道流变中的必然显现。

在文学翻译批评中，综合人文科学与自然科学各种方法的综合性批评研究也是很常见的。在具体的翻译评论中，任何一种方法都不可能单独地有效地使用，而是必然体现为人文科学研究方法与自然科学研究方法的某种形态或程度的结合。

从科际研究的趋势来看，翻译研究正跨越人文社会科学与自然科学刻板的疆界，走向人文社会科学与自然科学的沟通、科学与艺术的融会。翻译活动是跨学科的，是各种人文的和自然的因素的综合。因此，翻译研究尤其需要打破学科的界限，才能真正回归翻译学研究和发展的“原貌”。这种发展正如美国科学主义与人文主义相结合的先驱、著名科学史家G.萨顿所说：“只有自然科学与社会科学、科学精神与人文精神相互协调才具有普遍意义。”这也恰如科学理论家布迪厄所言：“哪里突破学科的界限，哪里就有科学的发展。”

五、催生翻译学流派

自古罗马的西赛罗、贺拉斯以来，翻译研究经历了漫长的发展过程，出现了众多的理论学说和研究途径。随着西方翻译理论研究的长足发展，翻译研究不再仅仅被视为语言学的分支，而是逐渐被当作一门独立的学科。同时，翻译活动的本质及其复杂性促使翻译研究呈现出多元化、跨学科的特征，不同模式、不同理论之间相互借鉴、交流、交锋、渗透，为翻译学科地位的确立与发展奠定了基础，为翻译理论研究开拓了新的视野，提供了新的途径。

实践表明，翻译研究的深入与翻译学科的发展必须依赖理论与实践的互动，依赖继承与创新的结合。这既是学科发展的必经之路，也是由翻译研究的特性决定的。新的理论模式与新的研究途径不断酝酿、产生和发展，既丰富了翻译研究的内涵，促使翻译研究迈向新的高度，也为学术交流与学术争鸣提供了新空间、新动力，推动翻译学向更系统、更深入、更开放的层次发展。

近年来，中国的翻译理论界也呈现出百家争鸣的态势，生态翻译学研究可谓异军突起。已有翻译界学者指出，翻译研究生态范式的形成与发展为中国乃至国际翻译学理论研究开创了新视角，是对国际翻译理论研究的丰富、创新与超越，它所体现出的理论探索与开拓精神将对翻译学的发展具有激励与导向作用。

生态翻译学派日渐成型，其中既有国际翻译学派的激发，又有中国翻译学派的研发，还有生态翻译学派的“自发”。

多年来，生态翻译学经过自由发展阶段、市场适应阶段、目的促进阶段的发展，逐步聚集了一批有志于生态翻译学研究的志同道合者，其中既有创导该研究领域的学术领军人物，又有年富力强、硕果累累的学术骨干队伍，还有了一整套系统的生态翻译学的理论观点、研究模式和理论话语体系，并通过各种形式的合作与交流，集结在国际生态翻译学研究会的旗帜下，连年召开国际学术研究会，连续出版专著、论文并开通官方网站，逐渐形成一个具有一致的信念和观点、共同的思维方式和研究方法的学科共同体。富有活力的生态翻译学派正在一步步走向成熟。

六、回馈相关学科

现代翻译研究的发展主要得益于不同学科的发展，从其他学科中接受有益的理论模式、概念以及研究方法和思路。随着翻译学的研究和发展，翻译研究特别是生态翻译学的研究范式将来也应该可以反过来回馈相关学科，为涉及翻译活动的相关学科提供某些理论模式和研究方法，激发新的思考，成为理论供体，如对语用学、跨文化交际学、传播学、文化学、语言学等不同学科的回馈。

清华大学王宁教授曾指出：“对于我们专门从事翻译学研究和理论建构的学者来说，我们的任务不仅是要为本学科的建设做出应有的贡献，还要以自己的理论创新和建构对整个人文学科的建设做出自己的贡献。既然翻译理论从其他学科借鉴了不少现成的理论，为什么翻译学研究不能向这些学科提供我们自己的理论或新的范式呢？”他又指出：“过去，我们的翻译学研究者一味地跟踪其他相关学科的前沿，试图引进一些能够为我们所用的新理论和新的研究方法。今天，当我们站在全球化这一共同平台进行平等交流和对话时，难道我们不能考虑建构自己的学科理论，以便也能够向其他学科输出我们的理论吗？”南京大学许钧教授指出：“长期以来，我们的翻译学学科发展都在学习、借鉴和应用其他学科的理论、方法和研究成果；长期以来，我们又大多是西方翻译理论的‘追随者’‘译介者’‘求证者’‘实践者’等。但是，当我们翻译界有了自己的话语体系并通过我们的努力使之更加完善、更加丰富的时候，或者当中国翻译界拥有了自己的话语体系并通过我们的努力使之更加科学、更加有用的时候，这是否就为中西翻译理论研究的真正平等对话提供了一种可能？同时，这是否也使翻译学研究反过来回馈其他学科成为一种可能？我想，经过我们大家的共同努力，这个问题的答案应该是肯定的。”

就生态翻译学研究而言，从现有发表的论文中，特别是从连续几届国际生态翻译学研讨会的会议论文中，可以看到一些语言学、文化学、文学、语用学、跨文化交际学、传播学、外交学、术语学、编辑学乃至医学、生态学、计算机科学等领域的学者也开始借鉴和运用生态翻译学的术语、成果和视角研究各自的问题。翻译学理论研究的这种回馈将会越来越多。而怎样使翻译学具体地回馈相关学科的问题也正促使我们进一步思考，激励着我们进一步行动，需要我们交出令人满意的答卷。

第三节　生态翻译学的国际化进展

一、话语权回归

始于中国的生态翻译学研究正在为中国翻译学发展赢得翻译理论的话语权。从一定意义上讲，这是一种话语权的回归。这种话语权回归的意义在于，以生态视角来综观与整合翻译研究，翻译研究的叙事角度和书写方式均将不同于以往的研究。这种相关学科整合的内在逻辑和生态视野有望为翻译学发展拓展理论思维和开阔学术视野，进一步丰富翻译研究的理论话语和表达方式，或许会使翻译学研究进入一个新的阶段：人们可以不再依赖单一的学科来观照翻译学，而开始构建一个功能更强、效率更高的解释系统。

翻译是人类文明发展的产物。在中国，从东汉兴起到唐朝达到高峰的佛经翻译、明末清初后的西方社会科学和科技翻译、五四运动后的马列著作翻译，直到改革开放以来的多门类翻译，中国翻译历史悠久。翻译工作成为沟通中华文明与世界文明、促进人类文化和社会发展的桥梁。生态翻译学研究作为翻译研究的一个新的、有活力的生长点和拓展点有可能逐步发展为全球化视域下中国翻译研究的一个走向。正是在这个意义上，我们可以讲，生态翻译学的研究与发展使中国翻译理论完成了从“照着说”到“接着说”，再到“领着说”的嬗变。

生态翻译学中的“生态”“环境”“生命”“转向”等可以为东西方学界的平等对话提供话题和创造条件。这是因为我们现在有了一个东西方学者有共同语言的话题，就有可能为平等的对话、讨论打开一个窗口，提供一个平台。

二、国际化进展

国际上一些学者，如丹麦哥本哈根大学翻译研究中心主任克伊·道勒拉普、美国马萨诸塞大学阿姆赫斯特分校翻译中心主任埃德温·根茨勒、英国伦敦密德西斯大学翻译中心主任克斯坦·玛姆吉娅等，陆续应邀来到中国，与中国学者共同深入地探讨和交流生态翻译学的研究和发展问题。2010 年 4 月，生态翻译学研究者发起成立了“国际生态翻译学研究会”。由国际生态翻译学研究会主办的首届国际生态翻译学研讨会于 2010 年 11 月在中国澳门召开，来自世界各地的 50 余位专家、学者参加了会议。

国际生态翻译学研究会顾问、国际翻译家联盟主席玛丽昂·鲍尔斯对生态翻译学的创立和发展在学术上给予了充分肯定，她指出“生态翻译学这种新兴的翻译研究范式正在蓬勃发展，发扬光大，引起了国际学术界越来越广泛的兴趣”，并确信生态翻译学“这株嫩芽必将长成硕果累累的参天大树”。中国译协副会长黄友义肯定了生态翻译学在理论上的创新，并被中国生态翻译学创导者的理论创新勇气和执着进取精神感动。他认为，国际生态翻译学研究会的成立和国际生态翻译学研讨会的召开就是对中国学者多年来理论研究的最好回报。国际生态翻译学研究会顾问、《视角：翻译学研究》杂志原主编、丹麦哥本哈根大学翻译研究中心主任道勒拉普教授指出，生态翻译学这一基于中国“天人合一”和谐思想的翻译理论是一种思维创新，是中国学者在国际翻译理论界发出的最强音。德国达姆施塔德科技大学的哈德冈底斯·斯朵茨博士代表欧洲翻译研究学会对国际生态翻译学研讨会的召开表示热烈祝贺，她说：“生态翻译学源自东方，可以有效地补充、丰富西方传统翻译理论。今天的中国不仅对全球政治和经济越来越有影响，对文化的影响也日益增强。相信生态翻译学这个新的翻译理念亦可使西方传统理论获益良多，拓宽眼界，在欧洲传统翻译理论中心和东方新影响之间架起桥梁。”

可喜的是，在国际生态翻译学研讨会上外国学者显示了对生态翻译研究的兴趣，并提出不少独到的见解。丹麦的道勒拉普教授提交了题为《翻译理论语境下的生态翻译学》的论文，他首先分析了欧洲不断出现翻译理论的社会文化、历史的原因，在此基础上，他认为，生态翻译学是成长于欧洲语境之外的第一个真正具有原创意义的翻译理论。美国语言专家安霞教授的论文探讨了生态人文主义（Eco-humanism）与翻译研究的关系，并提出生态翻译学作为一种生态学的翻译研究范式与库恩提出的“范式”之间的关系问题。法国艾克斯－马赛大学对华科技合作高级顾问古屹峰教授在题为“论科技翻译的翻译生态环境”（On Translational Eco-environments of Translation for Science and Technology）的发言中，结合自己在全球各地的工作经历，指出由于高科技发展的全球化、复杂性和成本等各方面因素的作用，使科技项目变得越来越国际化。在严谨的科技翻译中，会出现各种各样的误解和误译，会导致严重的后果。因此，他建议建立起科技翻译团队，从生态翻译学的角度，借鉴生态翻译学的跨学科研究特点，注重译者和翻译生态环境紧密联系的理念，这样将会有助于改善国际科技项目的翻译状况。德国的哈德冈底斯·斯朵茨博士演讲的题目是“生态翻译学与译者之成长”，她阐述了她作为一个西方学者对出自东方的生态翻译学的理解及其对西方翻译理论研究的启示，重点展示了译者成长的内在模式：翻译实践是一项体现生态条件的人类活动，位于这个活动中心的译者在知识和语言学方面都处于持续的成长过程中。我们必须把译者看作活生生的个体，而这正是目前许多翻译理论缺失的一个环节。国际世界英语联盟主席、俄国莫斯科国立大学卓娅·普罗西娜教授从翻译生态环境的角度，论述了世界英语和语言翻译之间的关系问题。国际翻译学期刊《视角：翻译学研究》主编、西班牙奥维尔多大学罗波托·瓦尔迪恩教授从翻译生态系统的再循环的视角，论述了新闻报道中的稳固性和非稳固性来源的问题。国际学术期刊《跨文化交际研究》主编、美国的安霞教授从地球生态圈的视角，关注语言、跨文化交际和翻译之间的生态关系。英国伦敦大学的道格拉斯·迈克诺特博士运用生态翻译学理论，阐述了新生态批评方法的运用及其与翻译研究中的环境主义之间的关系。奥地利因斯布鲁克大学的福劳拉·劳依德尔教授从物种灭绝的角度阐述了语言死亡的现象。西班牙的卡门·噶瑟斯博士在题为《从生态翻译学视角看不同人文生活与自然景观的绿色翻译》的论文中，探讨了生态翻译学观照下的生态文学、生态文化以及生态翻译问题。他还明确指出，该项研究“旨在跟随生态译学的研究途径”“本人也试图为这一新研究领域的发展做出贡献”。芬兰赫尔辛基大学的克里斯蒂娜教授已将生态翻译学作为由她主持的“当代翻译理论”系列讲座的一个专题内容，在该校开课讲授。此外，还有多位外国专家、学者也都开始关注生态翻译学的研究成果，并将其运用于自己的翻译研究。

综上所述，尽管生态翻译学肇始于中国，但已受到越来越多的国际翻译界人士的关注。近年来，埃德温·根茨勒教授（美国）、柯尔斯顿·马尔姆克亚教授（英国）、玛丽·斯内尔·霍恩比教授（奥地利）等国际翻译界知名学者支持和参与生态翻译学研究，并担任国际生态翻译学研究会顾问。这在一定程度上表明了生态翻译学的生机、活力和魅力，也预示着生态翻译学未来的国际化发展。

三、进一步研究

随着生态翻译学的不断发展，对问题研究的广度、深度、精度都会有更高的要求：一是研究的应用性拓展；二是研究的精细化深入；三是研究的国际化发展。

（一）研究的应用性拓展

研究的应用性拓展是指研究除了目前主要集中在文学翻译、应用翻译、翻译教学、口译研究、译者研究等方面外，还可以在广度上逐步拓展。

1. 翻译史 / 译论史研究

翻译史研究是翻译学研究的重要组成部分。但生态翻译学视域下的翻译史研究目前还很少。笔者认为，翻译史 / 译论史研究可在生态翻译学的理论架构下，以不同的线索展开相关研究。比如，以翻译生态环境为线索展开研究，因为不同时期有不同的翻译生态环境。一部翻译史 / 译论史可以说就是一部翻译生态环境不断发展变迁的历史。以翻译生态环境为线索，以翻译生态的大环境、中环境、小环境为序展开研究，也不失为研究翻译史／译论史的一种选择。

又可以以译者中心为线索（以翻译思想为线索）展开研究，因为翻译活动是由译者主导的。一个时期的翻译思想其实就是那个时期的不同译者思想的集合。以翻译行为的译者中心为线索，就是以人为线索，就是以学派为线索，就是以翻译思想为线索。对于翻译史／译论史研究而言，以人为线索展开研究可以说是一个不错的选择。

还可以以“译有所为”为线索展开研究，因为“译有所为”或“以译行事”既可以是翻译行为的动因，也可以是翻译活动的效果。以这种有因有果的翻译活动为线索展开研究，既符合翻译过程的实际，也符合事物发展的规律。

此外，也可以以综观整合为线索展开研究，因为综观整合是生态翻译学的研究方法之一。生态翻译学的学术焦点和研究视角较多，分门别类地以不同视角展开对翻译史／译论史的综观整合显然是一项大工程。

毫无疑问，研究线索不同，观察视角不同，探讨理据不同，这些为新的发现、新的解释提供了空间和可能。我们期待着生态翻译学视域下的翻译史／译论史研究既能与历史沟通，又能与未来衔接。

2. 翻译批评研究

翻译批评作为译学体系的重要组成部分，是翻译理论和翻译实践之间的纽带。笔者认为，生态翻译学视域下的翻译批评研究可以对具体的翻译理论视角、视点、立论等进行相应地翻译批评。比如，可以将生态翻译学的以下“十论”作为展开翻译批评的重点：（1）翻译生态的“平衡和谐”论；（2）翻译文本的“文本移植”论；（3）翻译主体的“译者责任”论；（4）翻译行为的“适应选择”论；（5）翻译方法的“多维转换”论；（6）翻译过程的“汰弱留强”论；（7）翻译标准的“多维整合”论；（8）译品生命的“适者长存”论；（9）译者追求的“译有所为”论；（10）译学发展的“关联序链”论。

生态翻译学是一个较大的翻译理论话语体系，从不同的视角展开翻译批评研究，可以有大的作为。

3. 译学方法论研究

生态翻译学视域下的方法论研究大体上可分三类：一是传统的、常规的方法论研究，如描述性的翻译研究、归纳法、演绎法、比较法、语料库研究方法；二是生态翻译学本身的方法论研究，如学科交叉法、类比法、移植法、系统综观法；三是由生态理性演绎出的其他方法论研究。目前，已经有一些与方法论相关的研究，但需要更深入的研究。

4. 翻译伦理研究

翻译伦理研究主要包括翻译活动与语言、文化、人类社会乃至自然界之间的协调性研究，译者与翻译生态环境的关系研究，作者、读者、出版者、译评者等与翻译生态环境的关系研究，翻译实质、翻译过程、翻译原则、翻译方法、翻译标准等的相互关系研究，等等。上述生态翻译学研究的宏观、中观、微观三个层面无不牵涉翻译系统内部诸要素之间的关系研究。这些都必然受一定社会规范的制约，遵循有关价值观念体系的种种预设。因此，从伦理学角度对生态翻译学研究展开思考，是对生态翻译学研究的有效拓展，也有助于生态翻译学研究的发展。

笔者针对翻译实际，基于生态翻译学研究取向，演绎提出生态翻译学的伦理道德涉及以下四个基本原则：（1）“平衡和谐”原则；（2）“多维整合”原则；（3）“多元共生”原则；（4）“译者责任”原则。

生态翻译伦理是一个新的研究领域，也是一个开放式的系统研究。可以肯定地说，这方面的研究将会持续和深入，而且任何相关研究都应当是受欢迎的，也都应当是受鼓励的。

5. 翻译学流派研究

所谓流派，也称学派，主要指有共同的理论指导、一致的思想倾向、相似的研究旨趣、接近的研究风格的研究群体。国外翻译学的发展表明：翻译学中创新理论的产生与不同学派的酝酿、产生和发展有着密切的关联。学派既是科学研究达到一定深度、规模和成熟度的标志，又是学术交流和学术争鸣的平台，也是推进学术研究向更深层次发展的动力。学派对传承文化精粹、造就学术大师、以多样个性来充盈学术的普遍性、促进学术进步，都有着十分重要的引领作用。

目前，已有以生态翻译学派为案例的相关研究，研究表明：（1）一个学派要有自己的领军人物；（2）要有成绩卓著的核心团队；（3）要有一批志同道合的追随者和支持者；（4）要有代表性的专著和理论体系，并在学术上逐渐产生重大影响，同时要有自己的研究风格；（5）要有一定的学术组织形式；（6）要有相应的学术阵地和交流平台；（7）要有安全、稳定的社会和适宜的学术环境；（8）要能逐步得到学界、社会的认可；等等。

笔者认为，其他相关学术流派的研究课题在生态翻译学理念的观照下，既可以基于翻译生态环境理念、以哲学思潮为线索展开研究，也可以基于译者中心理念、以译者的代表人物为线索展开研究；既可以基于翻译群落理念、以国别／社团为线索展开研究，也可以基于生态范式理念、以范式转换为线索展开研究；还可以基于整体关联理念、以综观整合为线索展开翻译学派的相关研究。

（二）研究的精细化深入

所谓研究的精细化深入，主要指基于“关联序链”所具有的共通性、互动性和递进性的特征，进一步在“关联序链”内部展开更为细致的翻译本体生态系统研究。总体思路：在生态理性的统领和观照下，从与翻译活动密切相关的语言、文化、人类交际等视角展开研究和描述，最后回归翻译学的本体研究。

翻译本体生态系统主要的科际研究内容如下：

（1）语言学视角的研究。在翻译本体生态系统中，鉴于翻译是语言的转换，语言学视角的研究应当包括对语篇（源语和译语）进行生态取向的功能、认知、语用学分析研究，语言与翻译生态的关系研究，翻译与语言的多样化研究，生态语汇的翻译研究，以及其他与翻译生态系统有关的从语言学角度着眼的研究。

（2）文化学视角的研究。应当包括生态取向的跨文化差异、冲突、契合、制约研究，翻译文本生命与跨文化交流传播的关系研究，翻译生态系统的文化语境研究，文化多样性与翻译生态环境研究，以及其他与翻译生态系统有关的从文化学角度着眼的研究。

（3）人类学视角的研究。应当包括翻译与人类认知演变研究，人类记忆与翻译（尤其是口译）研究，译者的需要、情感、欲望、能力研究，译者的生存境遇、译者能力发展研究，翻译与人类交际研究，翻译使命与人类文明研究，生态翻译与生态文明的关系研究，翻译与全球化研究，以及其他与翻译生态系统有关的人类学视角下的研究。

（4）生态学视角的研究。由于翻译是语言的转换，语言是文化的一部分，文化是人类活动的积淀，人类又是自然界的一部分，又由于生态学是研究生物体与其环境之间相互关系的科学，所以生态学视角的研究应当包括译者与翻译生态环境的关系研究，作者、读者、出资者、出版者、译评者等（翻译群落）与翻译生态环境的关系研究，翻译生态系统的内部结构及其相互关系研究，翻译实质、翻译过程、翻译原则、翻译方法、翻译标准等的相互关系研究，翻译在整个自然生态系统中的地位和作用研究，翻译与其他学科的关系研究，以及其他与翻译生态系统有关的生态学视角下的相关研究。

(5)翻译学视角的研究。应当包括翻译生态系统的整体性研究，翻译、语言、文化、人类、自然界之间的协调性研究，翻译生态系统的最佳化研究，生态学途径的翻译研究与其他途径翻译研究的对比研究，以及其他与翻译生态系统有关的从翻译学角度着眼的研究。

鉴于人类学视角、生态学视角以及翻译学视角的研究在以往的翻译研究中相对薄弱或有所忽视，所以从这些视角开展的专题探讨将是生态翻译学进一步研究的重点。

（三）研究的国际化发展

所谓研究的国际化发展，主要指为生态翻译学理论“走出去”的发展打好更加坚实的基础。目前，肇始于中国的生态翻译学经过多年的探索研究，已初见成效。生态翻译学不仅有了自己较为完整的话语理论体系，还聚集了一批得力的研究骨干，每年都有数十篇相关的学位论文和期刊论文在国内外发表。外语教学与研究出版社出版了《生态翻译学学刊》。生态翻译学研究的官方网站已经开通。由中国学者领衔的“国际生态翻译学研究会”已成立，由中国翻译界主导的“国际生态翻译学研讨会”也在连年召开，并吸引着越来越多的国内外学者关注和参与相关研究。这些表明，创生于中国的生态翻译学已拥有可持续发展的基本条件。如果能在此基础上适时展开进一步的研究，无疑将有利于促进中国翻译理论进一步的国际化发展，也有利于实现中国从“翻译大国”向“翻译强国”的跨越。

“中国创造”的生态翻译学“走出去”会遇到种种困难和挑战，但也是难得的机遇。基于现有的生态翻译学的研究与发展，国内外专家、学者也都对它提出过中肯的评述和殷切的期望。

生态翻译学是探讨翻译生态、文本生态和翻译群落生态及其相互作用、相互关系的生态翻译研究范式。它以生态整体主义为理念，以东方生态智慧为依归，以适应选择理论为基石，又是一项从生态视角对翻译活动进行综观审视的整体性研究。在深化和拓展生态翻译学本体研究的基础上，可以进一步展开下列专题研究：

（1）国际翻译界理论开发的过程与现状研究。

（2）中国本土翻译理论研究。

（3）翻译学的生态范式研究。

（4）生态翻译范式与其他研究范式的比较研究。

（5）生态翻译学的可持续发展战略研究。

（6）生态翻译学理论成果的传播、转化及其效果评价研究。

（7）生态翻译学的国际合作与交流战略研究。

（8）中国生态翻译学派的形成与发展研究。

（9）生态翻译学的研究发展在国际翻译学界的学术地位和影响力研究。

（10）本土翻译理论的全球化发展战略研究。

展开和完成上述各项专题研究，无疑将有助于能够“走出去”的生态翻译学理论话语体系的进一步发展。同时，生态翻译学进一步发展对中国乃至国际翻译界的影响力和学术贡献也将会更为可观。

生态翻译学研究和发展为当代翻译研究提供了多方面的启示，在一定程度上有助于促进翻译理论研究的发展：（1）从哲学理据角度看，翻译论的哲学基础由局部适用向普遍适用过渡，由单一取向向整体取向演变；（2）从研究视域角度看，翻译研究的视野由单一学科向跨学科的整合一体扩展；（3）从研究重点角度看，翻译研究由长期强调文本向彰显译者、重视翻译生态环境转变，从“原文中心”和“译文中心”向与“译者中心”共生共进、平衡发展过渡；（4）从研究范式角度看，随着译论研究从语言学圈内的“自转”向跨学科“他者”的“公转”转变，翻译研究在历经了从“直觉主义”模式到“结构主义”模式之后，现在正处于“多元主义”模式的发展阶段，并最终向“整体主义”模式转变；（5）从科际研究角度看，翻译研究正跨越人文社会科学与自然科学刻板的疆界，走向人文社会科学与自然科学的沟通、科学与艺术的融会。总括地说，生态翻译学研究与发展在一定程度上促进了当代翻译理论的研究，开始出现了向学理的普遍性、学科的整合性、视野的全景性、范式的多元性和视界的融会性等方向的渐进嬗变。

然而，尽管生态翻译学的生命力和发展前景是不言而喻的，但我们并没有任何理由盲目乐观。一方面，生态翻译学研究定位在一个生态学视角的翻译研究范式，只是对翻译的综观和描述，是去探讨研究翻译、丰富翻译理论、拓展翻译研究，而并不存在取代翻译学研究的问题；另一方面，作为翻译理论研究的一个新的“生长点”和“拓展点”，生态翻译学还需要不断地丰富和拓展，还需要进一步认识生态翻译学的发展规律，还需要探索者坚持不懈地努力。同时，生态翻译学也同任何其他研究一样，会有其自身的局限性和不完备性。虽然它弥补了现有研究的某些不足，也从新的视角对“译学”“译论”“译本”的研究进行了综观与整合，“三位一体化”的发展格局已经形成，但是“形成”并不等于“完善”。生态翻译学在未来的发展过程中也会逐步暴露它的缺点。只有正视这一点，不断克服生态翻译学的局限性，理性、踏实地开展研究，才能使生态翻译学更好地发展。

参考文献

[1] 胡庚申．翻译适应选择论 [M]. 武汉：湖北教育出版社，2004.

[2] 陈可培，边立红．应用文体翻译教程 [M]. 北京：对外经济贸易大学出版社，2012.

[3] 艾略特．基督教与文化 [M]. 杨民生，陈常锦，译，成都：四川人民出版社，1989.

[4] 冯庆华．实用翻译教程 [M]. 上海：上海外语教育出版社，2002.

[5] 张培基．英汉翻译教程 [M]. 上海：上海外语教育出版社，1980.

[6] 王克非．翻译文化史论 [M]. 上海：上海外语教育出版社，1997.

[7] 杨芙蓉．中西语言文化差异下的翻译探究 [M]. 北京：中国水利水电出版社，2017.

[8] 胡庚申．关于“译者中心”问题的回应 [J]. 上海翻译，2011（4）：7–9.

[9] 胡庚申．生态翻译学：生态理性特征及其对翻译研究的启示 [J]. 中国外语，2011（6）：96–99＋109.

[10] 胡庚申．生态翻译学的研究焦点与理论视角 [J]. 中国翻译，2011（2）：5–9＋95.

[11] 胡庚申．生态翻译学的“异”和“新”：不同翻译研究途径的比较研究并兼答相关疑问 [J]. 中国外语，2014（5）：104–111.

[12] 胡庚申．翻译生态 VS 自然生态：关联性、类似性、同构性 [J]. 上海翻译，2010（4）：1–5.

[13] 胡庚申．生态翻译学：产生的背景与发展的基础 [J]. 外语研究，2010（4）：62–67＋112.

[14] 胡庚申．生态翻译学：译学研究的“跨科际整合” [J]. 上海翻译，2009（2）：3–8.

[15] 胡庚申．傅雷翻译思想的生态翻译学诠释 [J]. 外国语（上海外国语大学学报），2009（2）：47–53.

[16] 胡庚申 . 生态翻译学解读 [J]. 中国翻译，2008（6）：11−15＋92.

[17] 胡庚申 . 适应与选择：翻译过程新解 [J]. 四川外语学院学报，2008（4）：90−95.

[18] 胡庚申 . 从术语看译论：翻译适应选择论概观 [J]. 上海翻译，2008（2）：1−5.

[19] 胡庚申 . 从译文看译论：翻译适应选择论应用例析 [J]. 外语教学，2006（4）：50−55.

[20] 胡庚申 . 例示"适应选择论"的翻译原则和翻译方法 [J]. 外语与外语教学，2006（3）：49−52＋65.

[21] 胡庚申，李素文 . 生态翻译学与西方翻译理论话语体系的比较研究：再论生态翻译学的"异"和"新"[J]. 中国外语，2022（1）：98−104.

[22] 胡庚申 . 以"生"为本的向"生"译道：生态翻译学的哲学"三问"审视 [J]. 中国翻译，2021（6）：5−14＋190.

[23] 胡庚申 . 生态翻译学的"虚指"研究与"实指"研究 [J]. 解放军外国语学院学报，2021（6）：117−126＋159.

[24] 胡庚申，王园 . 生态翻译学研究范式：定位、内涵与特征 [J]. 外语教学，2021（6）：1−6.

[25] 胡庚申，罗迪江 . 生态翻译学话语体系构建的问题意识与理论自觉 [J]. 上海翻译，2021（5）：11−16＋95.

[26] 胡庚申 . 生态翻译学的理论创新与国际发展 [J]. 浙江大学学报（人文社会科学版），2021（1）：174−186.

[27] 胡庚申 . 文本移植的生命存续："生生之谓译"的生态翻译学新解 [J]. 中国翻译，2020（5）：5−12＋190.

[28] 胡庚申 ."生态翻译学"专栏 [J]. 上海翻译，2020（4）：46.

[29] 胡庚申，罗迪江，李素文 . 适应"绿色发展"选择"绿色翻译"：兼谈服务于生态文明建设的相应翻译专业设置 [J]. 上海翻译，2020（4）：46−51＋95.

[30] 胡庚申，孟凡君，蒋骁华，等 . 生态翻译学的"四生"理念：胡庚申教授访谈 [J]. 鄱阳湖学刊，2019（6）：26−33＋125−126.

[31] 胡庚申 . 新生态主义与新生态主义翻译观 [J]. 鄱阳湖学刊，2019（6）：5−11＋125＋133＋2.

[32] 胡庚申 . 翻译研究"生态范式"的理论建构 [J]. 中国翻译，2019（4）：24−33＋188.

[33] 胡庚申．刍议“生态翻译学与生态文明建设”研究 [J]. 解放军外国语学院学报，2019（2）：125–131 + 160.

[34]陶李春，胡庚申．“新”“多”“跨”的学术盛事：第七届海峡两岸暨港澳地区翻译与跨文化交流研讨会综述 [J].江苏外语教学研究，2019（1）：88–91.

[35] 胡庚申．若干生态翻译学视角的应用翻译研究 [J]. 上海翻译，2017（5）：1–6 + 95.

[36] 罗迪江，胡庚申．关于生态翻译学相关问题的再思考：对尹穗琼商榷文章的回应 [J]. 天津外国语大学学报，2017（3）：63–68 + 81.

[37] 陶李春，胡庚申．贯中西、适者存：生态翻译学的兴起与国际化——胡庚申教授访谈录 [J]. 中国外语，2016（5）：92–97.

[38] 胡庚申，刘爱华．新的定位，新的发掘：从《翻译适应选择论》到《生态翻译学》[J]. 翻译界，2016（1）：48–60 + 150.

[39] 宋志平，胡庚申．翻译研究若干关键问题的生态翻译学解释 [J]. 外语教学，2016（1）：107–110.

[40] 曹静．译者的适应与选择：《生活大爆炸》字幕翻译的生态翻译学解读 [D]. 兰州：西北师范大学，2014.

[41] 黄秀敏．迈向绿色生态翻译：评许建忠教授的《翻译生态学》[J]. 中国科技翻译，2009（4）：59–60 + 37.

[42] 许建忠．翻译生态学 [M]. 北京：中国三峡出版社，2009.

[43] 许建忠．翻译地理学 [M]. 哈尔滨：黑龙江人民出版社，2010.

[44] 蔡荣寿，朱要霞．新编翻译理论与实践教程 [M]. 杭州：浙江大学出版社，2014.

[45] 郭建中．中国翻译研究论文精选 [C]. 上海：上海外语教育出版社，2006.

[46] 王宏．生态翻译学核心理念考辨 [J]. 上海翻译，2011（4）：10–11.

[47] 唐巧玉．生态批评角度之生态翻译学批判 [D]. 南宁：广西大学，2012.

[48] 陈霞．文化因素对翻译的影响 [D]. 福州：福建师范大学，2004.

[49] 卢红霞．新闻翻译中的文化差异和跨文化意识培养 [J]. 新闻知识，2011（10）：103–105.

[50] 季清芬．中西思维差异在翻译中的影响 [J] 成都教育学院学报，2004（4）：28–29.

[51] 贾荣武．关于英汉思维差异对翻译过程影响的研究 [J]. 桂林电子工业学院学报，2003

（2）：39–42.

[52] 马兰芳．从翻译中看英汉思维方式的差异 [J]. 天中学刊，2004（4）：86–88.

[53] 朱山军．英汉翻译中的逻辑思维探析 [J]. 韶关学院学报（社会科学版），2005（4）：102–105.

[54] 龚爱华．思维方式差异与汉英翻译 [J]. 江西农业大学学报（社会科学版），2004（3）：143–145.

[55] 隋荣谊．英汉翻译新教程 [M]. 北京：中国电力出版社，2004.

[56] 李建莉．英汉思维差异对大学生英语翻译的影响及对策 [J]. 河南广播电视大学学报，2005（3）：60–61.

[57] 孙利．英汉文化差异对翻译的影响 [J]. 重庆大学学报（社会科学版），2002（6）：182–184.

[58] 张治英．英汉民族的思维差异对翻译的影响 [J]. 西安外国语学院学报，2000（2）：35–37.

[59] 徐华琴．浅议英汉思维差异对翻译的影响 [J]. 福建广播电视大学学报，2003（3）：13–15+19.

[60] 胡庚申．翻译与跨文化交流：整合与创新 [M]. 上海：上海外语教育出版社，2009.

[61] 关世杰．跨文化交流学 [M]. 北京：北京大学出版社，1995.

[62] 赖德富．从生态翻译学视域看广告翻译的多维转换 [J]. 西南科技大学学报（哲学社会科学版），2011（2）：74–76+94.

[63] 郭贵龙．广告英语文体与翻译 [M]. 上海：华东师范大学出版社，2008.

[64] 贯立平，李小霞．生态翻译学视角下的广告妙语翻译探析 [J]. 昆明理工大学学报（社会科学版），2010（1）：101–103.

[65] 华英，马永堂，马啸．英文广告阅读 [M]. 北京：经济管理出版社，2005.

[66] 陈培爱．广告学概论 [M]. 北京：高等教育出版社，2004.

[67] 贾文波．应用翻译功能论 [M]. 北京：中国对外翻译出版公司，2004.

[68] 李雅波．文化交往视角下中文商业广告英译研究 [D]. 上海：上海外国语大学，2014.

[69] 苏良书．生态翻译学视角下的广告翻译研究 [D]. 成都：西南财经大学，2011.

[70] 樊磊．英文广告翻译的创造性（英文）[J]. 中山大学研究生学刊（社会科学版），

2013（4）：10.

[71] 徐光霞，王文铃．从翻译生态学的角度探究汽车广告语翻译中的限定因子 [J]. 海外英语，2012（11）：160−161.

[72] 陈雯洁．中西文化差异在广告翻译中的体现 [J]. 文教资料，2012（8）：2.

[73] 郑燕梅．从“目的论”角度看广告翻译的顺应 [J]. 广东外语外贸大学学报，2010（1）：33−35+45.

[74] 左海燕．纽马克译论视角下英语广告语篇翻译研究 [D]. 上海：上海师范大学，2012.

[75] 吴丹．从生态翻译学三维转换角度浅议广告英译汉 [D]. 武汉：武汉科技大学，2015.

[76] 王皓．从目的论视角看广告翻译的再创造 [J]. 中国科技翻译，2013（1）：27−29.

[77] 冯蔚宁．网络广告语言的语法与语用特征 [J]. 河南科技大学学报（社会科学版），2010（6）：64−67.

[78] 张文娟．目的论对商业广告翻译的指导意义 [J]. 西华师范大学学报（哲学社会科学版），2004（2）：74−77.

[79] 王霞，王云．河北省红色旅游外宣翻译的生态翻译学阐释：以西柏坡旅游胜地外宣翻译为例 [J]. 石家庄铁道大学学报（社会科学版），2015（1）：66−72.

[80] 刘安洪．从生态翻译学视角看旅游资料中文化负载词的英译 [J]. 重庆文理学院学报（社会科学版），2014（4）：60−64.

[81] 范武邱．实用科技英语翻译讲评 [M]. 北京：外文出版社，2006.

[82] 戴文进．科技英语翻译理论与技巧 [M]. 上海：上海外语教育出版社，2003.

[83] 严俊仁．科技阅读与翻译 [M]. 北京：国防工业出版社，2006.

[84] 翁全．生态翻译学视角下的科技英语翻译 [J]. 湖北经济学院学报（人文社会科学版），2015（10）：101−102.

[85] 周丽．多维整合原则关照下的时政党政话语翻译 [J]. 上海翻译，2015（3）：42−44.

[86] 刘其中．新闻翻译教程 [M]. 北京：中国人民大学出版社，2004.

[87] 王佐良．翻译与文化繁荣 [A].// 郭建中．文化与翻译 [C]. 北京：中国对外翻译出版公司，1999.

[88] 王佐良．翻译：思考与试笔 [M]. 北京：外语教学与研究出版社，1989.

[89] 王秉钦．文化翻译学 [M]. 天津：南开大学出版社，1995.

[90] 商继承 . 英语翻译中的文化翻译 [J]. 泰州职业技术学院学报，2004（5）：36–39.

[91] 朱亚军 . 商标名的翻译原则与策略 [J]. 外语研究，2003（6）：29–34+80.

[92] 吴昊，邵朝霞 . 商标翻译的原则与方法 [J]. 柳州职业技术学院学报，2004（1）：80–83.

[93] 戈玲玲 . 文化语境顺应与翻译解码 [J]. 西安外国语学院学报，2005（1）：44–47.

[94] 李运兴 . 字幕翻译的策略 [J]. 中国翻译，2001（4）：38–40.

[95] 钱绍昌 . 影视翻译：翻译园地中愈来愈重要的领域 [J]. 中国翻译，2000（1）：61–65.

[96] 杨洋 . 电影字幕翻译述评 [J]. 西南交通大学学报（社会科学版），2006（4）：93–97.

[97] 余芳 . 生态翻译学视角下的英文电影片名翻译研究 [D]. 武汉：武汉科技大学，2012.

[98] 李晶 . 从生态翻译学看法律翻译中的译者主体性 [D]. 重庆：西南政法大学，2013.

[99] 金小暄 . 汉语法律学术文本英译实践报告 [D]. 大连：辽宁师范大学，2015.

[100] 肖涵，王建 . 生态翻译学视阈下的《大明律》英译研究 [J]. 郑州航空工业管理学院学报（社会科学版），2016（6）：115–119.

[101] 王小格 . 译者的适应与选择：合同翻译过程研究 [D]. 北京：中国石油大学（华东），2013.

[102] 谭莲香 . 翻译腔探析 [D]. 长沙：湖南师范大学，2004.

[103] 佟海燕 . 风格、成语与翻译腔 [D]. 上海：上海外国语大学，2004.

[104] 叶子南 . 英汉翻译对话录 [M]. 北京：北京大学出版社，2003.

[105] 刘宓庆，当代翻译理论 [M]. 北京：中国对外翻译出版公司，1999.

[106] 范仲英，实用翻译教程 [M]. 北京：外语教学与研究出版社，1994.

[107] Venuti Lawrence.The Translator's Invisibility：A History of Translation[J].Journal of Womens Health，1995.

[108] Ting Bo.A Study on Advertisement Translation Based on the Theory of Eco–translatology [J].Journal of Language Teaching and Research，2014（3）.

[109] Jeremy Munday.Advertising：Some Challenges to Translation Theory[J].The Translator，2004（2）.

[110] 贾晓青 . Report on Chinese–English Translation of Wosa from the Perspective of Eco–Translatology [D]. 西安：西安外国语大学，2016.

[111] Cao Lijuan.Review of Translation Ecology [J].Per–spectives:Studies in Translatology, 2011（1）.

[112] Cronin Michael.Translation and Globalization [M].Routledge,2003.

[113] Hu Gengshen.Translator–Centredness[J].Perspec–tives:Studies in Translatology,2004（2）.